병적 도박의 치료와 임상지침

Jon E. Grant · Marc N. Potenza 편저
이재갑 · 이경희 · 김종남 · 박상규 · 김교헌 공역

PATHOLOGICAL GAMBLING
A CLINICAL GUIDE TO TREATMENT

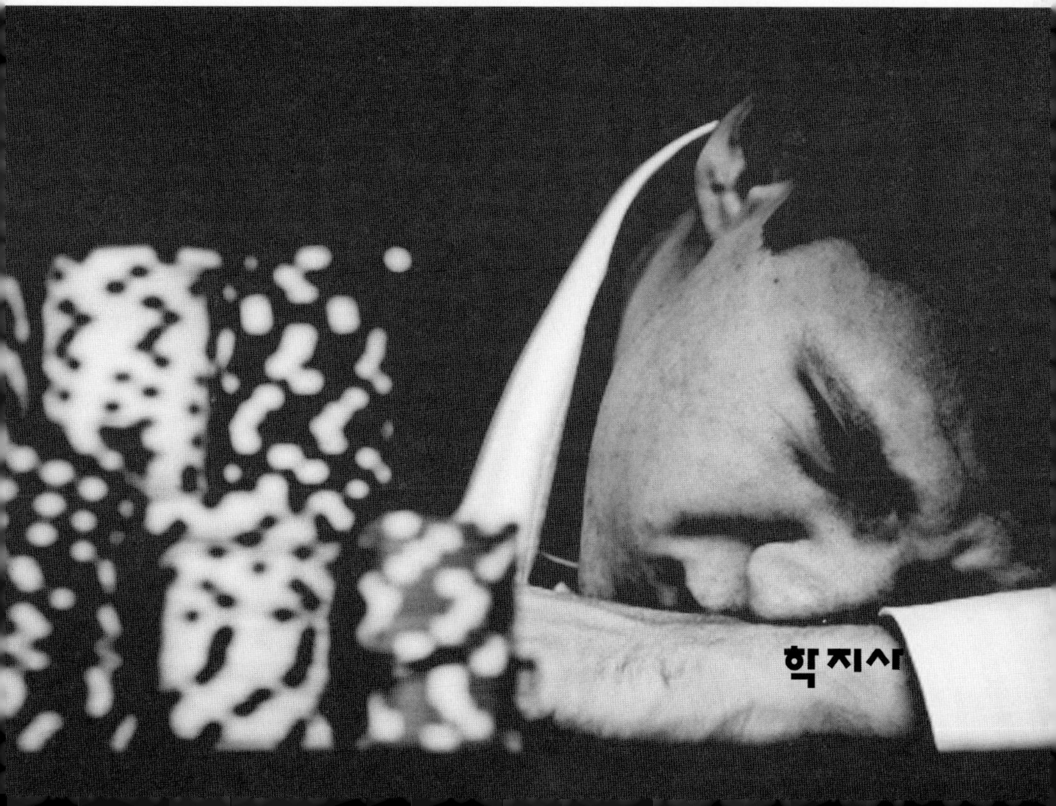

참고사항

이 책의 모든 내용은 출판 당시 정확한 정보이며, 저자들은 이 책이 일반적인 정신의학적 · 의학적 기준에 부합될 수 있도록 노력했다. 또한 투약 용량, 투약 계획, 약물 투여 방법과 관련된 정보 역시 출판 당시의 정확한 정보이며, 미식품의약청(the U.S. Food and Drug Administration)과 전체 의료 사회에서 제정한 기준에 부합할 수 있도록 노력했다. 그러나 의학 연구와 치료가 계속 발전해 나가면서 치료의 기준도 계속 변화해 나갈 수 있다. 특히, 특수한 상황에서는 이 책에 포함되지 않은 다른 특정한 치료법이 필요할 수도 있다. 그런 이유로 또 인간적인, 기술적인 실수의 가능성은 얼마든지 있기 때문에, 자신의 치료나 가족의 치료에 직접적으로 참여하고 있는 전문가의 조언을 따라야 한다고 독자들에게 조언하는 바다.

Pathological Gambling: A Clinical Guide to Treatment

by Jon E. Grant and Marc N. Potenza

역자 서문

"심리치료 및 임상심리학의 경우, 실험법은 충분하지 않고 해석학 및 변증법이 유효하다."라는 명제는 1975년 'Nebraska Symposium on Foundations of Psychology' 그리고 Manicas와 Secord(1983), Scarr(1985, 1989), Fine(1983) 등의 심리철학 논문에서 오래전에 언급된 것이며, 독일의 관념론까지 가지 않더라도 언어철학이나 포스트모더니즘의 인식 상대주의에서 그러한 결론은 이미 오래전에 함축되어 있었다.

이 책 『병적 도박의 치료와 임상지침』은 Jon E. Grant와 Marc N. Potenza가 편저한 『Pathological gambling: A clinical guide to treatment』를 번역한 것으로, '실험법'의 방법론을 따른 연구 문헌들을 저자들이 리뷰한 것이다. 주의할 것은, 실험법을 따른 연구 결과는 '주관적인 인식과는 독립된 순수한 경험적 자료를 획득하고 발견한 것' 이라는 통념적 인식과는 달리, 사실은 많은 기본 개념과 가정들에 연구자의 어떤 입장이 반영되어 실험이 이루어진 것이기에 조심스러운 태도가 필요하고, 특히 개별적인 인간의 개성을 이해하는 것에는 거의 도움이 되지 못한다는 한계가 있다는 점이다.

그럼에도 본 역서는 병적 도박과 관련된 많은 논제들에 대한 광범위한 고찰을 통해, 논점을 중심으로 명쾌한 정리와 요약을 보여 주는 큰 장점을 발휘하고 있다. 우리 사회는 현재 병적 도박에 대한 많은 우려와 관심을 갖기 시작하여 예방과 치유를 위한 사회적, 제도적 대책을 마련하는 과정에 있으며, 그래서 많은 토론, 대화, 논쟁이 벌어지고 있다. 이 책이 그러한 논의에 일정 부분 나침반 역할을 해 주기를 기대한다.

'병적 도박의 상담' 도 치료자와 내담자의 '변증법적 만남' 이 일어나는 것은 마찬가지이며, 내담자의 전체 인격의 성장 가능성을 신뢰하고 기다리며, 상처받은 영혼에 대한 연민이 치료적 변화를 가져오는 데 있어 가장 중요하다. 도박자와 그 가족을 처음 만났을 때, 역자는 'happy illness', 즉 "이 병은 행복한 병입니다."라고 이야기하곤 한다. 그 이유는 비록 도박으로 매우 고통스러웠지만, 그로 인해 대부분의 경우 도박자는 가족의 중요성을 깨닫고 자신을 돌아보고 성장하며, 배우자와 가족 역시 각자의 상처를 치유하고 가족 간의 신뢰가 회복되는 놀라운 변화의 경험을 하게 되기 때문이다.

결론적으로, '쉽지 않지만' 또한 '모든 도박자가 치유되는 것은 아니지만' 그러나 '도박자가 포기하지 않는다면' 거의 대부분의 경우에 만족스러운 변화와 치유가 일어난다는 것을, 그러므로 포기하지 말고 지금 상담을 시작하라는 이야기를 절망에 빠진 도박자와 가족들에게 전하며 글을 마무리하고자 한다.

이 책의 1장과 2장은 박상규 교수, 3~6장은 김종남 교수, 8장과 9장은 김교헌 교수, 10장, 11장과 부록은 이경희 교수 그리고 7장과 12~14장은 이재갑이 번역을 맡았다. 공동 번역에 참여하신 역자들에게 감사드리고, 마지막으로 출판을 맡아 주신 학지사의 김진환 사장님과 꼼꼼하게 교정하도록 도와주신 편집부의 김선영 과장님께도 감사드린다.

2012년 가을 유캔센터 상담실에서

역자 대표 이재갑

머리말

Jon E. Grant, J.D., M.D., M.P.H.
Marc N. Potenza, M.D., Ph.D.

지난 5년 동안 병적 도박pathological gambling에 관한 연구가 크게 늘었고, 이 책이 전적으로 병적 도박만을 다루는 교과서로서 발간되는 것은 병적 도박 연구의 역사상 흥미로운 순간이 될 것이다. 이런 연구 덕분에 병적 도박 환자의 삶을 실제로 향상시킬 수 있는 다양한 치료 방법의 활용이 가능해졌다.

병적 도박에 관한 연구는 임상적인 면과 연구의 측면에서 모두 중요하다. 병적 도박은 양극성 장애나 정신분열병보다 유병률이 높을 정도로 만연된 심리장애로서 심각한 증상을 동반한다. 예를 들면, 자존감이 줄어들고, 물질사용장애가 흔히 동반되며, 재정적 · 법적 문제에 봉착한다거나, 대인 관계 및 가족 관계에서 문제가 발생하고, 자살에 이르기도 한다. 최근 들어, 병적 도박의 현상학, 역학, 신경생물학, 심리학, 그리고 병적 도박의 치료에 대한 이해가 빠르게 확장되었다. 그러나 불행하게도, 많은 임상가들이 병적 도박 환자를 만나고 있음에도 어떤 경우 병적 도박으로 진단을 내리지 않고, 치료 방법도 잘 알지 못한다.

실제로 많은 임상가들은 병적 도박이 미치는 개인적 · 사회적 영향을 제대로 인식하지 못하고 있다. 이러한 인식의 부족 때문에 의사들은 정신의학 및 1차 진료 환경에서 병적 도박을 제대로 평가하지 못한다. 병적 도박은 공공의 건강을 유지하는 데 심각한 저해 요소가 된다. Shaffer와 Kidman(제1장 '도박과 공중보건')은 우선, 오락성 · 문제성 · 병적 도박 등을 개관하고, 이러한 다양한 수준의 도박 심각성 간의 관계를 검토한다. 그리고 Shaffer와 Kidman은 도박이 사회적 · 가족적 · 개인적 건강과 안녕에 미치는 효과를 탐색한다. 병적 도박이 얼마나 보편적인지 알게 된다면(제2장 '역학') 임상가는 병적 도박 환자를 만날 가능성이 그만큼 많다는 것을 깨닫게 될 것이다. 제14장 '선별 및 평가 도구'에서는 병적 도박을 진단하고 증상의 변화를 모니터할 수 있는 측정도구들에 대해 논의하고, 임상가를 위해 부록에 척도들을 소개한다.

이 책의 기본적 목적은 병적 도박의 임상적 현상과 병인, 치료법 등을 기록하는 것이다. 최근의 임상적 접근들 중 병적 도박을 조기에 진단하고 증상을 경감하며 호전시킬 수 있을 만한 방법들에 특별히 주목하였다. 제3장 '임상적 특징'에서 Argo와 Black은 병적 도박의 증상과 후유증을 종합적으로 묘사한다. 또한 병적 도박이 청소년에게서(제5장 '청소년과 젊은 성인'), 노인에게서(제6

장 '노인'), 그리고 성별에 따라 어떻게 다른지(제7장 '성차')에 대한 연구도 이 책에 기술되어 있다.

병적 도박의 치료에 관련된 문헌의 상당수가 병적 도박의 범주화와 관련된 다양한 이론에 기초하고 있다. 즉, 병적 도박이 강박스펙트럼장애로 분류되는지, 아니면 정동스펙트럼장애인지, 중독인지, 아니면 충동조절장애인지, 각각 어느 범주로 분류되는지에 따라 치료 방법이 달라진다. Moreyra와 동료 연구자들이 논의한 바와 같이, 병적 도박은 이들 모든 장애들과 중요한 특징들을 공유하고 있음이 폭넓은 증거를 통해 증명되고 있다(제4장 '범주화').

임상가와 연구자들은 더욱 다양한 치료 방법을 선택할 수 있도록 신경생물학적 토대를 깊이 이해하는 것뿐만 아니라, 심리학과 행동학적 병인론의 도움을 받고자 한다. 이 두 가지의 중요한 영역은 병적 도박을 설명하는 데 도움을 준다. Abrams와 Kushner는 병적 도박의 병인론에 대한 행동주의적 · 인지적 · 기질적 이론들을 설명하고, 병적 도박과 연결된 신경생물학적 시스템과 심리학적 모형 사이에 연관성이 있음을 알려 주고 있다(제8장 '도박행동의 이해'). 병적 도박의 심리학적 설명을 보완하기 위하여, Shah와 동료 연구자들은 병적 도박이 가족력 및 유전학적 요소뿐만 아니라, 노르아드레날린, 세로토닌, 도파민, 아편계 체계와 관련되어 있음을 밝히고 있다(제9장 '병적 도박에 대한 생물학적 기반의 이해'). 이처럼 병적 도박을 심리학적으로 그리고 생물학적으로 이해하는 것은 중독 및 충동성 장애를 이해하는 데 도움이 된다.

현재 병적 도박에 대한 효과적인 치료법이 존재하지만, 이 책은 임상가가 병적 도박자를 진단하고 조기에 치료할 수 있는 능력을 향상시키고자 한다. 그러한 목적으로 Potenza와 Griffiths는 예방의 측면에서 임상가의 중요한 역할에 관한 정보를 제공한다(제10장 '예방적 노력과 임상가의 역할'). 그들은 조기 진단과 치료에서 정신건강 전문가와 일반 의사 간의 긴밀한 의사소통이 중요함을 주장한다. 청소년은 병적 도박의 비율이 상당히 높은 것으로 일관성 있게 파악되고 있다(일반 성인 인구의 2~4배 정도). 그리하여 Derevensky와 동료 연구자들은 특별히 이 연령층을 위한 예방 전략을 제시하고 있다(제11장 '청소년 문제성 도박과 병적 도박의 예방과 치료').

최근 몇 년 동안 병적 도박의 치료는 상당한 발전이 있었다. 그 결과, 임상가는 병적 도박 환자를 치료할 수 있는 다양한 치료법을 맘대로 고를 수 있게 되었다. Hodgins와 Petry는 병적 도박 환자를 도와주는 행동주의적 치료 접근법을 설명하고 그 효과에 대해 말하고 있다(제12장 '인지행동치료'). 다양한 행동주의적 개입의 이론적 근거와 경험적 효과, 실질적인 측면들을 일일이 평가하고 있다. 행동주의적 개입이란 12단계 프로그램, 재정 상담, 동기 상담, 동기 고양, 단기 치료, 그리고 인지행동치료에 참여하는 것 등을 포함한다. 또한 이들은 가족 구성원을 위한 자조적 치료법과 전문가에 의한 치료들을 설명하고 있다. 그리고 Hollander와 동료 연구자들은 병적 도박에 대한 다양한 약물치료법들의 이론적 토대를 설명하고, 약물치료법의 현재 상태를 검토하고 있다(제13장 '약물치료'). 그들은 병적 도박의 치료에서 세로토닌 재흡수억제제, 세로토닌 수용체(5-HT_2) 길항제, 기분안정제, 아편계 길항제, 도파민제제의 사용을 지지하는 증거들을 검토하고 있다.

요약하면, 병적 도박은 환자를 심각한 개인적 곤경에 빠뜨릴 수 있는 중요한 임상적 조건이다. 이 책의 모든 내용이 설득력 있게 증명하고 있듯이, 병적 도박의 역학, 현상학, 공존병리 그리고 병인론은 놀라운 진전을 이루었다. 예방 그리고 인지적 · 행동적 치료와 약물치료와 같은 치료적 개입은 병적 도박자가 이 무서운 장애로부터 도움을 받을 수 있도록 하였다.

차 례

Part 2
임상적 특징

PART 1
공중보건과 역학

01_ 도박과 공중보건

02_ 역학

01 도박과 공중보건

Howard J. Shaffer, Ph.D., C.A.S.
Rachel Kidman

도박 연구는 공중보건public health이라고 하는 새로운 영역의 맨 앞 가장자리에 자리 잡고 있는, 역사가 깊지 않은 분야다. 이 장에서는 도박과 연관된 연구를 예상해 본 다음, 통합적 공중보건 방식으로 도박에 대한 이해를 촉진해 볼 것이다. 공중보건 전략은 과학자, 공공정책 입안자, 그리고 도박의 비용과 이득을 다루는 단체에 도움이 될 것이다. 구체적으로, 우리는 이 장에서 도박에 관한 역학적 증거를 모으고, 도박과 관련된 잠재적 사회적 충격을 살펴보며, 앞으로의 연구와 정책에 연결될 수 있는 것들을 생각해 볼 것이다.

도박: 공중보건 영역에서 새롭게 드러난 어려운 과제

도박의 대부분 역사에서, 관찰자들은 무절제한 돈내기를 도덕적 유약함으로 간주해 왔다(Quinn, 1892). 그러나 점차 사람들은 과도한 도박을 심리적 혹은 정신적 문제로 보기 시작하였다(예: Freud, 1928/1961; Jacobs, 1989; Lindner, 1950). 최근에는 무절제한 도박을 신경생물학적 관점에서 바라보기 시작하였다(Bergh et al., 1997; Blum et al., 2000; Breiter et al., 2001; Comings, 1998; Hollander et al., 2000; Shaffer & Kidman, 2003). 이와 같은 여러 관점은 모두 개별적인 도박자를 강조하며, 또한 도박자의 생물심리사회적 biopsychosocial 속성을 강조한다. 근래에는 연구자들이 공중보건의 관점에서 도박을 살펴보고 있다(Korn & Shaffer 1999; Shaffer & Korn 2002; Shaffer et al., 2002; Skinner, 1999). 공중보건의 관점에서 도박에 접근하는 방식은 인구 기반적 관점으로 보건문제를 검토하도록 격려하고 있다. 이러한 관점에서 얻는 한 가지 이점은, 개인적 접근 방식에 더 가까운 연구 방법으로는 얻기 어려운, 거시적 수준의 분석을 통해 보건 관련 현상들을 고찰할 수 있다는 점이다. 이에 따라 도박을 공중보건의 관점으로 보려는 사람들의 관심이 커졌다.

도박은 복잡한 현상이며, 그래서 도박의 결정 인자들 역시 복잡하다. 사람host, 병인agents, 그리고 환경environment으로 구성된 공중보건 모형이 수많은 전염병에 대한 이해가 진전될 수 있도록 도운 것처럼, 이와 비슷한 공중보건 전략을 통해 우리는 도박자 개인 '수준의 특성' '도박행동' 그리고 그가 도박을 벌이고 있는 '사회적 장면' (즉, 도박장의 멀고 가까움 등)을 고찰하려고 한다. 이러한 요인들 사이의 상호작용은 도박 및 그 영향을 이해하는 데 필수적인 것이다.

승패의 확률이 우연에 의해 좌우되는 어떤 사건의 결과에 값어치가 있는 그 무언가를 내맡기는 위험을 감수하는 것이 '도박행동' 이다(Korn & Shaffer, 1999). 도박의 형식은 공식적인 것도 있고 비공식적인 것도 있으며, 그 범위도 개인적 활동부터 사회적 활동까지 매우 넓다. 마약과 마찬가지로, 도박과 연관된 문제들이 발전하는 데 영향을 미치고 있는 위험 요인들을 늘이거나 줄일 수 있는 특유한 속성들이 모든 도박 형식에 들어 있다. 여러 종류의 도박 형식을 자세히 설명하는 것은 이 장의 범위에서 벗어나는 것이다. 그러나 도박의 여러 형식에 따라 제각기 사회적 장면에 영향을 끼치며, 개인에게도 영향을 미치는 특성이 있음을 독자는 반드시 알고 있어야 한다.

비교적 새로운 분야인 도박 연구는 도박자들의 '개인 수준의 특성' 을 살펴보는 데 주로 관심을 가져 왔다. 미국정신의학회가 무절제한 도박을 가장 먼저 정신장애로 간주하고 이것을 '병적 도박' 이라고 명명한 1980년부터, 도박을 심리생물학적 요인과 인지적 요인들을 강조하여 이해하게 되었다. 게다가 이 전략은 건전한 도박이 도박장애로 전환되는 것과 관련된 개인 내적 사건들에 초점을 맞췄다. 이 관점에 찬동하는 임상가와 연구자들은 도박장애를 정의하고, 이러한 정의와 연관된 진단기준에 근거하여 선별도구를 새로 만들어 내었다.

근래에는 도박과 연관된 관점들이 도박자 개인에게 초점을 맞추는 좁은 관점에서 '사회적 장면'(즉, 도박을 중재하는 사회적 요인들)을 넓게 고찰하는 방식으로 변화되었다. 데이터 세트를 이해할 때 분류 및 서술 작업이 그 기반이 되는 것처럼, 인구 기반 현상을 이해하는 데에는 역학적 연구가 그 첫 단계가 된다. 결과적으로, 인구 전반에 걸쳐서 도박이 얼마나 파급되어 있으며 어떤 결정 인자들이 있는지를 밝히는 역학적 조사경로를 밟아 가는 방식을 사용한 많은 도박 연구가 수행되었다. 도박 조사로부터, 도박장애의 유병률prevalence에 관한 역학적 증거가 확정되었으며(예: Shaffer & Korn, 2002), 여러 인구 분포에서 도박과 관련된 일과 도박 문제의 특성에 관한 신뢰할 만한 조사 내용이 드러났다. 이에 따라 통합적 공중보건 모형이 인구 구분에 기반을 둔 연구를 지지함에 따라 전체 인구 대상 유병률 조사가 종말을 고하게 되었다. 이 방식으로 도박 연구에 접근함에 따라 오락성 도박이 문제성 도박으로 전환하는 데 영향을 미치는 위험 인자 및 보호 인자 조사에 박차를 가하게 되었으며, 취약 집단을 인구통계학적으로 파악할 수 있게 되었다(예: 높은 비율의 도박 관련 문제와 관련 있는 민족 간 차이). 광범위한 인구 기반 분석으로부터 얻은 통찰은 사회적·경제적·문화적 변인들이 어떻게 건강으로 변환되는지를 확인하려면 개인 수준의 분석으로 돌아가야만 한다. 마찬

가지로, 도박과 관련된 새로운 정책, 예방 그리고 치료 노력의 성공 여부를 확인할 시점에서는 전체 인구를 대상으로 하는 역학조사가 다시금 타당한 방법이 될 것이다.

도박이 보건에 미치는 영향을 충분히 이해하려면, 수많은 다양한 조망을 가지고 이를 조사하여야 한다. 앞서 언급한 연구 경로에는 개인화된 의학적 접근법과 인구 기반 공중보건 접근법이 모두 포함되어 있으며, 두 방법 모두 도박 연구에 필수적이다. 이 두 접근법은 서로 정보를 주고받고 있으며, 순환적이며, 통합적인 공중보건 연구 전략을 진흥시키고 있다. [그림 1-1]은 공중보건 연구에 관한 개관을 도식화한 것이다.

[그림 1-1]에서 보듯이, 조사연구가 한 번씩 순환할 때마다 관찰자들은 도박에 관해 한층 더 정밀해진 정의와 포괄적인 이해를 얻게 된다. 전형적으로 적절한 분석의 수준은 인구 범위로 확장되거나 개인 수준으로 좁혀지는데, 이는 현재의 연구단계와 연구결과에 의해 좌우된다. 그러나 때때로 도박이나 다른 현상에 관한 연구는 여러 분석 수준 사이에서 자유롭게 움직이면서 수행될 것이다.

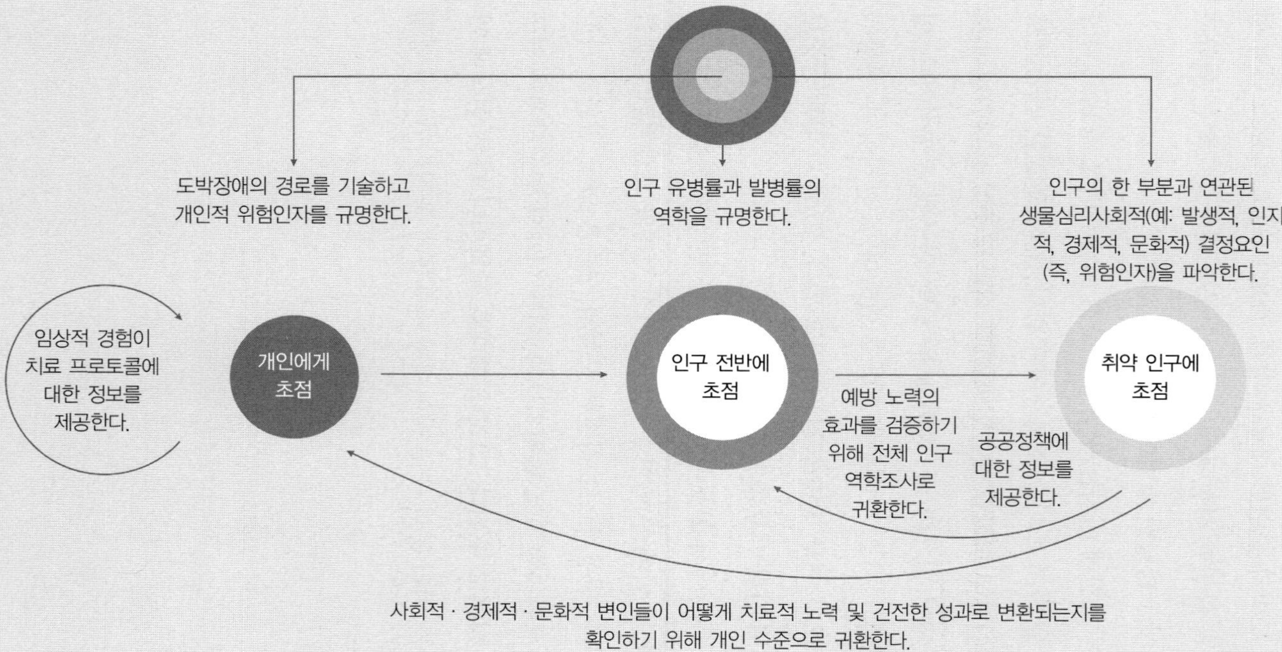

[그림 1-1] 공중보건 연구 통합 전략

도박 및 연관 문제들의 분포

근세기의 도박 성장

북아메리카 지역을 통틀어서 볼 때, 도박의 성장을 촉진한 일차적인 힘은 다음과 같은 세 가지다. 즉, ① 세금을 신설하거나 세율을 높이지 않으면서 새로운 수입 원천을 찾고자 하는 정부의 욕망, ② 오락 및 레저를 위해 관광업체들이 개발한 새로운 시장 분야, 그리고 ③ 새로운 도박 기술 및 도박 방식의 출현(예: 복권용 비디오 터미널video lottery terminals, 파워볼 초대형 복권Powerball mega-lotteries, 인터넷 도박Internet offshore gambling) 등이다(Korn & Shaffer, 1999).

미국에서는 1975년부터 1999년 사이에 성인도박에 참여하는 비율이 68%에서 86%로 늘어난 경향을 보였으며, 도박 지출비용이 개인소득의 0.30%에서 0.74%로 늘었고, 여성의 도박 양상이 남성의 양상을 닮아 가면서 성장하였다(Gerstein et al., 1999). 평생 도박은 65세 이상 집단에서 가장 극적으로 증가하여 노인의 35%에서 80%로 늘어났다(Gerstein et al., 1999). 도박흥행업 및 관련 접대산업에서의 회사 이익은 엄청나게 증가하였다. 예를 들면, 미국의 1996년도 레저 경제수치를 보면 총도박수익이 476억 달러였는데, 이 수치는 영화 관람, 음반, 순항여객선, 관객 동원 능력이 있는 스포츠, 그리고 실황 공연 연예 산업의 수익을 모두 합친

408억 달러보다 많았다(Christiansen, 1998). 도박 지출비용이 계속 높아지고 있다. 2001년 미국인의 도박장 출입 횟수가 3억 300만 번이었으며, 이로부터 카지노를 기반으로 한 수익은 272억 달러였고 도박 관련 총수익은 633억 달러였다. 이것은 단 5년 만에 수익이 1/3이 늘었다는 것을 의미한다. 2001년의 도박 수익은 케이블 TV 기본 채널, 녹음, 영화관람 산업의 매출액을 합친 금액(637억 달러)과 거의 비슷하다(American Gaming Association, 2002).

개인 도박 문제의 다양한 면모

역사적으로 여러 시대를 통해서 볼 때, 관찰자들은 도박 관련 문제를 개인적 · 사회적 · 경제적 관점에서 인식하고 이들의 성격을 규정하여 왔다(예: 탐욕, 범죄 그리고 사회비용). 공공정책 입안자, 과학자 그리고 사회비평가들은 20세기 후반에 도박이 급속히 팽창하면서 이것이 다양한 개인적 문제를 자극하여 왔다는 점에 대해 크게 우려하고 있다. 이와 같은 여러 가지 어려운 문제 가운데 가장 명확하고, 아마도 가장 잘 연구된 것은 도박장애일 것이다. 도박은 전무한 수준부터 과도한 수준까지 범위의 행동연속선 위에 자리 잡고 있다. 임상가와 연구자들은 이러한 양적 연속성인 특성을 서로 다른 이름, 때로는 혼란스러운 이름을 붙여서(예: 위험at-risk, 문제성problem, 준임상적subclinical, 병적pathological, 추정 병적probable pathological, 심한 병적extremely pathological, 전환기에 있는in-transition, 강박적compulsive) 불연속적인 범주 안으로 변환하여

넣었다. 이렇게 혼란스러운 여러 명칭에도 불구하고, 가장 일반적인 방식은 도박장애를 다음과 같이 이분법적으로 생각하는 것이다. 즉, 임상적인 것(진단 기준을 충족하는 과도한 도박) 그리고 준임상적인 것(증후는 있지만 진단 기준을 충족하지는 않는 도박)이다. 현재 무절제한 양상을 띠며 공식적인 진단 기준을 충족시키는 경우, 병적 도박pathological gambling이라고 지칭하고 있다. 그러나 준임상적 도박에 대해서는 흔히 문제성 도박problem gambling으로 부르기는 하지만, 공식적인 용어는 아직 없다.

이렇게 복잡한 정의와 서로 대치되는 용어들에 대해 도박연구자와 공공정책 입안자들은 수준 체계를 도입하게 되었다. 즉, 이것은 연속성을 띠는 질병의 특성을 여러 층으로 나눔으로써 인구 기반 이해 및 연구를 발전시키기 위해 흔히 사용되는 공중보건 도구다. 예를 들면, 임상가와 연구자들은 화상, 당뇨, 그리고 암 등을 수준 체계를 써서 범주화한다(즉, 1도, 2도, 3도 화상 또는 제1형, 제2형 당뇨병 등). 도박연구자들은 도박 관련 행동의 유병률을 0~4 수준으로 나타낸다(Shaffer et al., 1997). 수준 0은 도박하지 않는 사람을 말한다. 수준 1은 결말이 해롭지 않은, 기분전환으로 도박하는 사람을 말한다. 하지만 도박행동이 광범위한 부정적인 귀결과 연관되기만 하면 수준 2의 도박이라고 하며 문제성 도박이라고 부른다. 수준 3은 매우 심각하며 동시에 병적 도박 진단 기준을 충족시킬 만큼의 해로운 귀결을 맞는 사람을 말한다. 마지막으로, 도박자가 고통의 정도를 불문하고 자신의 문제에 대해 도움을 받고자 할 때는 수준 4에 해당한다. 이 수준 체계가 가진 장점 가운데 하나는 임상가와 연구자들이 경멸적인 언어를 쓰지 않을 수 있게 해 준다는 것이다.

지난 1975년부터 1999년 사이에 전체 인구 가운데 성인의 병적 도박이 증가된 것으로 추정되었다. 미국과 캐나다에서 당해 연도 수준 3 성인 도박자의 평균 유병률은 1.46%로 어림되며, 이에 상응하는 수준 2 도박자는 2.54%로 추정된다(Shaffer & Hall, 2001). 극단적인 수치들을 조정하면, 수준 3 도박자는 1.1% 그리고 수준 2 도박자는 2.2%로 추정된다. 도박장애의 유병률은 다른 정신장애의 유병률과 비슷하며, 그에 상응하는 주의와 노력이 필요함을 보여주고 있다.

연구자, 연구 전략 그리고 지정학적 시공간 등을 통틀어서 볼 때 전체 인구 가운데 성인의 도박 유병률은 상대적으로 일관성이 있는 것으로 보인다. 다른 나라 연구자들의 관찰에서도 비슷한 수치로 나왔다. 예를 들면, 스웨덴의 어떤 연구에서는 수준 2 도박이 1.4%, 수준 3 도박은 0.6%였다(Volberg et al., 2001). 스위스의 연구에서는 이보다 약간 높은 수준 2의 유병률 2.2%와 수준 3의 유병률 0.8%가 보고되었다(Bondolfi et al., 2000). 영국은 수준 3 도박의 유병률이 위의 두 추정치의 중간 값인 0.7%로 나타났다(Sproston et al., 2000). 더 나아가 범국가적 연구에서 보면, 유병률 수치들이 시간에 걸쳐 안정된 것으로 나타났다. 1970년대 중반 미국의 수준 3 도박은 0.7%로 추정되었다(Kallick et al., 1979). 20년 뒤, 도박영향조사 국가위원회에 제출된 2개의 범국가적 추정치를 보면 수준 3 도박이 0.9%(National Research Council, 1999)와 0.6%

로 나타났다(Gerstein et al., 1999).

수준 2 도박자들을 이해함으로써 도박장애와 연관된 공중보건의 부담을 낮출 수 있는, 의미 있는 기회를 가지게 되었다. 근래의 증거를 보면, 수준 2의 도박이 가벼운 정도의 병적 도박 형태임을 시사하고 있다(Slutske et al., 2000). 알코올 사용 때문에 발생하는 인구 기반적 손실과 비슷하게, 도박 때문에 발생하는 이러한 손실의 대부분은 가장 심각한 수준의 사례들 때문이 아니라 대부분은 수준 2 도박 때문으로 보인다(Brownson et al., 1997). 이는 수준 3 또는 수준 4 도박자들보다 수준 2 도박자들이 수적으로 훨씬 많기 때문이다. 결과적으로, 인구의 많은 부분에서 나타난 작은 변화가 적은 인구에서 일어난 큰 변화보다 더 큰 충격이 된다. 게다가, 수준 2 도박자들은 치료에 대한 반응이 빠르다. 수준 2 도박자들이 임상적 장애로 발전하는 것을 막는 여러 가지 노력은 2차적 예방전략이 유용함을 보여 주고 있다.

지금까지 정신건강 전문가들은 도박문제를 의료적 방식으로 접근하였다. 비록 이 전략이 심각한 도박문제를 가지고 있는 개인에게는 이득을 가져다주지만, 도박 때문에 일어나는 사회적 문제에 가져오는 변화는 상대적으로 작다. 게다가 개인으로 접근하는 방식은 다른 사람에게서 발생하는 병적 도박을 거의 예방하지 못하며, 그래서 도박장애의 발병률이 달라지지 않는다. 공중보건의 시각은 개인에게 초점을 맞추는 방식에서 지역사회에 초점을 맞추는 방식으로 바뀌어야 하며, 도박에 대한 인구 규준이 이동하도록 노력해야 한다. 그래서 수준 2 도박자들의 수를 낮추고 인구의 전반적인 건강이 향상되도록 해야 한다.

공중보건에 미치는 도박의 영향 평가하기

도박을 이해하기 위한 통합된 공중보건 전략에서는 개인, 주민 그리고 취약 인구의 한 부분에 대한 주의집중이 요구된다. 개인 차원에서 보건 문제가 발생할 때, 이러한 문제들은 전체적으로 사회적 충격을 만들어 낼 수 있는 잠재력을 가지게 된다. 달리 표현하면, 유병률은 아주 낮지만 매우 심각한 결과를 가져오는 문제들(예: 학교에서 발생한 참극, 연쇄살인)이 주민 사이에서 폭넓은 관심을 야기할 수 있다. 마찬가지로, 유병률은 매우 높지만 극적인 결과가 낮은 보건 문제들(예: 청소년의 기분부전장애)도 이에 맞게 폭넓은 관심을 이끌어 낼 수 있다. 다양한 인구의 한 부분에 걸쳐 있는 불균형적인 도박 양상의 분포는 도박에 미치는 경제적 · 심리적 영향, 연령, 그리고 기타 도박에 대한 다양한 잠재적 영향 등에 관심을 증가시키고 있다. 공공의 대중에게 미치는 도박의 충격에 관한 다양한 논쟁이 이러한 여러 역학적 관찰로부터 전개되었다. 예를 들면, 복권도박 때문에 과세 형태가 퇴보하는 것은 아닌지, 그리고 소득이 낮은 지역에 도박 현장이 불균형적으로 자리 잡은 것은 아닌지에 대한 우려가 심각한 형편이다.

공공정책 시스템은 아주 최근에야 도박의 극적인 팽창 때문에 야기되는 장기적인 사회적 · 경제적 · 보건적 충격을 조사하고 토론하는 장을 마련하였다(예: NGISC, 1999). 도박이 성장하도록 허가한 사회적 · 정치적 환경에서의 변화 추이를 둘러싼 논쟁이 활발하였다. 행정부는 새로운 도박 프로그램을 허가하는 것과 도박을 규제하는 정책을 시행하는 것 사이에 적절한 균형을 맞추려고 매우 양가적인 자세를 취하였다. 카지노산업계는 도박산업을 펼칠 기회를 달라고 주 및 지방자치단체에 격렬하게 로비를 하고 있다. 지역사회 공동체들은 도박이 그 공동체에 미치는 영향(예: 이웃과 가족의 안전과 삶의 질)에 대해 활발하게 토론을 벌이고 있다(Hornblower, 1996). 강박적 · 병적 도박에 관한 주위원회들은 도박과 관련된 문제 때문에 영향을 받은 사람들과 그들의 가족을 위해 공공교육, 헬프 라인help line, 치료 의뢰 그리고 지지를 제공하고 있다.

비용과 이익에 대한 고려

공중보건에서는 도박이 비용과 이익 모두를 만들어 낼 수 있는 잠재력이 있음을 알고 있다. 이러한 생각이 보건적 · 사회적 · 경제적 등 여러 차원을 포함하는 지역사회의 모든 면에 영향을 미치고 있다. 넓은 범위의 하부 집단 및 취약 계층에 걸쳐 있는 비용 및 이익의 분포를 망라하는 비용–이익 분석은 지역사회에 대한 충격과 연관된 모든 평가에 필수적이다. 이런 내용들이 검토된 후에야 중요한 문제를 해결하고 가치 있는 사안을 지지하는 공중보건 전략을 개발할 수 있다.

비용: 도박의 잠재적인 부정적 결과

학술 논문 및 대중매체는 도박과 직간접적으로 연관되어 있을 수 있는 개인, 가족 및 지역사회의 폭넓은 어려운 점들을 파악하였다(예: Ladouceur et al., 1994; Lesieur, 1998). 의도하지 않은 부정적인 결과에는 다음의 것들이 포함될 수 있다.

도박장애　도박장애라는 용어는 문제성 도박과 병적 도박이라는 구성 개념들을 포함하는, 연속선을 따라 경험하게 되는 다양한 문제를 포괄하기 위하여 사용되었다(예: Shaffer et al., 1997).

가족의 역기능 및 가정 내 폭력　배우자 학대와 자녀 학대가 포함된다(Bland et al., 1993; Heineman, 1989; Jacobs et al., 1989; Lesieur & Rothschild, 1989; Lorenz & Yaffee, 1988; Moody, 1989; Wildman, 1989).

청년과 미성년자들의 도박(예: Eadington & Cornelius, 1993; Shaffer & Hall, 1996; Shaffer et al., 1997).

알코올 및 기타 약물 문제(Crockford & el-Guebaly, 1998; Cunningham-Williams et al., 1998; Lesieur & Heineman, 1988; Shaffer et al., 1999b; Smart & Ferris, 1996; Spunt et al., 1995; Steinberg et al., 1992).

정신병적 상태　주요 우울증, 양극성 장애, 반사회성 성격장애,

불안 및 주의력 결핍 장애 등이 포함된다(예: Blaszczynski & Steel, 1998; Crockford & el-Guebaly, 1998; Cunningham-Williams et al., 1998; Horvath, 1998; Knapp & Lech, 1987; McCormick et al., 1984; Rugle & Melamed, 1993; Shaffer et al., 1999a).

자살, 자살사고 및 자살 시도(Bland et al., 1993; Crockford & el-Guebaly, 1998; Cunningham-Williams et al., 1998; McCleary et al., 1998; Phillips et al., 1997).

심각한 재정 문제 도박의 직접적인 결과로서 심각한 재정 문제가 발생할 수 있는데, 예를 들면 파산, 실직 및 빈곤 등이 포함된다(Blaszczynski & McConaghy, 1994; Fessenden, 1999; Gerstein et al., 1999; Ladouceur et al., 1994; Lesieur, 1998; Marshall, 1998).

범죄 행위 성매매와 도둑질부터 마약 거래, 살인까지의 범위에 들어가는 범죄행위 등이 포함된다(Brown 1987; Gerstein et al., 1999; National Research Council, 1999; Smith & Wynne, 1999).

도박이 이러한 불행한 상황을 만들어 내는 원인인지 아닌지를 결정하는 것은 풀기 어려운 뜨거운 논쟁거리였으며, 지금도 그렇다. 연구자들은 도박과 연관된 범죄, 물질 남용, 빈곤 및 가족 내 폭력 등 때문에 도박이 보건에 부정적인 영향을 끼칠 수 있다고 말한다(예: National Research Council, 1999). 하지만 원인과 영향을 구분하는 것은 어려운 일이다. 범죄자들이 모두 도박을 하거나 도박자들이 모두 범죄자가 되는가? 심리적 혼란을 겪는 사람은 모두 그 정서적 상황을 극복하기 위해 도박을 하거나(예: Jacobs, 1989; Khantzian, 1997), 도박이 이러한 정서적 혼란을 부추기는가(예: Vaillant, 1983)? 향정신성 물질의 사용에서처럼, 이들 사이의 관계성은 마약 투여량에 영향을 미치는 인자들과 유사한 연관성을 가지고 있을 것이다(즉, 도박에 쓴 금액, 도박 빈도, 도박에 참여하였거나 도박에 노출된 기간). 그러나 도박에도 긍정적 결과가 있는 만큼, 이와 같은 중요한 문제점들을 해결하기 위해 더 많은 연구가 필요하다.

국립연구회의National Research Council와 도박영향조사 국가위원회NGISC는 도박이 범죄, 파산, 가족 내 폭력 또는 기타 다양한 해로운 사회적 귀결들의 원인이 되었는지를 아직은 확정할 수 없다고 결론지었다(National Gambling Impact Study Commission, 1999; National Research Council, 1999). 몇몇 관찰자들은 이들과 다른 연구 결과를 예상하였다. 이에 따라, 이러한 결론의 완전성과 타당성을 확실하게 하기 위하여 미국회계검사원U.S. General Accounting Office, GAO은 NGISC의 증거 및 결론을 독자적으로 되살펴 보았으며(U.S. General Accounting Office, 2000), 애틀랜틱시티 지역에 대하여 자체 조사를 실시하였다. GAO가 내린 결론은 다음과 같다.

> NGISC의 연구와 우리의 애틀랜틱시티 사례 연구 어느 것도 여러 가지 이유로 도박이 사회에 끼치는 영향을 명확하게 규명하지

못했다. 사회에 끼친 영향에 대해 높은 수준으로 적절하게 수행한 연구의 분량은 극히 적은 편이다. 가족 문제, 범죄 그리고 자살에 관한 자료는 얻을 수 있지만, 추적 체계들이 대체로 이 사건들의 원인에 관한 자료를 수집하지 못하기 때문에, 이들을 도박과 연관 지을 수 없다. 때로는 애틀랜틱시티 수준이 아니라 카운티 수준의 자료밖에 얻지 못하였다. 더구나 병적 도박에 따른 사회적 비용이 증가되었음이 조사에서 밝혀지더라도, 병적 도박자들이 종종 다른 행동장애를 함께 수반하기 때문에 이 문제들의 원인으로 도박이 유일한 요인인지 아닌지 분리해 내는 것은 어렵다. NGISC와 우리의 애틀랜틱시티 사례 연구가 도박, 특히 병적 도박이 가족 문제(가족 내 폭력, 자녀 학대 및 이혼), 범죄 그리고 자살을 증가시켰다는 몇 가지 뚜렷한 증거를 찾아냈지만, 인구 전반에 걸쳐서 도박이 가족 문제, 범죄 또는 자살을 증가하게 했는지 아닌지에 대해 NGISC는 어떠한 결론에도 이르지 못했다. 마찬가지로, 애틀랜틱시티에서 사회적 문제가 증가한 것이 도박 때문인지 아닌지에 대해서 우리는 아무런 결정적 증거를 찾아내지 못했다(U.S. General Accounting Office, 2000, p. 3).

GAO는 도박과 파산 사이의 연관성도 찾아내지 못했다. 도박이 사회적 문제를 야기하는 것은 분명한 것 같으며, 도박이 사회적 문제들의 '원인일 수 있다.' 그러나 지금의 과학적 연구 상태에서는 넓게 퍼져 있는 사회적 문제들에 대한 일차적 원인 또는 기여도가 높은 원인이 도박이라는 결론을 쉽게 내리지 못하고 있다

(National Research Council, 1999; U.S. General Accounting Office, 2000).

이득: 도박이 보건에 미치는 잠재적인 긍정적 영향

도박에 관한 거의 대부분의 연구들은 정신건강과 사회에 대한 해로운 영향에 초점을 맞췄다. 여태껏 한 가지 주목할 만한 예외가 있었지만(Rosecrance, 1988), 도박행동에 관한 연구는 도박에 따른 건강 증진의 가능성을 무시하였다. '건강한' 도박의 가능성(Korn & Shaffer, 1999; Shaffer & Korn, 2002)이 도박의 매력을 설명하는 데 도움이 될 수 있다. 어쨌든 도박의 기대치는 부정적이다. 그렇기 때문에 납득할 만한 대안적인 설명이 없다면, 이기심으로 행동하는 사람들이 도박을 하는 것은 모순적이다.

경제적 상태가 개인 건강의 정서적 · 지적 · 신체적 · 사회적 등의 여러 차원에 영향을 미칠 수 있으므로(예: Evans et al., 1994; Kaplan & Lynch, 2001; Wilkinson & Marmot, 1998), 도박도 그 못지않은 영향을 끼칠 수 있다. 정신건강의 증진이라는 개념이 도박이 가지고 있는 건강상 이득의 잠재력을 조사할 수 있는, 가망성 있는 새로운 참조의 틀과 어휘를 제공한다. 도박과 정신건강에 대한 이 접근 방법은 도박에 영향을 받은 인구의 한 부분들, 그들의 정신건강 증진 목표들, 그리고 이런 것들이 현실로 나타난 상황 등을 조사한다.

정신보건 증진에 끼치는 도박의 이득에는 다음과 같은 것들이 있다.

사회적 통합 자유 재량인 여가시간에 여흥을 즐기기 위한 도박이 사람들 간에 연결된 느낌과 사회화된 느낌을 가져다줄 수 있다. 영화를 보러 가거나, 술집에 앉아 있거나 또는 신체적 활동에 참여하는 것처럼, 카지노나 경마장에 감으로써 일상생활에서의 욕구로부터 또는 사회적 고립으로부터 벗어나는 어떤 건전한 변화와 휴식을 얻을 수 있다. 이 활동이 노인에게는 특히 중요할지도 모른다.

성인 놀이(Smith & Abt, 1984) 아동이 건강하게 발달하는 데 놀이가 중요함을 학자들이 이미 오래전에 깨달은 것을 통해 보면(Weiss, 1995), 성인이 불안, 스트레스 그리고 의기소침 등을 줄이는 데에도 놀이가 매우 중요할 것이다(Ackerman, 1999; Driver et al., 1991; Kelly, 1982).

대처전략의 증진 기억력 증진, 게임 전술을 통한 문제해결력, 수학적 숙달력, 집중력 그리고 눈-손 협응 등과 같은 솜씨와 역량을 구축함으로써 대처전략을 증진한다.

도박과 연관된 경제적 발전을 통하여 지역사회에 보건 이득도 가져다줄 수 있다. 지역사회, 특히 경제적 문제가 있는 지역사회는 도박을 통해서 상당한 경제적 이득을 얻을 수 있다(National Research Council, 1999). 예를 들면, 카지노는 지역사회 경제 발전의 촉매로서 작용할 수 있다. 이득에 일반적으로 포함되는 것으로 도박산업 내의 일자리 창출이 있는데, 이것이 나아가 관광 및 접대업 등과 같은 다른 영역들로 확대된다. 그러나 관찰자들은 도박 확장 및 지역경제 발전과 연관된 지역사회 보건 상태 향상에 관한 예상을 조심스럽게 해석하여야 한다. 왜냐하면 이러한 경제적 이득이 보건 상태에 긍정적인 영향을 줄 수 있도록 지속 가능해야 하기 때문이다. 원래부터 외부 자극이 적은 영역을 제외하면 지역사회에 도움이 되는 이러한 장기 경제적 이득이 드러난 사례가 아직까지는 없으며, 지금으로서는 경제적 이득 및 부의 창출 예상에 관한 복잡한 분석을 진행하는 상태에 놓여 있다(Nadler, 1985; National Gambling Impact Study Commission, 1999; National Research Council, 1999). 자선도박charity gambling(예: 빙고)에서는 도박에서 딴 돈이 교육, 환경 그리고 청소년 스포츠 등과 같은, 지역의 비영리기관 및 자선기관들을 지원하는 데 직접 보내진다. 이 추가적 수익원이 보건, 사회적 서비스, 휴양 그리고 문화 등의 기반을 증진함으로써 지역사회의 역량을 강화할 수 있다. 도박이 주정부, 지방정부 그리고 시정부에 수익을 창출해 줄 수 있으며, 이것이 사회적 자본을 형성하고 과세 의존성을 낮출 수 있다는 점도 중요하다.

비용 및 이익 추정하기

지역사회, 집단 그리고 개인의 입장에서, 공공보건의 핵심적인 물음은 '도박은 생활의 질을 높일 것인가 아니면 손상할 것인가?' 다. 문제성 및 병적 도박의 보건적 · 사회적 · 경제적 비용이 추정된 적이 있지만, 이에 사용된 방법론은 한층 더 정교해질 필요가 있다(National Research Council, 1999).

NGISC는 지역사회에 문제성 및 병적 도박자들에게 들어가는 비용이 연간 50억 달러이며, 생산성 저하, 사회적 서비스 및 채권자 등 평생에 걸친 손실비용으로 400억 달러가 추가된다고 추정하였다. 카지노가 도입된 지역에서는 실업률, 실직보험 및 복지비 지급이 1/7로 낮아졌으며, 건설, 병원, 운송, 휴양 및 오락 부문에서의 소득이 높아졌다(Gerstein et al., 1999). 한 조사에 따르면, 문제성 도박자 한 사람이 그의 가족과 직장 사람들 그리고 정부에 있는 사람들을 포함하여 10~17명의 사람들에게 부정적 영향을 끼친다고 한다(Politzer et al., 1992). 그렇지만 전체적으로 보면, 도박의 비용 및 이익에 관한 요즈음의 연구가 비용-이익의 분포를 뚜렷이 보여 준 경우는 거의 없다. 결과적으로, 현재의 비용-이익 비교 평가는 지역사회 수준의 분석 및 개인 수준의 분석 모두에서 이 관련성의 본질에 관하여 확실한 답을 제시하지 못하고 있다.

공중보건의 정책과 시행을 위한 권고

공중보건 정책을 위한 권고를 뒷받침해 주는 자료들이 제한되어 있지만, 우리는 다음과 같은 4단계의 공중보건 활동을 제안한다(Korn & Shaffer, 1999; Shaffer & Korn, 2002 참조). 첫째, 도박에 대한 '전략목표들을 채택' 하라. 이렇게 하면 공중보건 활동 및 책임의 초점이 마련될 것이다. 예를 들면, 목표로는 ① 도박자들 사이의 도박 관련 문제를 전반적으로 '예방하기', ② 개인과 지역사회 모두가 도박 및 도박자들을 대하는 태도, 행동 및 정책에서 균형을 증진하고 이에 관한 정보를 잘 '알리기', ③ 도박에서 손실을 입기 쉬운 취약집단을 '보호하기' 등이 있다.

둘째, 도박 관련 문제를 줄이는 데 관심이 있는 공중보건 종사자들은 '공공보건원칙에 찬성' 하여야 한다. 다음과 같은 세 가지 원칙이 의사결정에 필요한 지침과 정보를 제공해 줄 수 있다. ① 도박 관련 문제를 예방하는 것이 '지역사회의 가장 우선되는 것' 임을 확실히 하면서, 자원을 1차, 2차, 3차 예방주도권에게 적절히 배당한다. ② 지역사회의 능력을 높이고, 정신건강에 대하여 (정서적 · 영적 차원을 포함한) 전체론적 관점을 가지며, 그리고 도박문제의 위험에 처해 있거나 이 문제들의 영향을 받고 있는 도박자의 욕구와 열망에 접근하는 자세를 취하는 '정신건강 증진' 접근 방식을 도박에 채택한다. ③ 도박정책 및 도박실행에 대한 '개인 및 사회의 책임' 을 기른다.

셋째, 도박에 초점을 두고 있는 공중보건 종사자들은 '손실 감축 전략 및 전술' 을 함께 하여야 한다(예: Tucker et al., 1999). 공중보건 당국자들은 개인, 가족 그리고 지역사회에 해로운, 도박행동의 보건적 · 사회적 · 경제적 결과를 최소화하는 손실 감축 전략을 포용할 필요가 있다. 이러한 주도권에는 적어도 다음과 같은 네 가지 구성 요소가 들어 있다. ① 일반 대중을 위한 '건전 도박 안내지침'(즉, 저위험 음주 안내지침과 비슷한 것), ② 도박문제를 '조기 식별' 해 주는 도구, ③ 문제성 도박자들을 위해 비판단적으로 제시할 수 있는 '도박 절제 및 단도박 목표', ④ 도박과 연관된 일에 참여하는 추세, 도박 관련 질병의 발생과 부담을 감찰하는 '감시 · 보고 체계' 등이다.

마지막으로, 공중보건 전략은 '문제성 도박 및 병적 도박의 식별과 치료에 더 많은 자원을 집중시킨다.' 문제성 도박자들의 행동을 이해하면 도박장애와 연관된 사회적 비용 및 손실을 낮출 수 있는 상당한 잠재력을 가지게 된다.

> 수많은 질병의 흔한 위험 요인들이 큰 규모를 차지하는 표본 내에 존재한다. 그래서 거의 대부분의 질병 사례들은 중간 위험 및 저위험 집단에서 발생한다. 중간 위험 집단에서 일어난 상대적으로 작은 변화가 고위험 집단에서의 큰 변화보다 전반적으로 볼 때 더 커다란 질병 감축을 가져다준다(Brownson et al., 1997, p. 735).

예를 들면, (문제성 도박자들과 비교할 때) 병적 도박자들은 더 강렬하고 파괴적 잠재력이 있는 도박장애를 가지고 있지만, 병적 도박자 집단은 문제성 도박자 집단보다 훨씬 수가 더 적다. 문제성 도박자들이 경험하는 문제들이 그리 심각하지 않고 지속성이 짧은 문제들임에도 불구하고, 이들의 수가 많기 때문에 사회에 더 해로운 영향을 끼친다는 책임을 지어야 할지 모른다. 문제성 음주자들이 불거진 사회적 문제에 대해 알코올-의존성 음주자들보다 더 책임이 있다는 관찰과 이 상황은 매우 흡사하다(예: Sobell & Sobell, 1993). 문제성 음주자들을 대상으로 한 연구 사례에서처럼 앞으로의 도박 연구에서는, 병적 도박자들보다 문제성 도박자들에 대해 치료 및 사회적 정책 개입 면에서 더 책임을 가져야 함이 밝혀질 것이다. 결과적으로, 손실 감축을 장려하고 2차적 예방 대상을 향상시키고 있는 공중보건 전략은 지금보다도 더 문제성 도박에 주의를 기울여야 한다.

공중보건 연구에 대한 권고

이론 기반 연구 지향하기

과학적 이해와 공중보건이 발전하려면, 도박에 관한 새로운 주도적인 연구에서 도박장애의 분포 및 결정 인자에 관한 쪽으로 연구의 방향을 잡아 주는, 훌륭한 이론적 안내도가 필요하다. 예를 들면, 직접적이든 은유적이든, 도박 접근성과 도박장애 사이의 인과적 관계를 확인하는 어떤 과학적 연구도 없었다. 마찬가지로, 도박을 부추기는 지역사회적 단서와 도박 충동의 증가 (비록 이것이 광고를 하는 목적 가운데 하나지만) 사이의 직접적인 연결을 확인한 과학적 연구도 전혀 없었다. 그러나 도박 이용 가능성과 도박 행동 사이에 가능성이 높은 연결고리가 존재한다는 것에 많은 연구자들이 주목하였다(예: Mitka, 2001; Pasternak & Fleming, 1999; Sibbald, 2001; Volberg, 2000). 몇몇 경험적 증거를 통해 이 의혹의 중요성을 확인할 수 있다. 예를 들면, 캐나다에서 수행되었고 최근에 발간된 7년 동안의 반복 연구에 따르면, 어떤 지역에 카지노가 개장한 이후 그 지역 출신의 도박자 비율이 두 배 이상 증가하였다(Ladouceur et al., 1999). 카지노가 새로 열리자 도박에 노출되어 있는 주민들 사이에서 발병률이 높아졌다. 구체적으로 말하면, 카지노가 개장되기 전 그 지역 출신 도박자는 대략 14%였으나, 카지노가 개장된 이후 그 지역 출신 도박자의 수는 약 60%에 달했다. 동일한 기간에, 카지노가 없는 지역에서 수집된 통제집단에 속한 사람들에서는 이와 비슷한 도박 양상 변화가 나타나지 않았다.

직업도 개인이 도박에 노출되는 데 영향을 줄 수 있다. 도박에 노출되는 것이 건강에 해로운 효과와 도박장애의 원인이 된다면, 직업적인 도박경험이 도박의 영향을 결정하는 중심 인자가 된다. 이러한 관점과 일관되게, 카지노 종업원이 아닌 전체 인구에 속하는 개인과 비교할 때 카지노 종업원들은 확실히 더 높은 유병률을 보인다(Shaffer & Hall, 2002; Shaffer et al., 1999b, 2000).

노출

노출 모형exposure model은 중독의 대상이 중독행동의 원인이 된다는 것을 의미한다. 노출 모형에 따르면, 환경적 독소(예: 도박 장면)가 있으면 관련된 장애(예: 병적 도박)가 일어날 가능성이 높아진다. 예를 들면, Volberg(2002)는 영국의 경우 도박 접촉이 늘어서 문제성 도박자의 발생이 늘었을 것이라는 의견을 최근에 제시하였다. "어떤 정해진 기간에 내기를 할 기회의 수는 도박문제의 발달과 연계되어 있다."(p. 1556) 최근 아이오와 주에서 주 규모 도박 치료 프로그램을 평가한 결과, 지역에 따른 도박에 노출의 차이와 도박 문제의 도움 요청 간에 어떤 연계성이 발견되었다. 즉, 도박 현장에 가까운 지역일수록 도움 요청 비율이 유의미하게 더 높았다(Shaffer et al., 2002). 확장된 노출 모형은 취약성이나 탄력성 같은 도박자의 성격도 도박에 노출된 결과를 좌우하는 데 중요한 역할을 한다고 주장하고 있다. 예를 들면, 성격적으로 취약한 사람이 도박에 노출되면 결과가 좋지 않지만, 성격적으로 탄력성이 있는 사람은 도박에 노출되어도 결과가 나쁘지 않을 것이다(예: Jacobs, 1989; Khantzian, 1975, 1985, 1997).

적응

사회 적응 모형social adaptation model에서는 도박자들은 역동적이어서 도박에 노출되었을 때 반응하는 자신의 행동을 변화시킬 수 있다고 주장한다(Shaffer & Zinberg, 1985; Shaffer et al., 1997; Zinberg, 1974, 1975; Zinberg & Fraser, 1979; Zinberg & Shaffer, 1990). 사회 적응 모형의 관점에 따르면, 사회 활동에서 새로운 것은 종종 흥미를 자극하지만, 그들은 결국에는 사회학습과정을 통해 이러한 새로운 활동의 효과와 신기함에 적응한다. 그러므로 노출의 효과는 제한적이다. 예를 들면, 네바다 주의 청소년은, 도박에 훨씬 적게 노출되는 다른 4개 주 중심 지역의 청소년에 비해, 주말에 훨씬 적게 도박에 참여하였으며 또한 보다 적게 도박하는 경향을 보였다(Volberg, 2001). 게다가 이들 4개 주 가운데 3개 주의 청소년에 비해 네바다 주의 청소년은 문제성 또는 병적 도박자가 될 확률이 더 작았다. 많은 사람에게 적응 과정이 예기치 않은 사회적 변화를 가져올 수도 있다. 즉, 해로운 귀결을 초래하든 초래하지 않든, 새로운 양상의 도박은 처음에는 호응을 많이 받지만, 곧 낮은 수준의 참여 또는 단도박으로 이어지는 전형적인 적응 과정을 따르게 된다. 이러한 사회 적응은 신기성 효과의 감소, 해로운 결과의 증가, 상충하는 이익의 출현, 또는 이 모든 요소들의 조합에 귀인하는 것일 수 있으며, 심지어는 도박에 근본적으로 취약한 사람에게도 사회 적응이 일어날 수 있다(예: Miller, 2000; Shaffer & Jones, 1989).

모형의 정확성

도박행동에 관한 개별 모형은 전형적으로 정책 형성에 필요한 부분이 결여되어 있지만, 공중보건 모형은 공공정책을 개발하는 데 지침이 될 수 있는 잠재력을 가지고 있다. 모든 모형은 정책 입안자들과 그들이 공표하는 정책에 독특한 방식으로 영향을 미칠 수 있는 잠재력을 가지고 있다. 예를 들면, 만약 정책 입안자들이 노출 모형에 찬성한다면, 도박 관련 문제들을 통제할 목적을 가진 규제들을 매우 신속히 공표하는 방식으로 반응할 공산이 크다. 그러나 만약 그 모형이 옳다면, 사람들이 이미 노출되어 있기 때문에 그들은 과소한 반응을 얻게 될 것이다. 만약 그 모형이 옳지 않다면, 도박 양상을 규제하기 위해 다른 세력들이 나타날 것이므로 그들은 과도한 반응을 하게 될 것이다. 반대로, 만약 정책 입안자들이 적응 모형에 찬성한다면, 문제들이 스스로 바로잡힐 것이라고 믿고 있기 때문에 사람들 사이에 생기는 도박 양상의 변화에 아주 느리게 반응할 공산이 크다.

만약 적응 모형이 옳다면, 적은 비용으로 기다려 보면 될 것이다. 그러나 만약 적응 모형이 옳지 않으면, 늑장 규제로 인해 도박에 대한 노출을 증가시키는 위험 그리고 도박 관련 해악을 잠복시키는 위험을 무릅쓰게 된다. 지역에 따른 도박 노출지수를 개발하게 되면 이 모형들의 정확성을 연구자들이 평가할 수 있게 되고, 그래서 공공정책에 그러한 정보를 반영할 수 있게 된다.

결론

20세기 후반부 동안 도박의 극적인 확대는 우리로 하여금 개개인의 건강과 공중보건에 미치는 다양한 영향에 관심을 갖게 하였다. 공중보건을 담당하는 입장에서는 도박이 잠재적 비용과 잠재적 이익 모두를 가지고 있음을 인식하게 되었다. 도박과 연관되어 일어날 수 있는 비용 또는 해악으로는 범죄, 파산, 가족 내 폭력 및 도박장애 등이 있다. 도박은 정신건강과 경제적 발전을 증진할 수 있는 활동을 촉진함으로써 사회에 이익을 줄 수도 있다. 통합형 공중보건 모형이 건강한 공공정책 문제, 질병 부담 문제, 생활방식 행동 등에 접근하는 데 더 적합하다. 공중보건에 대한 노력은 도박에 대해 구체적인 전략 목표에 집중해야 하며, 공중보건 원칙들을 지켜야 하고, 해악 감축 전략 및 전술을 혼용해야 하며, 준임상적 도박자들을 식별하고 치료하는 데 더 많은 자원이 집중되도록 해야 한다. 미래의 공중보건의 틀을 잡을 수 있도록 도우려면 도박 분야에 대한 넓은 범위의 연구 주제들이 필요하다. 우리는 지금 전체 집단에만 초점을 맞춘 역학조사의 끝자락에 있으면서 동시에 취약한 집단에 대한 조사를 특징으로 하는 새로운 연구 시대의 시작에 있는 것으로 보인다. 이러한 진화가 바로 어떤 분야의 성숙을 반영하는 것이다.

참고문헌

Ackerman, D. (1999). Deep play. New York, Random House.

American Gaming Association. (2002). State of the states: the AGA survey of casino entertainment 2002. Washington, DC, American Gaming Association, Available at: http://test.americangaming.org/survey/index.cfm. Accessed November 24, 2003.

Bergh, C., Eklund, T., Sodersten, E. P. (1997). Altered dopamine function in pathological gambling. Psychol Med 27:473-475.

Bland, R. C., Newman, S. C., Orn, H. et al. (1993). Epidemiology of pathological gambling in Edmonton. Can J Psychiatry 38: 108-112.

Blaszczynski, A., McConaghy, N. (1994). Criminal offenses in Gamblers Anonymous and hospital treated pathological gamblers. J Gambl Stud 10:99-127.

Blaszczynski, A., Steel, Z. (1998). Personality disorders among pathological gamblers. J Gambl Stud 14:51-71.

Blum, K., Braverman, E. R., Holder, M. M. et al. (2000). Reward deficiency syndrome: a biogenetic model for the diagnosis and treatment of impulsive, addictive, and compulsive behaviors. J Psychoactive Drugs 32 (suppl): i-iv, 1-112.

Bondolfi, G., Osiek, C., Ferrero, F. (2000). Prevalence estimates of pathological gambling in Switzerland. Acta Psychiatr Scand 101:473-475.

Breiter, H. C., Aharon, I., Kahneman, D. et al. (2001). Functional imaging of neural responses to expectancy and experience of monetary gains and losses. Neuron 30:619-639.

Brown, R. I. F. (1987). Pathological gambling and associated patterns of crime: comparisons with alcohol and other drug addiction. Journal of Gambling Behavior 3:98-114.

Brownson, R. C., Newschaffer, C. J., Ali-Abarghoui, F. (1997). Policy research for disease prevention: challenges and practical recommendations. Am J Public Health 87:735-739.

Christiansen, E. M. (1998). Gambling and the American economy, in Gambling: Socioeconomic Impacts and Public Policy. Edited by Frey, J. H. Thousand Oaks, CA, Sage, pp. 36-52.

Comings, D. E. (1998). The molecular genetics of pathological gambling. CNS Spectr 3:20-37.

Crockford, D. N., el-Guebaly, N. (1998). Psychiatric comorbidity in pathological gambling: a critical review. Can J Psychiatry 43:43-50.

Cunningham-Williams, R. M., Cottler, L. B., Compton, W. M. III., et al. (1998). Taking chances: problem gamblers and mental health disorders–results from the St. Louis Epidemiologic Catchment Area Study. Am J Public Health 88:1093-1096.

Driver, B. L., Brown, P. J., Peterson, G. L. (Eds.). (1991). Benefits of Leisure. State College, PA, Venture Publishing.

Eadington, W. R., Cornelius, J. A. (Eds.). (1993). Gambling Behavior and Problem Gambling. Reno, N. V., Institute for the Study of Gambling and Commercial Gaming, College of Business Administration, University of Nevada, Reno.

Evans, R. G., Barer, M. L., Marmor, T. R. (Eds.). (1994). Why Are Some People Healthy and Others Not? The Determinants of Health of Populations. New York, Aldine de Gruyter.

Fessender, F. (May 22, 1999). Lottery cost is heaviest on the poor. New York Times, p. A12.

Freud, S. (1928). Dostoevsky and parricide, in The Standard Edition of the Complete Psychological Works of Sigmund Freud, Vol 21. Translated and edited by Strachey J. London, Hogarth Press, 1961, pp. 175-196.

Gerstein, D., Murphy, S., Toce, M. et al. (1999). Gambling Impact and Behavior Study: Report to the National Gambling Impact Study Commision. Chicago, IL, National Opinion Research Center.

Heineman, M. (1989). Parents of male compulsive gamblers: clinical issues/treatment approaches. Journal of Gambling Behavior 5:321-333.

Hollander, E., Buchalter, A. J., DeCaria, C. M. (2000). Pathological gambling. Psychiatr Clin N Am 23:629-642.

Hornblower, M. (April 1, 1996). No dice: the backlash against gambling. Time, pp. 29-33.

Horvath, T. A. (1998). Sex, Drugs, Gambling, and Chocolate: A Workbook for Overcoming Addictions. San Luis Obispo, CA, Impact.

Jacobs, D. F. (1989). A general theory of addictions: rationale for and evidence supporting a new approach for understanding and treating addictive behaviors, in Compulsive Gambling: Theory, Research and Practice. Edited by Shaffer, H. J., Stein, S., Gambino, B. et al. Lexington, MA, Lexington Books, pp. 35-64.

Jacobs, D. F., Marston, A. R., Singer, R. D. et al. (1989). Children of problem gamblers. Journal of Gambling Behavior 5:261-267.

Kallick, M., Suits, D., Dielman, T. et al. (1979). A Survey of American Gambling Attitudes and Behavior (Research Report Series). Ann Arbor, MI, Survey Research Center, Institute for Social Research, University of Michigan.

Kaplan, G. A., Lynch, J. W. (2001). Is economic policy health policy? Am J Public Health 91:351-353.

Kelly, J. (1982). Leisure. Englewood Cliffs, NJ, Prentice-Hall.

Khantzian, E. J. (1975). Self selection and progression in drug dependence. Psychiatry Dig 36:19-22.

Khantzian, E. J. (1985). The self-medication hypothesis of addictive disorders: focus on heroin and cocaine dependence. Am J Psychiatry 142:1259-1264.

Khantzian, E. J. (1997). The self-medication hypothesis of substance use disorders: a reconsideration and recent applications. Harv Rev Psychiatry 4:231-244.

Knapp, T. J., Lech, B. C. (1987). Pathological gambling: a review with recommendations. Advances in Behavioral Research and Therapy 9:21-49.

Korn, D. A., Shaffer, H. J. (1999). Gambling and the health of the public: adopting a public health perspective. J Gambl Stud 15:289-365.

Ladouceur, R., Boisvert, J. M., Pepin, M. et al. (1994). Social costs of pathological gambling. J Gambl Stud 10:399-409.

Ladouceur, R., Jacques, C., Ferland, F. et al. (1999). Prevalence of problem gambling: a replication study 7 years later. Can J Psychiatry 44:802-804.

Lesieur, H. R. (1998). Costs and treatment of pathological gambling. Ann Am Acad Pol Soc Sci 556:153-171.

Lesieur, H. R., Heineman, M. (1988). Pathological gambling among youthful multiple substance abusers in a therapeutic community. Br J Addict 83:765-771.

Lesieur, H. R., Rothschild, J. (1989). Children of Gamblers Anonymous members. Journal of Gambling Behavior 5:269-281.

Lindner, R. M. (1950). The psychodynamics of gambling. Ann Am Acad Pol Soc Sci 269:93-107.

Lorenz, V. C., Yaffee, R. (1988). Pathological gambling: psychosomatic, emotional and marital difficulties as reported by the spouse. Journal of Gambling Behavior 4:13-26.

Marshall, K. (1998). The gambling industry: raising the stakes. Perspectives on Labour and Income 10:7-11.

McCleary, R., Chew, K., Feng, W. et al. (1998). Suicide and Gambling: An Analysis of Suicide Rates in U. S. Counties and Metropolitan Areas (Prepared for the American Gaming Association). Irvine CA, School of Social Ecology, University of California-Irvine.

McCormick, R. A., Russo, A. M., Ramirez, L. F. et al. (1984). Affective disorders among pathological gamblers seeking treatment. Am J Psychiatry 141:215-218.

Miller, W. R. (2000). Rediscovering fire: small interventions, large effects. Psychol Addict Behav 14:6-18.

Mitka, M. (2001). Win or lose, Internet gambling stakes are high. JAMA 285:1005.

Moody, G. (1989). Parents of young gamblers. Journal of Gambling Behavior 5:313-320.

Nadler, L. B. (1985). The epidemiology of pathological gambling: critique of existing research and alternative strategies. Journal of Gambling Behavior 1:35-50.

National Gambling Impact Study Commision. National Gambling Impact Study Commission Final Report. Washington, DC, National Gambling Impact Study Commission, 1999. Available at: http://govinfo.library.unt.edu/ngisc/reports/fullrpt.html. Accessed November 28, 2003.

National Research Council. (1999). Pathological Gambling: A Critical Review. Washington, DC, National Academy Press.

Pasternak, A. V., Fleming, M. F. (1999). Prevalence of gambling disorders in a primary care setting. Arch Fam Med 8:515-520.

Phillips, D. P., Welty, W. R., Smith, M. M. (1997). Elevated suicide levels associated with legalized gambling. Suicide Life Threat Behav 27:373-378.

Politzer, R. M., Yesalis, C. E., Hudak, C. J. (1992). The epidemiologic model and the risk of legalized gambling: where are we headed? Health Values 16:20-27.

Quinn, J. P. (1892). Fools of Fortune; or, Gambling and Gamblers. Chicago, IL, Anti-Gambling Association.

Rosecrance, J. (1988). Gambling Without Guilt: The Legitimation of an American Pastime. Pacific Grove, CA, Brooks/Cole.

Rugle, L., Melamed, L. (1993). Neuropsychological assessment of attention problems in pathological gamblers. J Nerv Ment Dis 181:107-112.

Shaffer, H. J., Hall, M. N. (1996). Estimating the prevalence of adolescent gambling disorders: a quantitative synthesis and guide toward standard gambling nomenclature. J Gambl Stud 12:193-214.

Shaffer, H. J., Hall, M. N. (2001). Updating and refining prevalence estimates of disordered hambling behaviour in the United States and Canada. Can J Public Health 92:168-172.

Shaffer, H. J., Hall, M. N. (2002). Longitudinal patterns of gambling and drinking problems among casino employees. J Soc Psychol 142:405-424.

Shaffer, H. J., Jones, S. B. (1989). Quitting Cocaine: The Struggle Against Impulse. Lexington, MA, Lexington Books.

Shaffer, H. J., Kidman, R. (2003). Shifting perspectives on gambling and addiction. J Gambl Stud 19:1-6.

Shaffer, H. J., Korn, D. A. (2002). Gambling and related mental disorders: a public health analysis. Annu Rev Public Health 23:171-212.

Shaffer, H. J., Zinberg, N. E. (1985). The social psychology of intoxicant use:

the natural history of social settings and social control. Bulletin of the Society of Psychologists in the Addictive Behaviors 4:49-55.

Shaffer, H. J., Hall, M. N., Vander Bilt, J. (1997). Estimating the Prevalence of Disordered Gambling Behavior in the United States and Canada: A Meta-Analysis. Boston, MA, Harvard Medical School, Division on Addictions.

Shaffer, H. J., Hall, M. N., Vander Bilt, J. (1999a). Estimating the prevalence of disordered gambling behavior in the United States and Canada: a research synthesis. Am J Publc Health 89:1369-1376.

Shaffer, H. J., Vander Bilt, J., Hall, M. N. (1999b). Gambling, drinking, smoking and other health risk activities among casino employees. Am J Ind Med 36:365-378.

Shaffer, H. J., Eber, G., Hall, M. N. et al. (2000). Smoking behavior among casino employees: self-report validation using plasma cotinine. Addict Behav 25:693-704.

Shaffer, H. J., LaBrie, R. A., LaPlante, D. A. et al. (2002). The Iowa Department of Public Health Gambling Treatment Services: Four Years of Evidence (Technical Report No 101102-200). Boston, MA, Harvard Medical School.

Sibbald, B. (2001). Casinos bring ill fortune, psychiatrists warn. CMAJ 164:388.

Skinner, H. A. (1999). Gambling: achieving the right balance. J Gambl Stud 15:285-287.

Slutske, W. S., Eisen, S., True, W. R. et al. (2000). Common genetic vulnerability for pathological gambling and alcohol dependence in men. Arch Gen Psychiatry 57:666-673.

Smart, R. G., Ferris, J. (1996). Alcoho, drugs and gambling in the Ontario adult population, 1994. Can J Psychiatry 41:36-45.

Smith, G. J., Wynne, H. J. (1999). Gambling and Crime in Western Canada: Exploring Myth and Reality. Calgary, AB, Canada West Foundation.

Smith, J. F., Abt, V. (1984). Gambling as play. Ann Am Acad Pol Soc Sci 474:122-132.

Sobell, M. B., Sobell, L. C. (1993). Treatment for problem drinkers: a public health priority, in Addictive Behaviors Across the Life Span: Prevention, Treatment, and Policy Issues. Edited by Baer, J. S., Marlatt, G. A., McMahon, R. J. Newbury Park, CA, Sage, pp. 138-157.

Sproston, K., Erens, B., Orford, J. (2000). Gambling Behaviour in Britain: Results From the British Gambling Prevalence Survey. London, National Centre for Social Research.

Spunt, B., Lesieur, H., Hunt, D. et al. (1995). Gambling among methadone patients. Int J Addict 30:929-962.

Steinberg, M., Kosten, T., Rounsaville, B. (1992). Cocaine abuse and pathological gambling. Am J Addict 1:121-132.

Tucker, J. A., Donovan, D. M., Marlatt, G. A. (Eds.). (1999). Changing Addictive Behavior. New York, Guilford.

U. S. General Accounting Office. (2000). Impact of Gambling: Economic Effects More Measurable Than Social Effects. Report to the Honorable Frank, R. Wolf, House of Representatives (GAO/GGD-00-78). Washington, DC, U. S. General Accounting Office.

Vaillant, G. E. (1983). The Natural History of Alcoholism: Causes, Patterns, and Paths to Recovery. Cambridge, MA, Harvard University Press.

Volberg, R. A. (2000). The future of gambling in the United Kingdom: increasing access creates more problem gamblers (editorial). BMJ 320:1556.

Volberg, R. A. (2001). Gambling and problem gambling among adolescents in Nevada. Nevada Department of Human Resources. Available at:

http://www.geminiresearch.com (click on Reports and Links). Accessed May 13, 2002.

Volberg, R. A., Abbott, M. W., Rönnberg, S. et al. (2001). Prevalence and risks of pathological gambling in Sweden. Acta Psychiatr Scand 104:250-256.

Weiss, M. R. (1995). Children in sport: an educational model, in Sport Psychology Interventions. Edited by Murphy, S. M., Champaign, I. L., Human Kinetics, pp. 39-70.

Wildman, R. W. (1989). Pathological gambling: marital-familial factors, implications, and treatments. Journal of Gambling Behavior 5:293-301.

Wilkinson, R., Marmot, M. (Eds.). (1998). Social Determinants of Health: The Solid Facts. Copenhagen, World Health Organization Regional Office for Europe.

Zinberg, N. E. (1974). High States: A Beginning Study (Publ No SS-3). Washington, DC, Drug Abuse Council.

Zinberg, N. E. (1975). Addiction and ego function. Psychoanal Study Child 30:567-588.

Zinberg, N. E., Fraser, K. M. (1979). The role of the social setting in the prevention and treatment of alcoholism, in The Diagnosis and Treatment of Alcoholism. Edited by Mendelson, J., Mello, N. New York, McGraw-Hill, pp. 359-385.

Zinberg, N. E., Shaffer, H. J. (1990). Essential factors of a rational policy on intoxicant use. J Drug Issues 20:619-627.

02 역학

Renee M. Cunningham-Williams, Ph.D., M.P.E.
Linda B. Cottler, Ph.D.
Sharon B. Womack, Ph.D., M.P.E.

사회적 장애, 행동장애 또는 건강장애를 이해하는 첫 단계 중 하나는 이 장애가 얼마나 널리 퍼져 있는가, 그리고 핵심적인 사회인구통계 요인으로 나타낼 때 누가 이것의 영향을 받는가를 조사하는 것이다. 역학epidemiology은 한 가지 학문 분야로서, 어떤 장애의 유병률과 주어진 기간 내에서 새롭게 발생한 사례 수(즉, 발병률)를 측정하려는 학문이다. 1975년 이래 미국에서 도박활동 및 병적 도박의 유병률을 정하려는 주요한 노력 네 가지가 있었다. 이 가운데 세 가지의 연구들, 그리고 여러 개의 장소 특정적 연구들이 최근 재검토되었다(Cunningham-Williams & Cottler, 2001). DSM-III(American Psychiatric Association, 1980)에 병적 도박이 포함되기 전에 발간된, 도박태도에 관한 첫 번째 전국 규모 연구는 미국 대통령 자문위원회 가운데 하나인 도박에 대한 국가정책 점검위원회the Commission on the Review of the National Policy Toward Gambling의 소견을 모은 것이다(Kallick et al., 1979). '강박적 도박compulsive gambling' 이라는 용어를 사용하면서, 이 연구에서는 '추정 강박적 도박probable compulsive gambling' 의 평생 유병률이 0.8%, 그리고 그보다는 덜 심각한 형태인 문제성 도박, 즉 '잠재적인 강박적 도박potential compulsive gambling' 의 평생 유병률이 2.3%라고 보고하였다. 이 연구는 미국에서 처음으로 도박활동에 대해 국가적인 연구 관심이 집중되도록 이끌어 내었으며, 또한 문제성 도박에 관한 전국 규모 추정을 제공하였기 때문에 중요하다. 게다가 비록 미국인의 절반 이상이 매년 친구들과의 사교적 내기, 로또복권 사기 그리고 경마 등 몇 가지 형태의 도박을 한다고 보고하였지만, 큰 도박heavy betting은 남성, 비백인, 사회경제적 위치가 높은 사람들이 더 많이 한다고 이 연구를 통해 보고되었다(Kallick et al., 1979; Welte et al., 2002).

20년이 채 안 되어 또 다른 국가 연구, 즉 도박영향조사 국가위원회National Gambling Impact Study Commission에서 미국 대통령 자문위원회 보고서가 하나 발간되었다. 병적 도박이 DSM-III에 정신장애로 편입된 이래 이런 종류로는 가장 처음인 이 연구는 국립여론조사센터National Opinion Research Center가 수행한 것이다(1999). 여기에는 성인을 대상으로 한 전화조사 결과(*n*=2417)와 단골도박자gamble patron 대상의 조사 결과(*n*=530)가 들어 있다(Gerstein et al., 1999). 전화조사 결과를 바탕으로 하였을 때, 평생 병적 도박과 작년 병적 도박의 추정치가 각각 0.8%와 0.1%로 제시되었다. 단골도박자들을 이 분석에 추가하였을 때 이들 추정치가 약간 더 올라갔다(평생 1.2%, 작년 0.6%). 이 연구의 자료가 공개되어 있는데, 불행하게도 단골도박자 부분의 자료를 사용하는 것은 제한점이 있을 수 있다. 왜냐하면 몇몇 면담 지역에서는 반응률이 낮았으며 또한 단골도박자 자료의 타당성에도 의문이 있기 때문이다(Gambling Impact and Behavior Study, 2001).

중독연구소의 연구자들은 무작위 전화걸기random-digit 방식을 사용하여 대표성이 있는 18세 이상 성인 표본을 대상으로 한 가지 연구를 수행하였다. 연구자들은 도박참여율이 82%(이것은 앞의 두 전국 규모 조사보다 약 20% 높은 값이다)였으며 로또복권과 카지노 도박의 참여율이 가장 높음을 알게 되었다. 이 연구에서 보고된 것처럼 참여율이 유의미하게 더 높은 이유는 표집 전략과 사용된 평가 방법이 달랐기 때문으로 보인다(Welte et al., 2002). DSM-IV 진단적 면담검사Diagnostic Interview Schedule Version 4.0의 수치를 분석하여 얻은 가중백분율을 써서 계산한 결과(Robins et al., 1997), 연구자들은 모든 참여 응답자에 대해 평생 병적 도박률(즉, 5개 이상의 기준을 충족시킨 것)은 2.0%, 그리고 작년 병적 도박률은 1.35%였음을 알게 되었다(Welte et al., 2002; J. W. Welte와의 개인적 교신, 2003. 4. 21). 병적 도박에 대한 조건부 유병률 추정치(즉, 평생 어느 땐가 도박한 적이 있는, 92.8%에 해당하는 사람들에서 추정한 값)는 약간 더 높았다(평생 2.16%, 작년 1.46%). 작년에 도박한 적이 있는, 82.2%에 해당하는 참여 응답자들에서 평생 유병률은 2.4%, 그리고 작년 유병률은 1.64%였다. 문제성 도박(즉, 3~4개 기준 충족)

에서는, 전체 표본에서 보면 평생 유병률 2.77% 및 작년 유병률 2.17%였고, 도박자들에서만 보면 평생 유병률 2.98% 및 작년 유병률 2.34%였으며, 작년에 도박한 적이 있는 사람들에서 보면 평생 유병률 3.19% 및 작년 유병률 2.57%로 나타났다.

이 추정치들은 국립연구회의National Research Council(1999)의 한 위원회가 집계한 수치와 비슷하다. 1975년부터 1997년 사이에 미국과 캐나다에서 발표된 120개 연구에 대해 Shaffer와 Hall(1997)이 수행한 메타분석 가운데 49개의 전체 인구 대상 조사를 뽑아서 이 위원회가 재분석하였다. 메타분석에서 나온 병적 도박률은 1.5%(평생)와 0.9%(작년)였다. 다른 연구들에서와 비슷하게, 문제성 도박률은 병적 도박 추정치와 비교했을 때 적어도 2~3배 더 높았다(평생 5.4%, 작년 2.9%).

특정한 지리학적 지역 몇 군데에서 행해진 조사들은 크게 보면 전국 규모 추정치를 그대로 반영하고 있다. 이런 조사 가운데 하나로 1981년에 수행된 세인트 루이스 역학적 표집지역ECA 가구조사(N=3,004)(Robins et al., 1981)에서는 평생 병적 도박률이 0.9%, 그리고 문제성 도박률이 9.2%로 나타났다(Cunningham-Williams et al., 1998). 미주리 주의 세인트 루이스 지역은 ECA 조사에 참여한 다섯 지역 가운데 하나로서, 병적 도박을 여러 정신장애 속에 포함시켜 평가한 유일한 지역이었다. 세인트 루이스 지역에서의 병적 도박에 대한 분석은 문제성 도박 및 DSM-III 병적 도박의 유병률을 추정하여 보고한 미국 최초의 유일한 가구조사다. 세인트 루이스 조사도 역시 알려진 발병 자료(즉, 이전 어느 시점에 면담을 한 바 있는 주민들 가운데 어떤 장애의 새로운 사례 수) 만 가지고 있는데, 이 자료들은 미국 내 거주 가구들로부터 수집한 것이다(Cottler & Cunningham-Williams, 1998). ECA 조사의 어떤 하위표본(n=162), 즉 기저선 수준의 약물 사용자였으며 11년 뒤에 다시 면담하였던 사람들을 대상으로 하여 우리는 도박을 하지 않는 사람의 수가 줄었고(93명에서 73명), 병적 도박 발병률이 1.2%(162명 가운데 2명)에서 3.7%(162명 가운데 6명)로 증가한 것을 발견하였다. 더 두드러지게 증가된 것은 문제성 도박이었다(3.7%에서 10.5%로 증가).

더 최근에 다섯 개 주에서 사우스 오크 도박 척도SOGS를 사용하여 문제성 도박을 알아본 연구에서, Volberg(1994)는 '추정 병적 도박'의 비율이 0.1%(아이오와 주)에서 2.3%(메릴랜드 주)라고 하였다. 오리건 주의 특정 지역 성인들(1,502명)을 대상으로 한 Volberg(1997)의 또 다른 연구에서 일생 동안의 추정 병적 도박의 비율은 1.8%(작년, 1.4%), 그리고 일생 동안 문제성 도박의 비율은 3.1%(작년, 1.9%)로 보고하고 있다. 루이지애나 주에서 21세 이상의 성인을 대상으로 사우스 오크 도박 척도를 사용해서 얻은 추정치에서는 문제성 도박이 3.0%, 추정 병적 도박이 1.4%로 나타났다(Westphal & Rush, 1996).

문제성 도박 및 병적 도박은 국제적인 현상이다. 미국과 캐나다에서 나타나는 성인에서의 비율과 유사한 수치들이 뉴질랜드(Abbott, 2001), 스웨덴(Volberg et al., 2001), 영국(Sproston et al., 2000), 홍콩(Centre for Social Policy Studies, 2002), 호주(Productivity

Commission, 1999), 남아프리카(Coland Barr, 2001) 그리고 스위스(Bondolfi et al., 2000)에서도 나타나고 있다. 이 연구들은 사우스오크 도박 척도 또는 DSM-IV(American Psychiatric Association, 1994)의 병적 도박 평가법을 사용하였으며, 틀림없는 병적 도박의 평균 비율이 약 1%이고, 홍콩에서의 1.9%가 가장 높은 값이라고 보고하였다(Disordered Gambling, 2002).

사회인구학적 상관관계

인구통계학에서 중요하게 생각하는 것 가운데 하나는, 질병이 다양한 주민집단에 어떻게 영향을 미치는가 하는 것이다. 거의 대부분의 조사연구에서는 남성이 더 자주 도박활동에 휩쓸리며, 문제성 도박 및 병적 도박 비율도 더 높다고 보고하고 있다. 거의 대부분의 초기 연구들은 남성이 지나치게 많은 현장(예: 단도박 모임, 재향군인병원 또는 약물치료장면 등)에서 표본을 모았다(Cunningham-Williams & Cottler, 2001). 그럼에도 최근의 관찰에서 보면 남성의 병적 도박 비율이 여성의 2배가 되는 경향이 있는 것으로 나타나고 있다(Cunningham-Williams et al., 1998; National Research Council, 1999; Volberg, 1994; Welte et al., 2002).

나이의 관점에서 볼 때, 중년 및 노인 계층에서 병적 도박 비율이 더 높다는 것을 지지해 주는 증거는 아직 나타나지 않고 있다(National Research Council, 1999). 노인 계층은 은퇴 및 기타 생활

변화와 연관되어 쓸 수 있는 시간과 수입이 더 많기 때문에 도박 문제에 취약할 수 있다(McNeilly & Burke, 2001). 노인 계층이 도박에 취약하고, 도박행동이 사교적 이득을 가져온다는 것을 이들이 깨닫지 못한다고 추정할 수 있는 견해가 있다(Hope & Havir, 2002; Laundergan et al., 1990). 공중보건에 대해서 그리고 노인 도박행동의 여러 면에 대해서 더 충실히 논의한 것을 제1장 '도박과 공중보건' 과 제6장 '노인' 에서 볼 수 있다.

아동, 청소년 그리고 성인을 대상으로 한 전국 규모의 종단연구는 아직 시행된 적이 없다. 그러나 지역 특정적인 여러 연구에서는 청소년들 사이에서 문제성 도박과 병적 도박이 비슷하게 높은 비율로 나타났다(제5장 '청소년과 젊은 성인' , 제11장 '청소년 문제성 도박과 병적 도박의 예방과 치료' 참조).

특정한 또는 지정한 인구집단—특히 다양한 인종 및 민족 집단 그리고 사회경제적 윤곽이 다른 집단들—을 대표성 있는 표본으로 하여 비율을 보고한 연구는 크게 부족하다. 유병률을 보고하는 것조차도 사회계급으로부터 인종과 민족을 분리한 연구는 거의 없다(Cunningham-Williams & Cottler, 2001; National Research Council, 1999). 그럼에도 미국에서는 소수인종 및 소수민족에서 그리고 사회경제적 수준이 낮은 계층에서 병적 도박의 유병률이 가장 높았음을 보여 주는 증거가 있다. ECA 연구(Cunningham-Williams & Cottler, 2001; National Research Council, 1999)에서 보면 아프리카계 미국인의 문제성 도박 비율(31%)은 문제성 도박이 아닌 사람(15%)의 2배였다. 아프리카계 미국인 성인(Volberg, 1994; Volberg &

Abbott, 1997) 및 청소년(Stinch et al., 1997), 라틴 아메리카 청소년(Stinchfield et al., 1997), 아시아인(Zane & Huh-Kim, 1998) 그리고 인디언 원주민의 병적 도박 비율(Stinchfield et al., 1997; Volberg, 1997; Zitzow, 1996; Aboriginal studies in Wardman et al., 2001의 개관 참조)도 높다고 보고된 바 있다.

대다수의 연구들은 공존장애가 높은(7~16% 범위) 치료받은 주민들에 대해 수행되었으며, 그래서 이 연구들은 깊이 있게 재검토되었다(National Research Council, 1999). 정신장애 및 물질사용장애—특히 니코틴 의존, 알코올 남용 및 의존, 우울 그리고 반사회성 성격장애—의 공존장애율이 높다는 점이 여러 연구, 즉 전체 인구 조사(Cunningham-Williams et al., 1998), 치료 중 및 치료 후에 있는 약물 사용 성인에 대한 연구(Cunningham-Williams et al., 2000; Hall et al., 2000), 청소년 외래환자 연구(Petry & Tawfik, 2001) 그리고 물질사용장애 치료가 필요한 노숙자에 대한 연구(Shaffer et al., 2002) 등에서도 나타났다는 점이 특히 주목할 만하다.

인터넷 도박: 떠오르는 추세

집에서, 사무실에서 그리고 기타 장소에서 인터넷에 쉽게 접근할 수 있도록 해 주는 컴퓨터와 새로운 기술의 도래 덕분에 사용자들이 도박행동에 참여할 수 있는 기회가 엄청나게 늘었다. 그 결과, 지역의 카지노에서뿐만 아니라 집에서든 어디서든 그리고 어느 때든지 사람들은 도박활동에 참여할 수 있게 되었다. 한 보고에 따르면, 미국에서 성인의 66%(여성 52%, 백인 76%)가 인터넷을 사용하고 있으며, 이 가운데 55%는 집에서 인터넷을 사용하고 있고, 30%는 작업장에서 온라인 도박을 하고 있다(Taylor, 2002).

입소스 라이드 그룹(Ipsos Reid Group, 2000)의 보고에 따르면, 12~24세 미국인의 85%가 정기적으로 인터넷을 사용하고 있다. 2005년 현재, 18세 이하 미국 아동 4,000만 명이 인터넷에 접속하는 것으로 추정된다(Grunwald Associates, 2000). 이렇게 인터넷 사용 집단이 급성장함에 따라 청소년이 도박문제에 노출되는 것과 도박문제에 대한 청소년의 취약성에 관한 걱정이 커지고 있다(Griffiths & Wood, 2000).

범세계적으로 볼 때, 전자도박electronic gambling은 인터넷에서 가장 인기 있는 분야 가운데 하나다(Gareiss & Soat, 2002). 실제로 인터넷 도박은 극적으로 급성장하고 있다. 1998년에는 온라인 도박 사이트가 600곳을 넘었으며(Kirk, 1998), 2000년에는 800곳 이상(Turner, 2002)으로 이 숫자가 증가하였다. 도박영향조사 국가위원회(1999)에 따르면, 인터넷 도박자의 수가 1,450만 명으로 성장하면서 6억 5,100만 달러의 수익을 창출하였다. 더군다나 인터넷을 통한 전자도박의 수익은 2002년 약 30억 달러에서 2006년 약 80억 달러로 성장한 것으로 추정되고 있다(Gareiss & Soat, 2002).

최초의 미국 인디언 인터넷 복권인 US Lottery는 1997년에 쾨르드알렌Coeur d'Alene 부족이 설립하였다(Rose, 2000). 이후 계속해서 다른 부족들이 온라인 빙고 및 카지노 사이트를 열었다. 미국의 인디언 부족들이 도박 사업을 위해 인터넷을 합법적으로 사용할 수 있게 되었지만(Kirkman, 1998), 2001년 6월이 되어서야 미국에서 최초로 네바다 주가 인터넷 도박을 합법화하였다(Wharry, 2001). 현재의 추정치에 따르면, 2003년도 온라인 도박 수익이 2001년 네바다 주 수익인 약 456억 달러의 두 배가 될 것으로 예상된다(Wharry, 2001). 그러나 인터넷 도박을 둘러싼 법적 논제들은 아직 해결되지 않고 있다. 사실, 미국에서 인터넷 도박의 합법화와 관계된 논제에 대한 법률 제정이 몇몇 주에서 진행되고 있다.

인터넷은 도박에 접근할 수 있게 해 주는 상대적으로 새로운 기술이기 때문에 병적 도박 연구에서 중요하게 생각해야 할 항목이다. 병적 도박과 연관된 문제들은 온라인 게임 활동의 접근 용이성, 익명성, 상호작용성, 편리성, 고립성 그리고 비사회성에 관심을 두어야 한다(Griffiths & Parke, 2002; Wharry, 2001). 인터넷 도박자 및 비인터넷 도박자에 관한 어떤 소규모 질적 연구에 따르면 그들이 인터넷으로 도박을 하려는 욕망은 편리성과 내기 돈에 비과세가 되기 때문이라고 하였다(Parke & Griffiths, 2001). 게다가, 인터넷 및 비인터넷 도박자들은 재정적 안정성, 경쟁성, 동기, 생리학적 영향 그리고 사회적 소통 등과 연관된 문제에서 서로 차이를 보였다(Griffiths & Parke, 2002).

인터넷/컴퓨터 평가 모듈(Womack et al., 2001)과 스스로 작성하는 DSM-IV 도박평가 모듈(Cunningham-Williams et al., 2001)을 사용하여 얻은, 세인트 루이스 지역 성격, 건강, 생활양식 조사

2001(*N*=914)에서 나타난 예비조사에서 보면 표본의 90%가 컴퓨터를 사용하며, 그들의 83%가 인터넷을 사용한다고 보고하였다. 인터넷 사용자 가운데 3.2%가 인터넷을 도박의 수단으로 사용한다고 보고하였다(Womack et al., 2002). 이 예비연구에서 남녀 성별에서는 차이가 나타나지 않았지만, 비인터넷 도박자들과 비교해 볼 때 인터넷 도박자들이 더 젊었으며, 그들의 생애에서 도박을 하기 위하여 다섯 번 이상 다른 장소로 가려고 하는 것으로 보고하였다(88% 대 59%).

영국 최초의 인터넷 연구(*N*=2,098)에 따르면, 인터넷 사용률이 24%였으며 인터넷 도박의 조건부 유병률conditional prevalence rate은 인터넷 사용자의 1%였다(Griffiths, 2002). 더구나 여성은 인터넷 도박이 안전하다(2%), 덜 위협적이다(9%), 익명으로 할 수 있다(9%), 더 재미있다(2%), 그리고 더 유혹적이다(13%)라고 대답하였다. 그러나 이 표본에서 인터넷 도박과 연관된 문제성 도박행동의 증거는 발견되지 않았다.

캐나다의 조사연구(*N*=1,294)에서는 지난 12개월 동안에 아주 낮은 인터넷 사용률을 보였는데(Ialomiteanu & Adlaf, 2001), 여성의 비율(6.3%)이 남성의 비율(4.9%)보다 높았다. 결혼 상태만이 인터넷 도박과 유의미하게 관련이 있어서, 결혼한 사람과 비교할 때, 이혼하거나 혼자 사는 사람이 인터넷 도박을 더 많이 하는 것으로 나타났다(10.9% 대 4.9%). 또한, 작년에 도박을 했다고 보고한 도박자 가운데 6.7%가 인터넷 도박을 했다고 보고하였고, 그들 가운데 65세 이상인 사람들의 인터넷 도박률이 가장 높았다.

몇몇 연구에서는 인터넷 도박자들이 다른 방식으로 도박을 하는 사람들보다 더 심각한 도박문제를 가지고 있을지도 모른다고 하였다. Ladd와 Petry(2002)에 따르면, 평생 인터넷 도박을 한다고 보고한 8.1% 가운데, 3.7%가 적어도 매주 인터넷으로 도박을 한다고 보고하였다. 문제성 도박과 더 심각한 도박을 합친 평생 도박률은 26%였고, 인터넷 도박을 한 사람들 중 74%는 문제성 도박자 또는 병적 도박자로 분류되었다. 놀랍게도, 이 연구에서 인터넷 도박자들은 비인터넷 도박자들에 비해 교육 수준이 더 낮고, 수입도 더 적었다. 인터넷 도박 경험이 있는 사람들과 인터넷 도박 경험이 없는 사람들 사이에 나이 및 인종의 차이는 있었지만, 남녀 성별의 차이는 없었다.

이와 같이 도박산업에서 인터넷은 새로 떠오르는 과학기술인데, 인터넷이 앞으로 병적 도박률 및 다양한 유형의 도박자에게 미치는 영향에 대해 더 많은 관심이 주어질 것으로 추측된다. 사생활을 침범하지 않으면서 인터넷 도박자들의 인구학적 특성을 파악하는 방법을 터득하는 것이 커다란 난제이지만 반드시 해결되어야 할 것 중의 하나다.

병적 도박 연구에서의 평가 기법 개발

병적 도박에 대한 DSM의 준거가 달라진다면, 달라진 진단준거에 따라 병적 도박의 평가도 달라지는 것이 당연하다. 평가 기법은 크게 두 가지로 분류된다. 즉, 선별과 진단이다. 선별평가는 외견상 건강해 보이는 사람들로 이루진 집단에 어떤 장애가 나타날 가능성을 평가하기 위한 도구이며, 그러한 평가를 통해 장애일 확률이 높은 사람들에게는 이후 진단 검사를 실시할 수 있다. 진단평가는 어떤 장애를 실제로 진단하기 위해 필요한 모든 준거들을 망라한다. 평가는 구조화 또는 반구조화로 실시될 수 있으며, 임상가 혹은 훈련을 받은 비전문 면담자, 컴퓨터 또는 자기시행 방식으로 실시될 수 있다.

평가 기법 개발에서 또 다른 관심거리는 다양한 심리 측정적 특성, 즉 신뢰도와 타당도의 확립으로 모아진다. 신뢰도는 두 평정자 또는 두 도구 사이의 일관성을 나타내는 척도다. 신뢰도는 동일한 현상에 대해 일관된 측정이 이루어졌는가를 보는 것이다. 다시 말해서, 동일한 방식으로, 각각 및 모든 측정에서, 다양한 장면 모두에서, 그리고 다양한 면담자 모두에서 일관된 측정이 이루어졌는가를 말해 준다. 타당도는 일반적으로 정확도 및 정밀도의 개념과 연관되어 있다. 다른 말로 하면, 타당도는 '측정하려는 것을 정확하고 정밀하게 측정하고 있는가?' 라는 의문에 대한 대답을 해 주는 것이다.

더 나아가서, 평가도구 개발 시 특별한 과제 가운데 하나는 구성타당도를 확립하는 것이다. 구성타당도는 기반이 되는 이론적 구성 개념들을 어떤 도구가 얼마나 정확하게 끌어들이느냐를 나타내는 것이며, 이에 따라 부분적으로는, 동일한 구성 개념을 사용하는 유사한 평가 기법들과 얼마나 상관이 있느냐에 의해 결정된다. 구성타당도 확립의 핵심은 기반이 되는 구성 개념을 측정하도록 설계된 적합한 평가도구를 개발하여 유병률 추정에 근본적으로 영향을 끼치는 진행 과정을 조사하는 것이다. 제14장 '선별 및 평가 도구'에서 구체적인 도구에 관해 상세하게 논의하고 있다.

결론

이 장에서는 몇몇 전국 규모 연구 및 지역 특성적 연구에서 이끌어 낸 문제성 도박과 병적 도박의 추정 유병률을 요약하여 제시하였으며, 인터넷이 병적 도박 유병률을 얼마나 변화시킬지에 대해 논의하였다. 이 장애의 경과를 규명하기 위해서는 발병 자료와 종단 자료가 반드시 필요하다. 병적 도박의 역학을 이해하는 데에 전체 인구를 표본으로 하는 조사가 상대적으로 부족하며, 그리고 인종 또는 민족 그리고 사회계층으로 정의되는 중요한 사회인구학적 집단들에 대한 계층화가 충분하지 못하기 때문에 어려운 점이 많다. 게다가 표본에 따라 병적 도박 유병률이 과소 보고 되거나 과대 보고 되었을 가능성이 크다.

놀이의 한 형식으로서 도박은 널리 퍼져 있다. 도박자 중 병적 도박의 비율은 낮지만, 이 장애의 영향은 크다. 그래서 임상가들은 병적 도박에 영향을 받은 환자들과 그 문제점을 더 잘 이야기할 수 있어야 하며, 도박에 영향을 받는 사람, 이 장애의 하위 유형, 이 장애의 지속 기간과 진행에 관해 되도록 더 많이 배워야 한다. 효과적인 정책, 예방 그리고 치료를 위해서는 병적 도박의 역학에 대해 훨씬 더 많이 이해해야 한다. 따라서 연구자들은 현재 이해 과제인 질병분류학적 · 방법론적 논제들을 식별하고 이에 접근할 필요가 있다.

참고문헌

Abbott, M. W. (2001). Problem and Non-Problem Gamblers in New Zealand: A Report on Phase Two of the 1999 National Prevalence Survey. Wellington, New Zealand Department of Internal Affairs.

American Psychiatric Association. (1980). Diagnostic and Statistical Manual of Mental Disorders, 3rd Edition. Washington, DC, American Psychiatric Association.

American Psychiatric Association. (1994). Diagnostic and Statistical Manual of Mental Disorders, 4th Edition. Washington, DC, American Psychiatric Association.

Bondolfi, G., Osiek, C., Ferrero, F. (2000). Prevalence estimates of pathological gambling in Switzerland. Acta Psychiatr Scand 101:473-475.

Centre for Social Policy Studies. (2002). Report on a Study of Hong Kong People' s Participation in Gambling Activities. Hong Kong, Department of Applied Social Sciences and General Education Centre of the Hong Kong Polytechnic University.

Collins, P., Barr, G. (2001). Gambling and Problem Gambling in South Africa: A National Study. Cape Town, National Centre for the Study of Gambling.

Corcoran, K., Fisher, J. (2000). Measures for Clinical Practice: A Sourcebook, 3rd Edition. New York, Free Press.

Cottler, L. B., Cunningham-Williams, R. M. (1998). The 11 year incidence of gambling problems among drug users recruited from the St. Louis ECA study. Paper presented to the National Academy of Sciences

Workshop on the Social and Economic Impact of Gambling, Washington, DC, June 1-3.

Cunningham-Williams, R. M., Cottler, L. B. (2001). The epidemiology of pathological gambling. Semin Clin Neuropsychiatry 6:155-166.

Cunningham-Williams, R. M., Cottler, L. B., Compton, W. M. III, et al. (1998). Taking chances: problem gamblers and mental health disorders—results from the St. Louis Epidemiologic Catchment Area Study. Am J Public Health 88:1093-1096.

Cunningham-Williams, R. M., Cottler, L. B., Compton, W. M. et al. (2000). Problem gambling and comorbid psychiatric and substance use disorders among drug users recruited from drug treatment and community settings. J Gambl Stud 16:347-376.

Cunningham-Williams, R. M., Cottler, L. B., Books, S. et al. (2001). Gambling Assessment Module IV, Short Form, Self-Administered (GAM-IV-S). St. Louis, MO, Washington University.

Disordered gambling as an international phenomenon. WAGER (Weekly Addiction Gambling Education Report) 7(51) (2002). Available at: http://www.thewager.org/backissues.htm. Accessed November 29, 2003.

Gambling Impact and Behavior Study. Part 3. WAGER (Weekly Addiction Gambling Education Report) 6(32) (2001). Available at: http://www.thewager.org/backissues.htm. Accessed November 29, 2003.

Gareiss, R., Soat, J. (July 8, 2002). Let it ride: sure, gambling seems like a perfect business model for the Web. But is it legal? Information Week, pp. 59-66.

Gerstein, D., Murphy, S., Toce, M. et al. (1999). Gambling Impact and Behavior Study: Final Report to the National Gambling Impact Study Commission. Chicago, IL, National Opinion Research Center.

Griffiths, M. Internet gambling: preliminary results of the first U. K. prevalence study. Electronic Journal of Gambling Issues (5), (2002). Available at: http://www.camh.net/egambling/issue5/research/griffiths_article.html. Accessed November 27, 2003.

Griffiths, M., Parke, J. (2002). The social impact of Internet gambling. Soc Sci Comput Rev 20:312-320.

Griffiths, M., Wood, R. T. (2000). Risk factors in adolescence: the case of gambling, video-game playing, and the Internet. J Gambl Stud 16:199-225.

Grunwald Associates. Children, Families, and the Internet. San Mateo, CA, Grunwald Associates, (2000). Available at: http:// www. grunwald. com/survey/newsrelease.html. Accessed November 29, 2003.

Hall, G. W., Carriero, N. J., Takushi, R. Y. et al. (2000). Pathological gambling among cocaine-dependent outpatients. Am J Psychiatry 157:1127-1133.

Hope, J., Havir, L. (2002). You bet they're having fun! Older Americans and casino gambling. J Aging Stud 16:177-197.

Ialomiteanu, A., Adlaf, E. Internet gambling among Ontario adults. Electronic Journal of Gambling Issues (5), (2001). Available at: http://www.camh.net/egambling/issue5/research/ialomiteanu_adlaf_article.html. Accessed November 27, 2003.

Ipsos Reid Group. American youth global Internet pacesetters. New York, Ipsos North America, (2000). Available at: http://www.ipsos-pa.com/dsp_displaypr_us.cfm?id_to_view=1025. Accessed November 29, 2003.

Kallick, M. D., Suits, T., Deilman, T. et al. (1979). A Survey of American Gambling Attitudes and Behavior (Research Report Series, Survey Research Center, Institute for Social Research). Ann Arbor, MI, University of Michigan Press.

Kirkman, C. S. Gambling on the Internet. Web Techniques, March 1998. Available at: http://www.webtechniques.com/archives/1998/03/just/. Accessed November 27, 2003.

Ladd, G. T., Petry, N. M. (2002). Disordered gambling among university-based medical and dental patients: a focus on Internet gambling. Psychol Addict Behav 16: 76-79.

Laundergan, J. C., Schaefer, J., Eckhoff, K. et al. (1990). Adult Survey of Minnesota Gambling Behavior: A Benchmark. St. Paul, MN, Minnesota Department of Human Services, Mental Health Division.

McNeilly, D. P., Burke, W. J. (2001). Gambling as a social activity of older adults. Int J Aging Hum Dev 52:19-28.

National Gambling Impact Study Commission. National Gambling Impact Study Commission Final Report. Washingthon, DC, National Gambling Impact Study Commission, (1999). Available at: http://govinfo.library.unt.edu/ngisc/reports/fullrpt.html. Accessed November 28, 2003.

National Opinion Research Center. Gambling Impact and Behavior Study: Report to the National Gambling Impact Study Commission. Chicago, IL, National Opinion Research Center at the University of Chicago, (1999). Available at: http://www.norc.uchicago.edu/new/gamb-fin.htm. Accessed December 13, 2003.

National Research Council. (1999). Pathological Gambling: A Critical Review. Washington, DC, National Academy Press.

Parke, J., Griffiths, M. D. (2001). Internet gambling: a small qualitative pilot study. Results from "Betting the Couch." Paper presented at the Psychology and the Internet Conference, British Psychological Society, Farnborough, UK, November 7-9.

Petry, N. M., Tawfik, Z. (2001). Comparison of problem-gambling and non-problem-gambling youths seeking treatment for marijuana abuse. J Am Acad Child Adolesc Psychiatry 40:1324-1331.

Productivity Commission. (1999). Australia' s Gambling Industries (Report No 10). Canberra, AusInfo.

Robins, L. N., Helzer, J. E., Croughan, J. et al. (1981). National Institute of Mental Health Diagnostic Interview Schedule: its history, characteristics and validity. Arch Gen Psychiatry 38:381-389.

Robins, L. N., Cottler, L. B., Compton, W. M. et al. (1997). The National Institute of Mental Health Diagnostic Interview Schedule (DIS), Version 4.0. St. Louis, MO, Washington University School of Medicine, Department of Psychiatry.

Rose, I. N. Indian nations and Internet gambling. Casino City Times, October 22, (2000). Available at: http://rose.casinocitytimes.com /articles/969.html. Accessed November 28, 2003.

Shaffer, H. J., Hall, M. N. (1997). Estimating the prevalence of Disordered Gambling Behavior in the United States and Canada: A Meta-analysis. Boston, MA, President and Fellows of Harvard College.

Shaffer, H. J., Freed C. R., Healea, D. (2002). Gambling disorders among homeless persons with substance use disorders seeking treatment at a community center. Psychiatr Serv 53:1112-1117.

Sproston, K., Erens, B., Orford, J. (2000). The future of gambling in Britain (letter). BMJ 321:1291.

Stinchfield, R., Nadav, C., Winters, K. et al. (1997). Prevalence of gambling among Minnesota public school students in 1992 and 1995. J Gambl Stud 13:25-48.

Taylor, H. Internet Penetration at 66% of Adults (137 Million) Nationwide: 55% of Adults Now Online From Home and 30% Online at Work (Harris Poll #18, April 17, 2002). Rochester, NY, Harris Interactive,

2002. Available at: http://www.harrisinteractive.com/harris_poll/index.asp?PID=295. Accessed November 28, 2003.

Turner, N. Internet gambling. Electronic Journal of Gambling Issues (6), (2002). Available at: http://www.camh.net/egambling/issue6/first_person/. Accessed November 29, 2003.

Volberg, R. A. (1994). The prevalence and demographics of pathological gamblers: implications for public health. Am J Public Health 84:237-241.

Volberg, R. A. (1997). Gambling and Problem Gambling in Oregon: Report to the Oregon Gambling Addiction Treatment Foundation. Northampton, MA, Gemini Research.

Volberg, R. A., Abbott, M. W. (1997). Gambling and problem gambling among indigenous people. Subst Use Misuse 32:1525-1538.

Volberg, R. A., Abbott, M. W., Rönnberg, S. et al. (2001). Prevalence and risks of pathological gambling in Sweden. Acta Psychiatr Scand 104:250-256.

Wardman, D., el-Guebaly, N., Hodgins, D. (2001). Problem and pathological gambling in North American Aboriginal populations: a review of the empirical literature. J Gambl Stud 17:81-100.

Welte, J. B., Barnes, G. M., Wieczorek, W. F. et al. (2002). Gambling participation in the US—results from a national survey. J Gambl Stud 18:313-337.

Westphal, J. R., Rush, J. (1996). Pathological gambling in Louisiana: an epidemiological perspective. J La State Med Soc 148:353-358.

Wharry, S. (2001). You bet your life: e-gambling threat worries addiction experts (letter). CMAJ 165:325.

Womack, S., Compton, W., Cottler, L. B. (2001). Internet/Computer Assessment Module-Self Administered (ICAM-SA). St Louis, MO,

Washington University School of Medicine.

Womack, S. B., Cottler, L. B., Grucza, R. A. et al. (December 8, 2002). Personality characteristics of Internet gamblers?preliminary results from the St. Louis Area Personality, Health and Lifestyle Survey 2001. Poster presentation at the Institute for Research on Pathological Gambling and Related Disorders Conference, Las Vegas, NV.

Zane, N. W. S., Huh-Kim, J. (1998). Addictive behaviors, in Handbook of Asian American Psychology. Edited by Lee, L. C., Zane, N. W. S. South Oaks, CA, Sage, pp. 527-554.

Zitzow, D. (1996). Comparative study of problematic gambling behaviors between American Indian and non-Indian adolescents within and near a Northern Plains reservation. Am Indian Alsk Native Ment Health Res 7:14-26.

PART 2
임상적 특징

03 임상적 특징

Tami R. Argo, Pharm.D.
Donald W. Blac, M.D.

메리는 42세의 회계사로, 수년 동안 오락 삼아 도박을 해 왔다. 38세 때 설명하기 어려운 이유들로 그녀는 카지노의 슬롯머신에 빠지게 되었다. 도박에 대한 관심이 점차 높아졌고, 1년 내에 메리는 주중에도 대부분 도박을 하게 되었다. 또한 그녀는 주말에도 계속 도박을 하였고, 남편에게는 직장에 있다고 거짓말을 하였다. 도박할 돈을 마련하기 위해 메리는 가짜 회사를 만들어서 그 회계 회사로부터 거의 30만 달러를 가져다 사용했다. 결국 횡령 사실이 발각되었고, 메리는 체포되었다. 체포 및 그와 관련된 공적인 수모를 겪은 이후에, 메리는 심하게 우울해졌고 약물을 과다 복용하여 자살을 시도하였다. 단기 입원 후, 메리는 상담을 받게 되었고 페록세틴paroxetine을 처방받았다. 그녀는 플리바겐(사전형량조정제도)에서 400시간의 지역사회 봉사를 하는 데 동의하였다.

남자는 오락성 도박이 청소년기에 흔히 시작되는 반면(Rosenthal, 1992), 앞서 제시한 메리의 사례처럼 여자는 인생의 더 후반기에, 흔히 30대 초기에 도박을 시작하는 경향이 있다(Grant & Kim, 2002; Tavares et al., 2001). 물론, 오락성 도박을 하는 모든 사람이 병적 도박으로 발전하는 것은 아니다. 하지만 많은 오락성 도박자들 중에서 주요한 삶의 스트레스원이 병적 도박으로의 발전을 촉진할 수 있다(Lesieur & Rosenthal, 1991). 여성은 더 빠른 병적 도박으로의 진행을 보이는 경향이 있는데, 이것이 바로 '축약효과telescoping'라고 알려진 현상이다. 한 연구에서 오락성 도박에서 문제성 도박으로 이행하는 평균 시간 간격이 여자는 1년, 남자는 4.6년이었다(Tavares et al., 2001). 성차에 대해서는 제7장에서 더 자세히 살펴본다.

도박의 과정

종단연구가 보고된 적은 거의 없지만, 병적 도박은 지속적이거나 완화되지 않거나 삽화적인 임상 경과를 보이는, 만성적인 것으로 추정된다(Hollander et al., 2002a). 일부 연구자들은 많은 병적 도박자들이 도박 경력 초기에 크게 따는 경험을 하고 이것이 직접적으로 중독에 기여한다고 주장한다(Custer & Milt, 1985). 다른 연구자들은 증가된 접근 가능성과 도박 관련 활동에의 노출이 오락성 도박에서 병적 도박으로의 점진적 진행에 영향을 미친다고 언급한다(Rosenthal, 1992).

병적 도박은 진행성의 다단계 질병이라는 특징이 있다(Custer, 1984). '승리 단계winning phase'라고 불리는 1단계는 초기 성공에 의해 강화되며 남자에게서 더 자주 발견되는데, 이는 아마도 남성 도박의 더 경쟁적인 측면을 반영하는 것으로 보인다. 승리(역자 주: 돈을 따는 것)는 지위와 힘, 전능감을 느끼게 한다. 이 단계에 수반되는 특징에는 높은 에너지와 초점화된 집중, 숫자에 대한 향상된 능력감, 도박 전략에 대한 흥미가 포함된다. 많은 사람들이 그들의 초기 승리를 운보다는 기술로 인한 결과라고 생각한다. 많은 도박자들이 도박에서 자존감의 상당한 부분을 유지하며, 실망과 부정적인 기분 상태를 조절하기 위해 도박에 의지하는 것으로 보인다. 어떤 도박자는 가족 및 친구들과 멀어지기 시작하고, 도박에 더 많은 시간과 에너지를 쏟게 될 것이다. 승리의 환상과 큰 성공에 대한 생각이 전형적이다.

예상치 못한 손실은 운이 안 좋았다고 자주 인식되는데, 이것이 '손실 단계losing phase'라고 불리는 2단계로 이끈다. 이 단계의 특징은 '추적도박chasing'이다. 도박자는 더 자주 그리고 더 많은 양의 돈을 걸고 필사적으로 잃은 돈을 회복하고자 시도한다. 도박자는 손실을 숨기기 위해 중요한 사람들(가족과 친구, 고용주)에게 자주 거짓말을 한다. 관계는 일반적으로 악화되며, 재정 상태도 나빠진다. 결국 도박자는 궁핍 상태를 경험하게 되는데, 합법적인 돈의 출처가 고갈되는 것이다. 가족이 도박을 그만두겠다는 도박자의 약속을 믿고서 재정적 원조를 할 수도 있다.

돈을 잃고 손실을 만회하려는 순환적 패턴은 3단계인 '절망' 으로 이끈다. 도박자는 사기, 횡령, 부도수표를 발행하는 것, 도둑질하는 것과 같은 불법적인 활동을 통해서 도박을 유지한다. 위법행위는 종종 곧 터질 것으로 생각한 대박big win 이후에 자금을 갚기 위한 의도였다고 합리화된다. 도피의 환상과 자살 생각이 이 단계에서 흔한 것으로 보고된다(Lesieur & Rosenthal, 1991).

일부 도박자들은 '포기' 나 '무망감' 의 단계인 4단계를 경험한다. 도박자가 치료를 받고자 하는 경우도 있지만, 고용주나 배우자, 가족의 강요로 오는 경우가 흔하다. 우울과 자살사고, 고혈압, 심계항진, 불면증, 위장장애와 같은 스트레스 관련 증상들이 보고될 수 있다(Rosenthal, 1992).

현상학

Grant와 Kim(2001)은 131명의 치료를 받으러 온 병적 도박자 표본의 임상적 특징을 기술하였다. 평균 나이는 31세였고, 표본의 60%가 여성이었다. 첫 도박에서 병적 도박의 시작까지 평균 기간은 6년이었고, 범위는 0~33년이었다. 거의 50%가 도박을 시작한 1년 내에 병적 도박으로 진행되었다. 병적 도박의 늦은 시작과 광고에 의해 도박충동이 유발되었음을 인정한 것이 병적 도박의 빠른 진행과 상관이 있었다. 피험자들은 1주일에 16시간 정도 도박을 하였고, 전년도에 그들 수입의 약 45%를 도박으로 탕

진했다. 사우스 오크 도박 척도(Lesieur & Blume, 1987)에서 그들의 평균 점수는 14점(5점 이상은 병적 도박의 가능성을 나타냄)이었다. 한 명을 제외한 모든 피험자들이 도박을 그만두려는 시도가 성공하지 못했음을 보고하였고, 87%가 추적도박을 보고하였다. 이들의 80% 이상이 불쾌감에서 벗어나기 위해 도박을 한다고 보고하였다. 도박자들은 흔히 가족과 친구들에게 거짓말을 하고(44%), 계산서를 지불하거나 음식을 사기 위해 돈을 빌리고(30%), 신용카드의 최대한도까지 쓴다(64%)고 보고하였다.

위법행위

복잡하기는 하지만, 범죄와 병적 도박 사이의 관련성은 잘 확립된 사실이다(Rosenthal & Lorenz, 1992). 병적 도박자 중 범죄 활동의 유병률은 20~80%로 추정되었다(Blaszczynski et al., 1989; Brown, 1987). 치료를 받고자 한 문제성 도박자 109명의 표본에서, 55%가 도박과 관련된 위법행위를 저질렀다고 보고하였고, 21%는 범죄로 고소당한 적이 있다고 보고하였다(Blaszczynski et al., 1989). 필자들은 불법적인 도박 관련 행동들(예: 도박 목적으로 쓸 돈을 얻기 위해 계획된 범죄들)이 4배 증가하였음을 발견하였다. 도박 관련 위법행위 한 건당 추정액이 호주 달러로 평균 4,091달러(미국 달러로 약 3,000달러)였다. 보고된 위법행위에는 부도수표를 발행하는 것과 횡령, 탈세, 절도, 매춘(여성의 경우)을 저지르는 것이 포함된다(Rosenthal, 1992).

범죄성과 도박 사이에 관련성이 존재함에도 불구하고, 관계의 인과성은 여전히 불투명하다. 병적 도박의 진행에서, 어떤 도박자들은(앞서 제시한 메리의 예를 포함하여) 도박 자금을 마련하거나 엄청난 빚을 갚기 위해 위법행위에 의지한다. 병적 도박의 중독적인 성질은 중요한 범죄 발생 요인을 반영한다(Meyer & Stadler, 1999). 다른 연구는 도박을 유지하려는 욕구가 범죄행위의 일차적 동기임을 제안한다(Lesieur, 1979). 손실을 만회하려고 하지만 합법적인 돈의 출처가 고갈되면, 도박자는 범죄행위에 자주 의지하곤 한다. 손실이 증가할수록 범죄에 대한 압박이 증가한다(Blaszczynski et al., 1989). 사실상 도박 관련 범죄행위는 병적 도박의 심각성과 관련이 있을 수 있는데, 이는 다양한 도박에의 참여, 지인에게 빚을 지는 것, 도박 관련 자살 가능성을 인정하는 것, 과도한 물질 사용을 보고하는 것, 그리고 정신건강 치료를 받은 것에서 잘 나타난다(Potenza et al., 2000).

범죄성과 병적 도박 사이에 연관성이 존재한다 하더라도, 성격 특징들이 병적 도박과 범죄성 둘 다의 공통 원인일 수 있으며, 그것에 의해 병적 도박과 범죄의 동시 발생이 촉진될 수도 있다. 반사회적 성격장애ASPD는 일반모집단에서보다 병적 도박자들에게서 더 흔히 발견된다(Cunningham-Williams et al., 1998). 도박 관련 체포나 억류 경험을 보고한 문제성 도박자들이 반사회적 성격장애와 일치하는 특징을 가지고 있을 확률이 높았다(Potenza et al., 2000). 실제로 교도소 장면에서 병적 도박의 높은 비율이 보고되었다. 네바다 주의 교도소 수감자들에 대한 한 연구에서, 26%가 병적 도박자일 가능성이 있는 것으로 간주되었다(Templer et al., 1993).

정서적 결과

병적 도박은 사회적 · 재정적 · 직업적 · 개인적 영역 등 다양한 삶의 영역에 악영향을 줄 수 있다(National Opinion Research Center, 1999). 사람들은 도박을 즐거운 여가활동이나 사교의 수단으로 시작할 수 있다. 그러나 도박이 진행됨에 따라 병적 도박자는 자신을 고립시킬 수 있다. 많은 사람이 도박과 관련하여 통제 상실이나 죄책감, 수치심을 경험한다. 131명의 병적 도박자들에 대한 한 연구에서 15% 이상이 도박 관련 부부문제를 보고하였다(Grant & Kim, 2001). 병적 도박은 종종 가족의 신뢰, 특히 배우자의 신뢰를 갉아먹고 친밀감의 감소를 초래한다(Moody, 1990).

병적 도박은 자주 직장과 관련된 문제들을 일으키곤 한다. 도박 충동이 빈번하게 나타나고 통제하기 어려우며, 그에 따라 결근과 저조한 업무 수행, 나아가 직업 상실을 초래한다(National Opinion Research Center, 1999). 직업 상실과 관련된 재정적 지원의 상실은 추적도박을 하는 동안 자신의 재원을 모조리 써 버리는 것을 포함해서, 자금을 조달하기 위해 필사적인 시도를 하게 만들 수 있다. 한 연구에서, 병적 도박자의 44%가 저축한 돈도, 퇴직금도 전혀 없다고 보고하였고, 22%는 도박 손실을 메우기 위해 집이나 자가용, 값 나가는 물건들을 저당 잡혔다고 설명하였다(Grant & Kim, 2001).

병적 도박은 도박자를 자살 시도나 실제 자살로 이끌 수 있다. 자살 시도는 단도박 모임Gamblers Anonymous 회원들과 병적 도박으로 치료 중인 사람들의 17~24%에서 보고되었다(Potenza et al., 2000). 호주에서 44명의 도박 관련 자살 사례를 분석한 결과, 대부분의 희생자들이 남자였고, 평균 40세였으며, 무직이거나 낮은 사회경제적 배경을 갖고 있는 것으로 나타났다. 약 1/3이 적어도 한 번의 자살 시도 경험이 있었고, 25%는 문제성 도박 때문에 정신건강 치료를 받았다(Blaszczynski & Farrell, 1998). 자살과 연합된 변인에는 우울증, 커다란 재정적 빚, 그리고 대인관계에서의 어려움이 있었다.

정신과 공존질환과 성격

병적 도박자가 높은 비율의 기분장애와 불안장애, 물질사용장애를 보인다는 보고가 있지만(〈표 3-1〉 참조), 병적 도박자에게서 다른 정신과 장애의 비율을 연구한 연구자는 거의 없다. 예를 들어, 병적 도박으로 입원한 환자 중 76%가 당시 주요우울장애의 진단 준거를 충족하였다(McCormick et al., 1984). 단도박 모임 지부에서 모집한 25명의 문제성 도박자 중에서 72%가 주요우울증을 경험했다고 보고하였다(Linden et al., 1986). 또한 병적 도박자들에게서 양극성 장애(평생 유병률 24%)와 경조증(유병률 38%)의 증가된 비율이 보고되었다(Linden et al., 1986; McCormick et al., 1984). 전반적으로 병적 도박자의 13~78%가 기분장애를 경험하는 것으로 추정된다. 또한 이들에게서 평생 동안 높은 비율의 불안장애가 보고된다(〈표 3-1〉 참조). 한 연구는 병적 도박자의 거의 20%가 평생 주의력결핍 과잉행동장애의 준거를 충족한다고 보고하였다(Specker et al., 1995).

다른 충동조절장애ICD의 비율도 일반 모집단에서보다 병적 도박자들에서 더 높은 것으로 나타난다. 연구자들은 병적 도박자들에서 하나 혹은 그 이상의 충동조절장애를 가진 경우가 18~43%에 이른다고 보고하였다(Black & Moyer, 1998; Grant & Kim, 2001; Specker et al., 1995). 강박적 쇼핑은 병적 도박자들에게서 가장 빈번하게 공존하는 충동조절장애인 것으로 보이는데, 아마도 강박적 쇼핑과 병적 도박은 둘 다 초점화된 주의와 금전적 만족, 화폐교환이라는 공통된 특징을 가지고 있기 때문일 것이다(Specker et al., 1995). 하나의 충동조절장애를 가진 피험자들은 두 번째 충동조절장애를 가질 확률이 높은 것으로 보이는데, 이는 충동조절장애 사이에 상당한 공통 부분이 있음을 시사한다(Black et al., 1997; McElroy et al., 1991, 1994; Schlosser et al., 1994).

알코올이나 약물 의존은 병적 도박자에게서 평생 지속적으로 보고된다. 병적 도박자의 28%가 현재 알코올 의존을 보인 반면, 비병적 도박자의 경우는 1%에 불과했다(Welte et al., 2001). 국립여론

〈표 3-1〉 병적 도박자에게서 공존하는 축Ⅰ 정신과 장애

연구	포본크기	평가도구	기분장애	정신병적 장애	ADHD
McCormick et al., 1984	50	RDC	76%	N/A	N/A
Linden et al., 1986	25	SCID	72%	N/A	N/A
Bland et al., 1993	30	DIS	33%	0%	N/A
Specker et al., 1995	40	ADHD 진단적 면접; MIDI	N/A	N/A	20%
Specker et al., 1996	40	SCID	78%	3%	N/A
Black & Meyer, 1998	30	DIS	60%	3%	40% (아동기 품행장애)
Cunningham-Williams et al., 1998	161	DIS	MDD(9%): 기분부전 장애(4%)	4%	N/A
Holland et al., 1998	10	N/A	30% 양극성 장애 Ⅰ과 Ⅱ*	*	20%
Holland et al., 2000b	10	N/A	50%	N/A	N/A
Grant & Kim, 2001	131	SCID-Ⅳ	34%	N/A	N/A
Zimmerman et al., 2002	15	SCID-Ⅳ; DID; BDI	53% 조증*	*	N/A

*배제조건

주: ADHD=주의력결핍 과잉행동장애; BDI=벡 우울척도; DID=우울진단검사; DIS=진단면접스케줄, 3판; GAD=범불안장애; MDD=주요우울장애; MIDI=미네소타충동장애면접; N/A=해당 없음; OCD=강박장애; RDC=연구진단준거; SCID=DSM-Ⅲ를 위한 구조화된 임상면접; SCID-IV=DSM-IV를 위한 구조화된 임상면접

OCD	약물사용 장애	섭식장애	충동조절 장애	불안장애	장애 없음
N/A	36%	N/A	N/A	N/A	N/A
20%	48%	N/A	N/A	28%	N/A
17%	63%	N/A	N/A	27%	N/A
N/A	N/A	N/A	35%	N/A	N/A
3%	60%	N/A	N/A	38%	8%
10%	63%	7%	43%	40%	N/A
1%	알코올(45%); 불법약물 (40%)	N/A	N/A	공황장애 (23%); GAD(8%); 공포증 (15%)	N/A
10%	현재*	N/A	N/A	N/A	50%
10%	10%	N/A	N/A	20%	N/A
0%	35%	N/A	18%	9%	N/A
N/A	현재*	N/A	N/A	20%	N/A

연구센터(1999)의 연구에서, 병적 도박자 중 알코올이나 다른 약물 남용의 비율은 비도박자나 오락성 도박자들에서보다 거의 7배나 더 높았다. 치료를 받고자 하는 병적 도박자들의 30~50%가 물질 남용의 과거력을 가지고 있었다(Lesieur et al., 1986).

물질 남용으로 치료를 받는 입원환자 중에서 병적 도박의 비율은 기대보다 더 높다. 메싸돈methadone 유지 프로그램에 등록한 462명의 환자 중에서 21%가 병적 도박자의 가능성이 있었다(Spunt et al., 1998). 역학 통원 범위Epidemiologic Catchment Area 연구는 도박 사례의 65%에서 알코올중독 발생 2년 내에 병적 도박이 발생했음을 보여 주었다(Cunningham-Williams et al., 1998). 여러 연구들이 물질 사용과 병적 도박 사이의 유의미한 연관성을 지지한다. 물질 사용과 병적 도박의 공동 발생이 나타날 수 있는 하위 집단(예: 성이나 정신과적 상태에 기초해서)이 있다. 하지만 그러한 하위 집단을 나타내는 변인들이 아직 견고하게 확립되어 있는 것은 아니다.

성격장애

초기 정신분석가들이 병적 도박을 일종의 신경증으로 묘사하고 병적 도박자들을 죄책감이 있거나 자기애적이거나 피학적이라고 묘사하였음에도 불구하고, 병적 도박에서 성격장애는 상대적으로 연구되지 않았다. Kraepelin(1915)과 Bleuler(1924)는 '도박광'을 충동 신경증의 한 예로 기술하였다. Freud(1928/1961)는 강박적 도박을 자기-징계self-castigation의 한 형태로 해석하였고, Bergler(1957)는 과도한 도박을 '정신적 피학증'의 한 형태로 해석하였다. 그는 도박을 하는 사람이 손실에 따른 죄책감과 불안을 통해 무의식적으로 자신을 처벌한다고 믿었다.

이러한 견해가 병적 도박에 대한 초기 평가를 형성하였지만, 이후 체계적인 연구들은 성격장애가 상대적으로 병적 도박자들에게서 흔하다는 것을 발견하였다(〈표 3-2〉 참조). 정보가 제한적이긴 하지만, 병적 도박자의 작으면서 중요한 한 하위 집단은 반사회적 성격장애를 가지고 있다. 병적 도박자 중 반사회적 성격장애의 비율은 15~40%에 이르는데, 일반 모집단에서 나타나는 남자의 3%와 여자의 1%와 대조적이다(American Psychiatric Association, 1994; Black & Moyer, 1998; Bland et al., 1993; Blaszczynski & Steel, 1998; Blaszczynski et al., 1989). 병적 도박자에게 성격장애의 다른 유형들이 존재하지만, 그 비율은 일반 모집단에서의 비율보다 대체로 높지 않다.

〈표 3-2〉 병적 도박자에게서 공존하는 성격장애

연구	포본크기	평가도구	성격장애	편집성	분열성	분열형
Blaszczynski, 1989	109	DSM-III 진단기준	N/A	N/A	N/A	N/A
Lesieur & Blume, 1990	7	N/A	71%	N/A	N/A	28%
Bellaire & Caspari, 1992	51	N/A	N/A	N/A	N/A	N/A
Bland et al. 1993	30	DIS	N/A	N/A	N/A	N/A
Specker et al. 1996	40	SCID-P	25%	3%	3%	0%
Black & Meyer, 1998	30	PDQ-R	87%	26%	33%	30%
Blaszczynski & Steel, 1998	82	PDQ-R	93%	40%	21%	38%

주: ASPD=반사회적 성격장애; BPD=경계선 성격장애; DIS=진단면접스케줄, 3판; N/A=해당 없음; NOS=달리 분류되지 않음; OCPD=강박성격장애; PD=성격장애; PDQ-R=성격장애 질문지-수정판; SCID-P=DSM-III 성격장애를 위한 구조화된 임상면접

BPD	연기성	자기애성	회피성	OCPD	ASPD	의존성	NOS
14%	N/A	N/A	N/A	N/A	N/A	N/A	14%
N/A	N/A	N/A	N/A	N/A	N/A	N/A	49%
N/A	N/A	N/A	N/A	N/A	15%	N/A	N/A
N/A	N/A	N/A	N/A	N/A	40%	N/A	N/A
3%	0%	5%	13%	5%	0%	5%	3%
23%	7%	20%	50%	59%	17%	7%	N/A
70%	66%	57%	37%	32%	29%	49%	N/A

차원적 성격특성과 특징

성격특성과 특징들은 한쪽 극단에서는 성격장애로 진단 가능하지만, 스펙트럼을 따라 존재하고, 따라서 차원으로 더 잘 측정될 수도 있다. Roy 등(1989)은 병적 도박자 집단이 아이젱크 성격 질문지Eysenck Personality Questionnaire(Eysenck & Eysenck, 1980)의 신경증 성향과 정신병 성향, 거짓말 척도에서 통제군 피험자들보다 더 높은 점수를 받으며, 폴즈 질문지Foulds questionnaire(Foulds, 1965)의 적대감 척도에서 더 높은 점수를 얻는 것을 발견하였다. 연구자들은 병적 도박자들이 기분이 불안정하고 신경질적이며 예민하고 주의를 받고자 하고 적대적일 수 있다고 결론지었다. 미네소타 다면적 인성검사MMPI의 반사회적 성격(역자 주: Pd, 4번) 척도에서의 상승이 보고되었는데, 이는 병적 도박과 반사회적 성격장애와 관련된 임상적 인상을 지지한다(Graham & Lowenfeld, 1986; Moravec & Munley, 1983; Taber et al., 1987; Templer et al., 1993). MMPI의 우울, 편집증, 강박증, 정신분열증 척도에서의 상승이 또한 보고되었다(Graham & Lowenfeld, 1986; Templer et al., 1993). 연구자들은 정상 표본과 비교하여 병적 도박자들에게서 기분표현불능증과 주의력 손상, 충동성, 위험 감수, 강박사고, 감각추구, 행동 억제의 결여, 갈망에 저항하는 능력 감소, 빈약한 대처, 부정적인 정서, 새로운 자극 추구의 비율이 높음을 보고하였다(Blaszczynski, 1999; Carlton & Manowitz, 1992; Castellani & Rugle,

1995; Castellani et al., 1996; Coventry & Brown, 1993; Kim & Grant, 2001; Kusyszyn & Rutter, 1985; Lumley & Roby, 1995; McCormick, 1993; Powell et al., 1999). 이러한 다양한 특성은 흥분과 새로운 경험을 찾고, 쉽게 자신의 욕망에 따르며, 충동을 거의 억제하지 못하는 사람들을 설명하는 것처럼 보인다.

하위 유형

병적 도박의 이질성을 인식한 일부 연구자들은 병적 도박의 하위 유형을 확인하고자 하였다. Moran(1970)은 50명의 병적 도박자들과의 작업에 기반을 두고 5개의 하위 유형을 확인하였다(〈표 3-3〉 참조). Moran의 유형론은 임상적으로 유용하지만, 경험적

〈표 3-3〉 병적 도박자의 다섯 가지 하위 유형

유형	유병률	설명
신경증 도박	34%	도박이 부부갈등과 같은 정서문제에 대한 반응으로 동기화되며, 갈등이 해결되면 가라앉는다.
정신병질 도박	24%	도박이 반사회적인 행동 패턴으로 나타난다.
충동성 도박	18%	도박에 통제 상실이 수반된다.
하위문화 도박	14%	동료들과 어울리기 위해 도박을 하지만 이후에 도박을 조절하는 데 곤란을 겪는다.
증상 도박	10%	도박이 우울과 같은 어떤 다른 정신질환과 연합되어 있으며, 이차적인 현상으로 간주된다.

출처: Moran (1970).

으로 타당화되지는 못하였으며 하위 유형은 독립적이지 않다.

Steel과 Blaszczynski(1996)는 병적 도박의 요인 구조를 조사하기 위해 주성분 분석을 실시하였다. 그들은 〈표 3-4〉에 제시한 4개의 주요 요인을 확인하였다. 연구자들은 충동성과 반사회적 성격장애의 특징을 나타내는 병적 도박자들이 해로운 개인적 · 정서적 결과를 경험할 위험성이 더 크다고 결론을 내렸다.

〈표 3-4〉 병적 도박의 네 가지 주요 요인

요인	관련된 특성
심리적 고통	여자 자살경향성 가족의 정신과 병력
감각 추구	알코올 남용의 과거력
범죄와 활기	범죄 행동
충동성과 반사회적인 행동 패턴*	도박의 이른 시작 빈약한 직업력 도박으로 인한 별거나 이혼 충동적인 도박 관련 위법행위들

* 임상적으로 가장 유용한 것으로 설명됨

출처: Steel & Blaszczynski (1996).

결론

상대적으로 낮은 유병률 추정치에도 불구하고, 병적 도박은 배우자와 가족, 친구, 동료를 포함하여 도박자와 관계를 맺고 있는 많은 사람에게 중요한 역기능을 유발할 잠재력을 가지고 있다. 병적 도박자는 일반적으로 높은 수준의 새로운 자극 추구 성향과 충동성을 보인다. 정신과적 공존질환이 흔한데, 특히 기분장애, 불안장애, 물질사용장애가 흔하고, 그 외에도 충동조절장애와 반사회적 성격장애가 있다. 병적 도박의 경과와 공존질환 패턴과의 관계에 대한 앞으로의 연구는 향상된 치료 전략으로 이끌 가능성을 가지고 있다(제13장 '약물치료' 참조).

참고문헌

American Psychiatric Association. (1994). Diagnostic and Statistical Manual of Mental Disorders, 4th Edition. Washington, DC, American Psychiatric Association.

Bellaire, W., Caspari, D. (1992). Diagnosis and therapy of male gamblers in a university psychiatric hospital. J Gambl Stud 8:143-150.

Bergler, E. (1957). The Psychiatry of Gambling. New York, Hill & Wang.

Black, D. W., Moyer, T. (1998). Clinical features and psychiatric comorbidity of subjects with pathological gambling behavior. Psychiatr Serv 49:1434-1439.

Black, D. W., Kehrberg, L. L. D., Flumerfelt, D. L. et al. (1997). Characteristics of 36 subjects reporting compulsive sexual behavior. Am J Psychiatry 154:243-249.

Bland, R. C., Newman, S. C., Orn, H. et al. (1993). Epidemiology of pathological gambling in Edmonton. Can J Psychiatry 38:108-112.

Blaszczynski, A. (1999). Pathological gambling and obsessive-compulsive spectrum disorders. Psychol Rep 84:107-113.

Blaszczynski, A., Farrell, E. (1998). A case series of 44 completed gambling-related suicides. J Gambl Stud 14:93-109.

Blaszczynski, A., Steel, Z. (1998). Personality disorders among pathological gamblers. J Gambl Stud 14:51-71.

Blaszczynski, A., McConaghy, N., Frankova, A. (1989). Crime, antisocial personality, and pathological gambling. Journal of Gambling Behavior 5:137-152.

Bleuler, E. (1924). Textbook of Psychiatry. New York, Macmillan.

Brown, R. I. F. (1987). Pathological gambling and associated patterns of crime: comparisons with alcohol and other drug addictions. Journal of Gambling Behavior 3:98-114.

Carlton, P. L., Manowitz, P. (1992). Behavioral restraint and symptoms of attention deficit disorder in alcoholics and pathological gamblers. Neuropsychobiology 25:44-48.

Castellani, B., Rugle, L. (1995). A comparison of pathological gamblers to alcoholics and cocaine misusers on impulsivity, sensation seeking, and craving. Int J Addict 30:275-289.

Castellani, B., Wootton, E., Rugle, L. et al. (1996). Homelessness, negative affect, and coping among veterans with gambling problems who misused substances. Psychiatr Serv 47:298-299.

Coventry, K. R., Brown, R. I. F. (1993). Sensation seeking, gambling and gambling addictions. Addiction 88:541-554.

Cunningham-Williams, R. M., Cottler, L. B., Compton, W. M. III. et al. (1998). Taking chances: problem gamblers and mental health disorders—results from the St. Louis Epidemiologic Catchment Area Study. Am J Public Health 88:1093-1096.

Custer, R. L. (1984). Profile of the pathological gambler. J Clin Psychiatry 45:35-38.

Custer, R. L., Milt, H. (1985). When Luck Runs Out. New York, Facts on File.

Eysenck, H., Eysenck, S. (1980). Manual of the Eysenck Personality Questionnaire. London, Hodder & Stroughton.

Foulds, G. (1965). Personality and Personal Illness. London, Tavistock.

Freud, S. (1961). Dostoevsky and parricide (1928), in The Standard Edition of the Complete Psychological Works of Sigmund Freud, Vol 21. Translated and edited by Strachey, J. London, Hogarth Press, pp. 175-

196.

Graham, J. R., Lowenfeld, B. H. (1986). Personality dimensions of the pathological gambler. Journal of Gambling Behavior 2:58-66.

Grant, J. E., Kim, S. W. (2001). Demographic and clinical features of 131 adult pathological gamblers. J Clin Psychiatry 62:957-962.

Grant, J. E., Kim, S. W. (2002). Gender differences in pathological gamblers seeking medication treatment. Compr Psychiatry 43:56-62.

Hollander, E., DeCaria, C. M., Mari, E. et al. (1998). Short-term single-blind fluvoxamine treatment of pathological gambling. Am J Psychiatry 155:1781-1783.

Hollander, E., Buchalter, A. J., DeCaria, C. (2000a). Pathological gambling. Psychiatr Clin North Am 23:629-642.

Hollander, E., DeCaria, C. M., Finkell, J. N. et al. (2000b). A randomized double-blind fluvox-amine/placebo crossover trial in pathologic gambling. Biol Psychiatry 47:813-817.

Kim, S. W., Grant, J. E. (2001). Personality dimensions in pathological gambling disorder and obsessive-compulsive disorder. Psychiatry Res 104:205-212.

Kraepelin, E. (1915). Psychiatrie, 8th Edition. Leipzig, Verlag von Johann Ambrosius Barth.

Kusyszyn, I., Rutter, R. (1985). Personality characteristics of male heavy gamblers, light gamblers, nongamblers, and lottery players. Journal of Gambling Behavior 1:59-63.

Lesieur, H. R. (1979). The compulsive gambler's spiral of options and involvement. Psychiatry 42:79-87.

Lesieur, H. R., Blume, S. E. (1987). The South Oaks Gambling Screen (SOGS): a new instrument for indentification of pathological gamblers. Am J Psychiatry 144:1184-1188.

Lesieur, H. R., Blume, S. B. (1990). Characteristics of pathological gamblers identified among patients on a psychiatric admissions service. Hosp Community Psychiatry 41:1009-1012.

Lesieur, H. R., Rosenthal, R. J. (1991). Pathological gambling: a review of the literature. J Gambl Stud 7:5-39.

Lesieur, H. R., Blume, S. B., Zoppa, R. M. (1986). Alcoholism, drug abuse, and gambling. Alcohol Clin Exp Res 10:33-38.

Linden, R. D., Pope, H. G. Jr., Jonas, J. M. (1986). Pathological gambling and major affective disorder: preliminary findings. J Clin Psychiatry 47:201-203.

Lumley, M. A., Roby, K. T. (1995). Alexithymia and pathological gambling. Psychother Psychosom 63:201-206.

McCormick, R. A. (1993). Disinhibition and negative affectivity in substance abusers with and without a gambling problem. Addict Behav 18:331-336.

McCormick, R. A., Russo, A. M., Ramirez, L. F. et al. (1984). Affective disorders among pathological gamblers seeking treatment. Am J Psychiatry 141:215-218.

McElroy, S. L., Pope, H. G. Jr., Hudson, J. L. et al. (1991). Kleptomania: a report of 20 cases. Am J Psychiatry 148:652-657.

McElroy, S. L., Keck, P. E. Jr., Pope, H. G. Jr. et al. (1994). Compulsive buying: a report of 20 cases. J Clin Psychiatry 55:242-248.

Meyer, G., Stadler, M. A. (1999). Criminal behavior associated with pathological gambling. J Gambl Stud 15:29-43.

Moody, G. (1990). Quit Compulsive Gambling: The Action Plan for Gamblers and Their Families. Wellingborough, UK, Thorsons.

Moran, E. (1970). Varieties of pathological gambling. Br J Psychiatry 116:593-597.

Moravec, J. D., Munley, P. H. (1983). Psychological test findings on pathological gamblers in treatment. Int J Addict 18:1003-1009.

National Opinion Research Center. Gambling Impact and Behavior Study: Report to the National Gambling Impact Study Commission. Chicago, IL, National Opinion Research Center at the University of Chicago, 1999. Available at: http://www.norc.uchicago.edu/new/gamb-fin.htm. Accessed December 13, 2003.

Potenza, M. N., Steinberg, M. A., McLaughlin, S. D. et al. (2000). Illegal behaviors in problem gambling: analysis of data from a gambling helpline. J Am Acad Psychiatry Law 28:389-403.

Powell, J., Hardoon, K., Derevensky, J. L. et al. (1999). Gambling and risk-taking behavior among university students. Subst Use Misuse 34:1167-1184.

Rosenthal, R. J. (1992). Pathological gambling. Psychiatr Ann 22:72-78.

Rosenthal, R. J., Lorenz, V. C. (1992). The pathological gambler as criminal offender. Comments on evaluation and treatment. Psychiatr Clin North Am 15:647-660.

Roy, A., Custer, R., Lorenz, V. et al. (1989). Personality factors and pathological gambling. Acta Psychiatr Scand 80:37-39.

Schlosser, S., Black, D. W., Repertinger, S. et al. (1994). Compulsive buying: demography, phenomenology, and comorbidity in 46 subjects. Gen Hosp Psychiatry 16:205-212.

Specker, S. M., Carlson, G. A., Christenson, G. A. et al. (1995). Impulse control disorders and attention deficit disorder in pathological gamblers. Ann Clin Psychiatry 7:175-179.

Specker, S. M., Carlson, G. A., Edmonson, K. M. et al. (1996). Psychopathology in pathological gamblers seeking treatment. J Gambl Stud 12:67-81.

Spunt, B., Dupont, I., Lesieur, H. et al. (1998). Pathological gambling and substance abuse: a review of the literature. Subst Use Misuse 33:2535-2560.

Steel, Z., Blaszczynski, A. (1996). The factorial structure of pathological gambling. J Gambl Stud 12:3-20.

Taber, J. I., McCormick, R. A., Russo, A. M. et al. (1987). Follow-up of pathological gamblers after treatment. Am J Psychiatry 144:757-761.

Tavares, H., Zilberman, M. L., Beites, F. J. et al. (2001). Gender differences in gambling progression. J Gambl Stud 17:151-159.

Templer, D. I., Kaiser, G., Siscoe, K. (1993). Correlates of pathological gambling propensity in prison inmates. Compr Psychiatry 34:347-351.

Welte, J., Barnes, G., Wieczorek, W. et al. (2001). Alcohol and gambling pathology among U. S. adults: prevalence, demographic patterns and comorbidity. J Stud Alcohol 62:706-712.

Zimmerman, M., Breen, R. B., Posternak, M. A. (2002). An open-label study of citalopram in the treatment of pathological gambling. J Clin Psychiatry 63:44-48.

04 범주화

Paula Moreyra, M.A.
Angela Ibáñez, M.D., Ph.D.
Jerónimo Saiz-Ruiz, M.D., Ph.D.
Carlos Blanco, M.D., Ph.D.

병적 도박은 DSM-IV-TR(American Psychiatric Association, 2000)에서 달리 분류되지 않는 충동조절장애로 분류되어 있다. 하지만 병적 도박이 강박장애와 물질사용장애, 기분장애의 특징을 공유한다는 증거 역시 있다. 병적 도박의 개념화가 연구와 치료 모형에 영향을 주기 때문에, 이러한 개념화를 지지하는 자료를 이해하는 것이 중요하다.

충동조절장애

병적 도박에서 인식 가능한 충동조절장애의 특징에는 개인이나 타인에게 해로운 결과가 있음에도 불구하고 어떤 행동(도박)을 수행하려는 욕망이나 유혹, 행동을 수행하기 전 점진적으로 고조되는 정서적 불편감이나 긴장, 행동을 수행하는 동안 즐겁고 만족스러운 감정(예: 도박은 자아 동조적임), 경우에 따라 그 행동에 뒤따르는 죄책감이나 후회, 수치심과 같은 부정적 감정이 포함된다(American Psychiatric Association, 1994; World Health Organization, 1992). 병적 도박을 충동조절장애로 범주화하는 것을 지지하는 자료에는 병적 도박자 중 충동조절장애의 공존병리 비율이 높은 것이 포함된다(Black & Moyer, 1998; Specker et al., 1995). 표본이 상대적으로 작았지만, 피험자들은 강박적 성장애, 간헐적 폭발장애, 강박적인 구매의 높은 공존병리를 보고하였다. 96명의 병적 도박자에 대한 한 연구에서 유사하게 충동조절장애의 상승된를 확인하였다. 충동조절장애의 공존병리가 있는 병적 도박자들은 충동조절장애의 공존병리가 없는 도박자들에 비해 도박에 대한 더 강렬한 충동을 보고하였고, 이러한 결과는 충동조절장애와 공유하는 신경생물학적 요인을 시사한다(Grant & Kim, 2003).

충동조절장애 사이의 유사성에도 불구하고 병적 도박은 독특한 특징을 가지고 있다. 예를 들어, 병적 도박에서 충동성은 아마도 틀림없이 하나의 활동(도박)에 제한되며, 이것은 충동성이 더 일반화되어 있는 다른 장애(양극성 장애와 같은)와 병적 도박을 구분 짓는다. 충동성을 특정한 생각이나 활동과 밀접하게 관련짓는 모형 중에는 병적 도박을 강박장애 스펙트럼으로 혹은 비약물 중독으로 개념화하는 것이 있다(〈표 4-1〉 참조).

〈표 4-1〉 병적 도박과 다른 장애들이 공유하는 특징

	충동조절장애	물질사용장애	강박장애 스펙트럼	정서장애
현상학	충동에 저항하기 어려움, 부정적인 결과에도 불구하고 행동하려는 욕망 보임, 행동을 하고 있을 때 정서적 불편감이 완화됨	몇 가지의 DSM-IV-TR 진단기준을 충족함; 삶의 기능을 방해함에도 불구하고 행동을 지속함, 행동을 줄이거나 멈추려는 시도가 여러 번 성공하지 못함, 내성과 금단 증상	일부 DSM-IV-TR 진단기준을 충족함; 반복적인 생각과 충동에 저항하는 능력 감소	해롭지만 쾌감을 주는 행동 보임, 미리 생각하는 것 없이 행동함, 기분 변동
공존질환	병적 도박자 중에서 충동조절장애의 비율 높음	다양한 물질사용장애, 특히 알코올 남용 및 의존과 니코틴 의존의 공존질환 비율이 높음	병적 도박자 중에서 OCD의 비율이 높은 것으로 일부 시사됨, 대규모 연구에서 일반적으로 증가된 공존병리는 발견되지 않음	우울장애와의 공병률이 높으며 자살시도의 비율도 높음
역학	정보 불충분	남성에서의 유병률; ADHD 비율 높음	정보 불충분	정보 불충분
유전학	정보 불충분	DRD2의 다형체와 MAOA, SLC6A4 사이의 연관성	정보 불충분	정보 불충분
신경심리학	고차적 주의능력의 결함, 높은 충동성	고차적 주의능력의 결함, 높은 충동성	정보 불충분	정보 불충분
치료반응	발모광과 충동적 구매에 효과가 증명된 날트렉손에 긍정적 반응	날트렉손, 12단계 프로그램, 재발 방지 개입에 긍정적 반응	SSRI 계열 약물에 긍정적 반응	리튬과 카바마제핀에 긍정적 반응

주: ADHD=주의력결핍 과잉행동장애; OCD=강박장애; SSRI=선택적 세로토닌 재흡수억제제

물질사용장애

병적 도박에 대해 제안된 하나의 모형은 약물이 없는 중독이다. 병적 도박과 물질사용장애는 많은 특징을 공유한다. 욕구를 충족하고자 하는 강렬한 소망, 물질사용이나 행동에 대한 통제 상실, 금욕abstinence 기간과 내성, 약물사용이나 관련 활동에 대한 생각, 그리고 그 행동과 관련된 중요한 사회적 및 직업적 문제에도 불구하고 그 행동에 대한 지속적인 참여가 그것이다(World Health Organization, 1992).

병적 도박자의 베팅하려는 욕망은 물질남용자가 경험하는 갈망craving과 유사할 수 있다. 854명의 물질남용자와 병적 도박자들에 대한 한 연구는 물질남용자들이 약물 갈망에 저항하는 것보다 병적 도박자들이 도박 충동에 저항하는 데 더 많은 어려움을 겪음을 시사하였다(Castellani & Rugle, 1995). 병적 도박자의 약 1/3이 도박 기간 이후 금단증상과 유사한 특성인 흥분하기 쉬움, 정신운동성 초조, 주의집중 곤란, 기타 신체적 문제 등을 경험한다(Dickerson, 1989; Wray et al., 1981).

병적 도박자는 자신이 원하는 흥분 수준에 도달하기 위해 종종 베팅의 빈도나 돈의 액수를 늘리곤 한다. 이런 행동은 약물 내성을 연상하게 한다. 병적 도박자는 도박에서 비롯된 부정적인 가정적·직업적·재정적·사회적 결과에도 불구하고(Bland et al., 1993), 도박 관련 활동에 몰두하게 될 수 있다(Lesieur, 1979).

병적 도박을 비약물 중독으로 분류하는 것에 대한 또 다른 지지는 병적 도박과 물질사용장애, 특히 알코올 남용 및 의존과의 높은 공병률이다. 병적 도박자들 중 물질남용은 10~52%로 추정되며, 니코틴이 포함되면 85%에 이르는 것으로 추정된다(Daghestani et al., 1986; Haberman, 1969; Lesieur & Heineman, 1988; Lesieur et al., 1986; Linden et al., 1986; McCormick et al., 1984; Spunt et al., 1995; Volberg, 1996). 역으로, 물질남용자는 9~33%에 달하는 높은 비율의 병적 도박을 보인다(Daghestani et al., 1996; Haberman, 1969; Lesieur et al., 1986; Spunt et al., 1995; Volberg, 1996). 이러한 연합은 공통의 병인론적 기제에 의한 것이거나 도박 현장에서 흔한 물질의 존재와 물질사용에 의한 것일 수 있다.

예비 분자유전학 연구들은 병적 도박과 물질사용장애 사이의 공통 요인을 시사한다. 구체적으로, 도파민 D_2 수용기 유전자DRD2의 다형체와 모노아민 산화효소 A 유전자MAOA, 세로토닌 전달 유전자SLC6A4 사이의 연합이 병적 도박자와 물질남용자에서 유사하게 보고되었다(Blum et al., 1995; Comings et al., 1996; Ibanez et al., 2000; Perez de Castro et al., 1999). 물질남용에서 도파민과 세로토닌 경로의 역할이 널리 수용되고 있지만, 병적 도박에서 도파민의 역할에 대한 자료는 제한적이다(제9장 '병적 도박에 대한 생물학적 기반의 이해' 참조).

신경심리검사는 병적 도박의 물질사용모형을 지지한다. 병적 도박자는 목표 지향적인 프로그램의 유지와 관련된 고차적 주의 능력과 계획 세우기, 순차적으로 처리하기, 그리고 산만한 자극들에 억제적 통제 유지하기 등에서의 결함을 가지고 있다(Rugle & Melamed, 1993). 이러한 결함은 물질남용자에게서 발견되는 것과 유사하다(Rosselli & Ardila, 1996).

병적 도박과 물질사용장애의 연관성은 성이나 공존병리, 성격 차원과 같은 다른 요인들에 의해 매개될 수 있다. 역학 연구는 병적 도박자의 약 2/3가 남성임을 보여 준다. 이와 비슷하게 물질남용도 남성에게서 더 흔한데, 이는 성차에 따른 유병률의 패턴이 두 장애에서 유사함을 나타낸다(Cunningham-Williams et al., 1998; Volberg, 1994; Warner et al., 1995).

자료는 주의력결핍 과잉행동장애ADHD가 병적 도박과 물질사용장애 둘 다와 관련 있음을 제안한다(Carton & Manowitz, 1988; Carlton et al., 1987; Specker et al., 1995). ADHD가 있는 사람은 물질사용장애로 진행될 위험성이 높은 것으로 보인다(Biederman et al., 1995; Mannuzza et al., 1993).

병적 도박자는 충동성에서 상승된 점수를 보이며, 이러한 충동성은 도박 심각도와 관련이 있다(Blaszczynski et al., 1997; Carlton & Manowitz, 1994; Castellani & Rugle, 1995; Steel & Blaszczynski, 1998). 이와 유사하게, 충동성 수준과 물질남용이나 물질남용 위험성 간에 상관관계가 발견되었다(Allen et al., 1998). 물질사용장애와 병적 도박, 두 행동 모두에 충동성이 내재되어 있다. 연구들은 도박문제가 없는 물질남용자보다 도박문제가 있는 물질남용자가 더 충동적이며(보상에 대한 빠르고 일시적인 평가절하로 측정된)(Petry & Casarella, 1999), 물질사용장애를 동반하든 아니든 병적 도박자가 높은 비율로 보상을 평가절하함을 시사한다(Petry, 2001).

병적 도박과 물질남용 간의 유사성이 치료 연구에서도 시사된다. 아편과 알코올 의존 치료제로 미국 식품의약품국FDA의 승인을 받은 날트렉손naltrexon이 병적 도박 치료에서 예비적 효과성을 입증받았다(제13장 '약물치료' 참조). 병적 도박의 치료(제13장 참조)와 물질사용장애 치료에서 선택적 세로토닌 재흡수억제제SSRI의 사용에 대해서는 혼재된 결과가 나타났다(Angelone et al., 1998; Cornelius et al., 1997; Kabel & Petry, 1996; Kranzler et al., 1995).

자료들은 병적 도박자가 자조 프로그램(예: 알코올 자조모임이나 마약 자조모임)에 참여하는 물질사용장애가 있는 사람들처럼 12단계 프로그램(예: 단도박 모임)에 참여하여 유사한 반응을 나타낼 수 있음을 보여 준다(Potenza et al., 2001). 병적 도박자를 위한 인지행동치료는 물질사용장애에서 재발 방지를 위해 사용되는 치료와 유사한데, 통제된 치료 연구에서 예비적 효과성이 입증되었다(제12장 '인지행동치료' 참조). 물질남용과 병적 도박은 치료 후 재발이 흔하기 때문에, 인지행동치료 접근은 종종 재발 방지 모형에 의존한다. 즉, 중독행위로 이끄는 단서들을 인식하고 이를 회피하도록 하며, 금욕을 달성하고 유지하도록 하는 대안적 대처전략을 세우도록 돕는다(Marlatt & Cordon, 1985).

요약하면, 현상학과 역학에서 나온 자료들은 병적 도박과 물질남용 간의 연결성을 강력하게 시사한다(〈표 4-1〉 참조). 하지만 이러한 자료가 관계의 본질에 관한 정보를 제공하지는 못한다.

앞으로의 연구, 특히 유전학과 신경심리학, 치료반응 영역에서의 연구들은 병적 도박과 물질사용장애를 연결하는 정확한 기제에 대한 이해를 향상시키도록 해 줄 것이다.

강박장애 스펙트럼

병적 도박에 대한 대안적 개념화는 강박장애 스펙트럼이다(〈표 4-1〉 참조). 강박장애 스펙트럼은 병적 도박과 현상학적 · 유전학적 특성 및 기타 생물학적 특성(Stein, 2000)을 공유할 수 있다. 강박장애 스펙트럼 환자는 불쾌한 감정과 생리적 활성화를 경험하고, 이에 따른 불쾌한 감정에서 벗어나기 위해 특정 행동을 수행하고자 하는 강렬한 욕망을 갖게 된다(Cartwright et al., 1998; Hantouche & Merckaert, 1991; Hollander et al., 1996). 병적 도박의 반복적인 도박과 반복적인 도박 관련 사고는 다른 강박장애 스펙트럼에서 발견되는 특징들과 일치한다. 자료들은, 도박 사고에 저항하는 능력의 감소로 과도한 도박을 하게 되는데, 특히 병적 도박의 심각한 단계에서 그러하다는 것을 시사한다(Lesieur, 1979).

다른 자료들은 병적 도박이 강박장애 스펙트럼으로 분류되는 것을 뒷받침하지 않는다. 도박 관련 사고가 병적 도박자에게 종종 자아 동조적ego-syntonic인 반면, 강박장애에서 나타나는 강박사고와 강박행동은 일반적으로 자아 이질적ego-dystonic이다. 강박장애 환자들은 흔히 과도한 의심을 경험하는데, 이는 병적 도박자들의 특징과는 다른 것이다(American Psychiatric Association, 2000; Hollander et al., 1996; Lesieur & Custer, 1984; Rasmussen & Eisen, 1992). 강박장애의 강박행동은 지나친 위험 회피, 위험에 대한 혐오 그리고 예기불안이 특징적이다(Rasmussen & Eisen, 1992). 병적 도박자는 이러한 특징을 보이지 않는다(Kim & Grant, 2001; Lesieur & Custer, 1984).

강박장애와 병적 도박의 공존병리를 조사한 역학 연구들은 혼재된 결과를 보여 주는데, 어떤 연구들은 관련성을 관찰하였고(Bland et al., 1993), 다른 연구들은 그렇지 않았다(Cunningham-Williams et al., 1998). 병적 도박자들의 작은 표본에서 20%가 강박장애의 진단기준을 충족하였지만, 그들 중 절반 이상은 알코올 남용이나 양극성 장애의 추가적 진단기준을 만족하여서 결과의 해석이 복잡해졌다(Linden et al., 1986). 최근 한 연구에서 80명의 강박장애 환자 중 현재나 과거에 병적 도박이 있었던 피험자는 아무도 없었고, 강박장애 환자들의 343명 직계가족 집단에서 병적 도박이 있는 피험자는 오직 1명뿐임을 발견하였다(Bienvenu et al., 2000). 이와 비슷하게, 700명 이상의 강박장애 환자에 대한 한 연구에서 병적 도박이 증가한 비율을 발견하지 못했다(Hollander et al., 1997).

강박장애에서 자주 보이는 위험 회피는 병적 도박의 위험 추구 행동 특성과 대조를 이룬다. 하지만 강박행동과 충동성은 상호 배타적인 것이 아니다(Stein, 2000; Stein & Hollander, 1993). 아직까지 강박장애 환자들의 충동성에 대한 조사는 확정적이지 않다.

한 연구에서는 강박장애 환자 집단과 통제 피험자 집단 간의 충동성 점수에서 유의한 차이가 없음을 발견하였다(Stein et al., 1994). 이와 대조적으로, 빈약한 충동조절 과거력을 가진 강박장애 환자들과 충동적이지 않은 강박장애 환자들을 비교한 연구에서 충동적인 강박장애 환자들이 충동성에서 유의하게 더 높은 점수를 얻었음을 확인하였는데(Hoehn-Saric & Barksdale, 1983), 이는 강박장애 환자의 일부 하위 집단이 높은 충동성을 가지고 있을지도 모른다는 것을 시사한다.

파두아 질문지Padua Inventory를 사용한 한 연구는 병적 도박자들이 사교성 도박자들보다 강박장애 측정치에서 유의하게 더 높은 점수를 얻었음을 보고하였다. 하지만 병적 도박자의 '강박사고' 특성은 두 가지 요인, 즉 '정신활동에 대한 통제 손상' 과 '충동과 행동 통제 상실에 대한 걱정' 에서의 높은 점수에 기인하였다(Blaszczynski, 1999). 도박에 대한 통제 상실이 병적 도박을 정의하는 것이기 때문에, 이러한 두 요인이 병적 도박자들의 강박적 특성을 반영하는지 혹은 현실에 대한 적절한 평가인지는 의문의 여지가 있다.

병적 도박이나 강박장애 중 하나에 해당되는 피험자 집단에게 세 가지 성격차원(새로운 자극 추구, 보상 의존, 위험 회피)을 평가하는 삼차원 성격 질문지Tridimensional Personality Questionnaire 조사를 실시하였다(Kim & Grant, 2001). 병적 도박이 있는 피험자들이 강박장애를 가진 피험자들보다 새로운 자극 추구, 충동성 및 무절제 성향이 더 크고, 예기불안과 불확실성에 대한 두려움, 위험 회피는 더 적은 것으로 나타났다.

치료와 관련하여, SSRI 약물이 강박장애에 효과적이라는(Pigott & Seay, 1999) 예비 증거는 이 약물이 병적 도박을 치료하는 데에도 효과가 있음을 제안한다. 인지행동치료는 강박장애에 있어 확립된 치료이며, 병적 도박에 대해서도 새롭게 주목받고 있는 치료법이다(제12장 '인지행동치료' 참조). 각 장애에 사용되는 인지행동치료의 유형은 약간의 차이가 있다. 강박장애에 사용되는 인지행동치료는 노출과 반응 방지 모형에 기반을 두고 있다(Foa et al., 1998). 병적 도박을 위한 기존의 인지행동치료는 인지적 요소를 강조하거나(Sylvain et al., 1997), 약물사용장애 치료에서 사용되는 재발방지 전략들을 따르고 있다(Petry & Roll, 2001). 이와 같이, 병적 도박 치료를 위한 인지행동치료 프로토콜은 강박장애 치료에서 사용되는 것보다는 물질사용장애 치료에서 사용되는 것과 더 가깝게 닮아 있다.

정서장애

병적 도박을 위한 또 다른 대안적 개념화로 정서장애 스펙트럼이 있다(〈표 4-1〉 참조). 병적 도박자들이 보이는 76%에 이르는 평생 우울증의 높은 비율이 이 범주화를 지지한다(Cusack et al., 1993; Linden et al., 1986; McCormick et al., 1984; Sullivan et al., 1994). 많은 초기 연구에서는 표준화된 평가도구가 부족했지만, 병적 도박자들은 높은 점수의 우울을 보였다(Blaszczynski & McConaghy, 1988; McCormick et al., 1987; Saiz-Ruiz et al., 1992). 구조화된 면접을 사용한 최근 한 연구는 병적 도박에서 주요우울장애의 발생은 상대적으로 낮지만, 우울기분을 동반한 적응장애의 발생은 높은 것으로 보고했다(Ibáñez et al., 2001). 그러나 우울과 병적 도박 사이의 관련성이 인과성을 확립하지는 못하며, 반드시 공통의 병인을 시사하는 것도 아니다. 병적 도박과 관련된 기분 증상들이 도박의 부정적인 결과에서 비롯된 이차적 반응일 수도 있다(Moreno et al., 1995; Saiz-Ruiz & Lopez-Ibor, 1993; Saiz-Ruiz et al., 1992; Sullivan et al., 1994; Thorson et al., 1994).

병적 도박자에서 나타나는 높은 자살 시도 비율은 정서장애 스펙트럼으로 개념화하는 것을 지지한다(McCormick et al., 1984; Saiz-Ruiz & Lopez-Ibor, 1993). 치료를 받고자 하는 병적 도박자들에 대한 한 연구는 이들의 49%가 자살 사고나 자살 시도의 과거력이 있다고 보고하였다(Petry & Kiluk, 2002). 또 다른 연구는 167명의 병적 도박자 중 90%가 자살 사고를 경험하였음을 보고하였다(Sullivan et al., 1994). 이러한 자살 사고 비율이 치료를 받지 않는 병적 도박자들의 더 큰 모집단으로 일반화되는지의 여부는 알려져 있지 않다. 병적 도박자가 보이는 높은 비율의 자살 경향성이 반드시 우울증과 직접적으로 연결되지는 못하는데, 왜냐하면 우울증과 구별되는 다른 정신건강장애들(예: 정신분열증)도 높은 비율의 자살 경향성을 가지기 때문이다. 병적 도박과의 관련성이 자주 보고되는 높은 수준의 충동성이 우울증과 독립적으로 자살 경향성을 이끌어 낼 수 있다. 따라서 병적 도박과 자살 경향성, 충동성, 기분 사이의 관계를 명료화하기 위해 더 많은 연구가 필요하다.

병적 도박과 같은 충동장애는 양극성 장애 스펙트럼을 나타낼 수도 있다(McElroy et al., 1996). 이런 장애들은 잠재적으로 해롭지만 즐거운 행동들을 나타내며, 사전 고려 없이 행동하는 것과 관련 있다. 기분 변동이 병적 도박에서보다 양극성 장애 사례에서 더 뚜렷하게 나타나지만, 양극성 장애 환자와 비슷하게 병적 도박자도 기분 변동을 경험할 수 있다. 이러한 장애들은 일반적으로 초기 성인기에 시작되며 삽화적 경과를 보인다.

병적 도박을 정서장애 스펙트럼으로 개념화하는 것에 기반을 두고, 리튬lithium과 카바마제핀carbamazepine을 포함해서 정서장애 치료에 성공적인 것으로 알려진 약물을 개인 사례에 적용하여 성공한 예가 있다(Haller & Hinterhuber, 1994; Moskowitz, 1980). Pallanti와 동료 연구자들(2002)은 맹목설계blind design를 사용해서, 리튬과 밸프로에이트valproate가 양극성 장애가 없는 병적 도박자에게 효과적임을 발견하였다. 도박행동에 대한 효과가 이런 약들이 갖는 기분안정 속성에서 비롯된 것인지, 충동성에 대한 효과 때문인지, 아니면 어떤 다른 기제 때문인지에 대해서는 지금까지 알려진 것이 없다.

결론

이 장에서 우리는 병적 도박이 유사한 현상학과 병인론, 치료 반응성을 가진 동질적인 실체라는 관점을 채택하였다. 한 가지 대안적인 관점은 병적 도박을 다른 특성들을 공유하는 하위 유형으로 구분되는 이질적인 장애로 간주하는 것이다. 앞으로의 연구는 도박 장면과 활동의 선택, 도박의 동기, 도박을 하는 동안 기분 상태와 같은 현상학적 측면들을 평가해야 한다. 병적 도박의 과정과 다른 치료 반응들, 내재된 신경생물학적 차이에 관한 연구들이 병적 도박자의 하위 집단을 정의하고 예방과 치료 노력을 기울이는 데 도움이 될 것이다.

참고문헌

Allen, T. J., Moeller, F. G., Rhoades, H. M. et al. (1998). Impulsivity and history of drug dependence. Drug Alcohol Depend 50:137-145.

American Psychiatric Association. (1994). Diagnostic and Statistical Manual of Mental Disorders, 4th Edition. Washington, DC, American Psychiatric Association.

American Psychiatric Association. (2000). Diagnostic and Statistical Manual of Mental Disorders, 4th Edition, Text Revision. Washington, DC, American Psychiatric Association.

Angelone, S. M., Bellini, L., DiBella, D. et al. (1998). Effects of fluvoxamine and citalopram in maintaining abstinence in a sample of Italian detoxified alcoholics. Alcohol Alcohol 33:151-156.

Biederman, J., Wilens, T., Mick, E. et al. (1995). Psychoactive substance use disorders in adults with attention deficit hyperactivity disorder (ADHD): effects of ADHD and psychiatric comorbidity. Am J Psychiatry 152:1652-1658.

Bienvenu, O. J., Samuels, J. F., Riddle, M. A. et al. (2000). The relationship of obsessive-compulsive disorder to possible spectrum disorders: results from a family study. Biol Psychiatry 48:287-293.

Black, D. W., Moyer, T. (1998). Clinical features and psychiatric comorbidity of subjects with pathological gambling behavior. Psychiatr Serv 49:1434-1439.

Bland, R. C., Newman, S. C., Orn, H. et al. (1993). Epidemiology of pathological gambling in Edmonton. Can J Psychiatry 38:108-112.

Blaszczynski, A. P. (1999). Pathological gambling and obsessive-compulsive spectrum disorders. Psychol Rep 84:107-113.

Blaszczynski, A. P., McConaghy, N. (1988). SCL-90 assessed psychopathology in pathological gamblers. Psychol Rep 62:547-552.

Blaszczynski, A. P., Steel, Z., McConaghy, N. (1997). Impulsivity in pathological gambling: the antisocial impulsivist. Addiction 92:75-87.

Blum, K., Sheridan, P. J., Wood, R. C. et al. (1995). Dopamine D2 receptor gene variants: association and linkage studies in impulsive-addictive-compulsive behaviour. Pharmacogenetics 5:121-141.

Carlton, P. L., Manowitz, P. (1988). Physiological factors as determinants of pathological gambling. Journal of Gambling Behavior 3:274-285.

Carlton, P. L., Manowitz, P. (1994). Factors determining the severity of pathological gambling in males. J Gambl Stud 10:147-157.

Carlton, P. L., Manowitz, P., McBride, H. et al. (1987). Attention deficit disorder and pathological gambling. J Clin Psychiatry 48:487-488.

Cartwright, C., DeCaria, C., Hollander, E. (1998). Pathological gambling: a clinical review. Practical Psychiatry and Behavioral Health 4:277-286.

Castellani, B., Rugle, L. (1995). A comparison of pathological gamblers to alcoholics and cocaine misusers on impulsivity, sensation seeking, and craving. Int J Addict 30:275-289.

Comings, D. E., Rosenthal, R. J., Lesieur, H. R. et al. (1996). A study of the dopamine D2 receptor gene in pathological gambling. Pharmacogenetics 6:223-234.

Cornelius, J. R., Salloum, I. M., Ehler, J. G. et al. (1997). Double-blind fluo xetine in depressed alcoholic smokers. Psychopharmacol Bull 33:165-170.

Cunningham-Williams, R. M., Cottler, L. B., Compton, W. M. III. et al. (1998). Taking chances: problem gamblers and mental health disorders—results from the St. Louis Epidemiologic Catchment Area

Study. Am J Public Health 88:1093-1096.

Cusack, J. R., Malaney, K. R., Depry, D. L. (1993). Insights about pathological gamblers: "chasing losses" in spite of the consequences. Postgrad Med 93:169-176.

Daghestani, A. N., Elenz, E., Crayton, J. W. (1996). Pathological gambling in hospitalized substance abusing veterans. J Clin Psychiatry 57:360-363.

Dickerson, M. G. (1989). Gambling: a dependence without a drug. Int Rev Psychiatry 1:152-172.

Foa, E. B., Franklin, M. E., Kozak, M. J. (1998). Psychosocial treatments for obsessive-compulsive disorder: literature review, in Obsessive-Compulsive Disorder: Theory, Research and Treatment. Edited by Swinson, R. P., Antony, M. M., Rachman, S. et al. New York, Guilford, pp. 258-276.

Grant, J. E., Kim, S. W. (2003). Comorbidity of impulse control disorders in pathological gamblers. Acta Psychiatr Scand 108:203-207.

Haberman, P. W. (1969). Drinking and other self-indulgences: complements or counter-attractions? Int J Addict 4:157-167.

Haller, R., Hinterhuber, H. (1994). Treatment of pathological gambling with carbamazepine (case reports). Pharmacopsychiatry 27:129.

Hantouche, E., Merckaert, P. (1991). Nosological classifications of obsessive-compulsive disorder (French). Ann Med Psychol (Paris) 149:393-408.

Hoehn-Saric, R., Barksdale, V. C. (1983). Impulsiveness in obsessive-compulsive patients. Br J Psychiatry 143:177-182.

Hollander, E., Skodol, A., Oldham, J. (Eds.). (1996). Impulsivity and Compulsivity. Washington, DC, American Psychiatric Press.

Hollander, E., Stein, D. J., Kwon, J. H. et al. (1997). Psychosocial function and economic costs of obsessive-compulsive disorder. CNS Spectr 2:16-25.

Ibáñez, A., de Castro, I. P., Fernandez-Piqueras, J. et al. (2000). Pathological gambling and DNA polymorphic markers at MAO-A and MAO-B genes. Mol Psychiatry 5:105-109.

Ibáñez, A., Blanco, C., Donahue, E. et al. (2001). Psychiatric comorbidity in pathological gamblers seeking treatment. Am J Psychiatry 158:1733-1735.

Kabel, D. I., Petty, F. (1996). A placebo-controlled, double-blind study of fluoxetine in severe alcohol dependence: adjunctive pharmacotherapy during and after inpatient treatment. Alcohol Clin Exp Res 20:780-784.

Kim, S. W., Grant, J. E. (2001). Personality dimensions in pathological gambling and obsessive-compulsive disorders. Psychiatry Res 104:205-212.

Kranzler, H. R., Burleson, J. A., Korner, P. et al. (1995). Placebo-controlled trial of fluoxetine as an adjunct to relapse prevention in alcoholics. Am J Psychiatry 152:391-397.

Lesieur, H. R. (1979). The compulsive gambler's spiral of options and involvement. Psychiatry 42:79-87.

Lesieur, H. R., Custer, R. L. (1984). Pathological gambling: roots, phases and treatment. Ann Am Acad Pol Soc Sci 474:146-156.

Lesieur, H. R., Heineman, M. (1988). Pathological gambling among youthful multiple substance abusers in a therapeutic community. Br J Addict 83:765-771.

Lesieur, H. R., Blume, S. B., Zoppa, R. M. (1986). Alcoholism, drug abuse, and gambling. Alcohol Clin Exp Res 10:33-38.

Linden, R. D., Pope, H. G. Jr., Jonas, J. M. (1986). Pathological gambling and major affective disorder: preliminary findings. J Clin Psychiatry 47:201-203.

Mannuzza, S., Klein, R. G., Bessler, A. et al. (1993). Adult outcome of hyperactive boys: educational achievement, occupational rank, and psychiatric status. Arch Gen Psychiatry 50:565-576.

Marlatt, G. A., Gordon, J. R. (Eds.). (1985). Relapse Prevention: Maintenance Strategies in the Treatment of Addictive Behaviors. New York, Guilford.

McCormick, R. A., Russo, A. M., Ramirez, L. F. et al. (1984). Affective disorders among pathological gamblers seeking treatment. Am J Psychiatry 141:215-218.

McCormick, R. A., Taber, J. I., Kruedelbach, N. et al. (1987). Personality profiles of hospitalized pathological gamblers: the California Personality Inventory. J Clin Psychol 43:521-527.

McElroy, S. L., Pope H. G. Jr., Keck, P. E. Jr. et al. (1996). Are impulse-control disorders related to bipolar disorder? Compr Psychiatry 37:229-240.

Moreno, I., Saiz-Ruiz, J., Lopez-Ibor, J. J. et al. (1995). Ludopatia: un trastorno del animo? Anales de Psiquiatria 11:35-67.

Moskowitz, J. A. (1980). Lithium and lady luck: use of lithium carbonate in compulsive gambling. N Y State J Med 80:785-788.

Pallanti, S., Baldini Rossi, N., Sood, E. et al. (2002). Nefazodone treatment of pathological gambling: a prospective open-label controlled trail. J Clin Psychiatry 63:1034-1039.

Perez de Castro, I., Ibáñez, A., Saiz-Ruiz, J. et al. (1999). Genetic contribution to pathological gambling: possible association between a functional DNA polymorphism at the serotonin transporter gene (5-HTT) and affected men. Pharmacogenetics 9:397-400.

Petry, N. M. (2001). Pathological gamblers, with and without substance use disorders, discount delayed rewards at high rates. J Abnorm Psychol 110:482-487.

Petry, N. M., Casarella, T. (1999). Excessive discounting of delayed rewards in substance abusers with gambling problems. Drug Alcohol Depend 56:25-32.

Petry, N. M., Kiluk, B. D. (2002). Suicidal ideation and suicide attempts in treatment-seeking pathological gamblers. J Nerv Ment Dis 190:462-469.

Petry, N. M., Roll, J. M. (2001). A behavioral approach to understanding and treating pathological gambling. Semin Clin Neuropsychiatry 6:177-183.

Pigott, T. A., Seay, S. M. (1999). A review of the efficacy of selective serotonin reuptake inhibitors in obsessive-compulsive disorder. J Clin Psychiatry 60:101-106.

Potenza, M. N., Kosten, T. R., Rounsaville, B. J. (2001). Pathological gambling. JAMA 286:141-144.

Rasmussen, S. A., Eisen, J. L. (1992). The epidemiology and differential diagnosis of obsessive compulsive disorder. J Clin Psychiatry 53 (suppl): 4-10.

Rosselli, M., Ardila, A. (1996). Cognitive effects of cocaine and polydrug abuse. J Clin Exp Neuropsychol 18:122-135.

Rugle, L., Melamed, L. (1993). Neuropsychological assessment of attention problem in patholgical gamblers. J Nerv Ment Dis 181:107-112.

Saiz-Ruiz, J., Lopez-Ibor, J. J. (1993). Gambling dependence: a severe form of self-destructive behavior. Paper presented at the 9th World Congress of Psychiatry, Vienna, June 6-12.

Saiz-Ruiz, J., Moreno, I., Lopez-Ibor, J. J. (1992). Pathological gambling: a clinical and therapeutic-evolutive study of a group of pathologic gamblers (Spanish). Actas Luso Esp Neurol Psiquiatr Cienc Afines 20:189-197.

Specker, S. M., Carlson, G. A., Christenson, G. A. et al. (1995). Impulse control disorders and attention deficit disorder in pathological gamblers. Ann Clin Psychiatry 7:175-179.

Spunt, B., Lesieur, H., Hunt, D. et al. (1995). Gambling among methadone patients. Int J Addict 30:929-962.

Steel, Z., Blaszczynski, A. (1998). Impulsivity, personality disorders and pathological gambling severity. Addiction 93:895-905.

Stein, D. J. (2000). Neurobiology of the obsessive-compulsive spectrum disorders. Biol Psychiatry 47:296-304.

Stein, D. J., Hollander, E. (1993). Impulsive aggression and obsessive-compulsive disorder. Psychiatr Ann 23:389-395.

Stein, D. J., Hollander, E., Simeon, D. et al. (1994). Impulsivity scores in patients with obsessive-compulsive disorder. J Nerv Ment Dis 182:240-241.

Sullivan, S., Abbott, M., McAvoy, B. et al. (1994). Pathological gamblers: will they use a new telephone hotline? N Z Med J 107:313-315.

Sylvain, C., Ladouceur, R., Boisvert, J. M. (1997). Cognitive and behavioral treatment of pathological gambling: a controlled study. J Consult Clin Psychol 65:727-732.

Thorson, J. A., Powell, F. C., Hilt, M. (1994). Epidemiology of gambling and depression in an adult sample. Psychol Rep 74:987-994.

Volberg, R. A. (1994). The prevalence and demographics of pathological gamblers: implications for public health. Am J Public Health 84:237-241.

Volberg, R. A. (1996). Gambling and Problem Gambling in New York: A 10-Year Replication Survey, 1986 to 1996. Albany, NY, New York Council on Problem Gambling.

Warner, L. A., Kessler, R. C., Hughes, M. et al. (1995). Prevalence and correlates of drug use and dependence in the United States. Arch Gen Psychiatry 52:219-229.

Word Health Organization. (1992). International Statistical Classification of

Diseases and Related Health Problems, 10th Revision. Geneva, World Health Organization.

Wray, I., Phil, M., Dickerson, M. G. (1981). Cessation of high frequency gambling and "withdrawal" symptoms. Br J Addict 76:401-405.

05 청소년과 젊은 성인

Randy Stinchfield, Ph.D., L.P.
Ken C. Winters, Ph.D.

청소년의 도박을 이해하려면, 먼저 청소년 도박이 발생하는 맥락을 고려하는 것이 중요하다. 합법적인 도박이 전례 없이 성장하였고, 그에 수반하여 도박에 대한 일반인의 정서도 변화하였다. 도박에 대한 여론은 다양하지만, 일반적으로 도박에 대한 부정적인 정서가 인내와 수용 중 하나로 변화되었다. 대중에게 도박의 이미지는 불법적인 악에서 성인을 위한 합법적이고 사회적으로 수용될 수 있는 레저 활동으로 변형되었다. 이러한 변화가 청소년 모집단에게 미치는 영향은 현재 중요한 연구 주제다.

유병률 연구

청소년 도박 유병률에 대한 최근 3가지 고찰 연구는, 대부분의 청소년이 도박을 한 적이 있지만, 대다수는 도박에 의한 부작용이나 문제를 경험하지 않는다고 결론지었다(Jacobs, 2000; National Research Council, 1999; Shaffer et al., 1997). 하지만 소수의 청소년은 심각한 도박 문제를 보이며 병적 도박의 준거를 충족한다. 청소년의 3.2~8.4%는 심각한 도박 문제(전년도 추정치)를 가질 수 있다(Shaffer et al., 1997). 국립연구회의(1999)는 청소년의 52~89%가 전년도에 도박을 한 적이 있다고 보고하였다. 또한 국립연구회의는 청소년 중 병적 도박의 전년도 유병률 추정치가 6.1%(0.3~9.5% 범위)이고 병적 도박과 문제성 도박을 합하면 20%라고 보고하였다. 1984년부터 1999년 사이에는 청소년의 도박이 크게 증가하였는데, 도박문제를 보고한 청소년의 비율 증가도 이와 비슷하다(Jacobs, 2000). 이러한 청소년 도박의 증가는 도박 산업, 특히 복권의 성장에 의한 것이며, 도박에 대한 사회적 수용과 광고 증가 때문인 것으로 보인다. 특히 복권이 청소년 도박 증가의 범인이라고 할 수 있는데, 왜냐하면 복권은 주정부에 의해 운영되고, 일반 대중에게 광고를 많이 하며, 무엇보다 청소년이 구매하기 쉽기 때문이다(Jacobs, 2000). 또한 유병률 연구는 청소년이 법적인 나이—합법적인 도박 형태로 선호가 바뀌는 시기—에 이를 때까지 비공식적으로 도박을 하는 경향이 있음을 보여 준다. 즉, 이들은 개인적인 기술로 하는 게임이나 스포츠 팀 또는 카드에 베팅을 한다. 청소년이 합법화된 도박을 이용할 수 있거나 법적 나이의 규제가 없어지면, 청소년이 합법화된 도박에 참여할 확률이 더 높다(Wynne et al., 1996).

청소년 집단과 성인 집단에게 사용한 측정도구와 정의의 차이 때문에 청소년 병적 도박의 비율을 직접적으로 성인의 비율과 비교할 수 없음을 보고서도 인정하지만, 국립연구회의(1999)는 청소년의 병적 도박 비율이 성인 경우의 3배 이상일 수 있다고 보고하였다. 청소년 연구 내에서도 연구 간 측정도구와 정의, 절단점수의 차이 때문에 결과들을 직접 비교하는 것은 어렵다.

최근 북아메리카 청소년 도박 조사가 앨버타 주, 루이지애나 주, 뉴욕 주, 오리건 주에서 수행되었고, 미국 전역에 대한 조사 또한 실시되었다. 1995년에 실시된 앨버타 조사(Wynne et al., 1996)는 사우스 오크 도박 척도SOGS를 사용하였다(Lesieur & Blume, 1987). 이 연구는 12~17세의 972명의 청소년을 대상으로 한 전화조사였다. 651명의 청소년(표본의 67%)이 도박을 하였고, 8%가 문제성 도박자인 것으로 밝혀졌으며(SOGS를 사용하였고 절단점수는 5점 이상 적용), 15%가 도박 문제로 발전할 위험에 처해 있는 것(SOGS 점수 3점 또는 4점)으로 나타났다. 이 연구는 '문제성 도박을 보이는 사회적 집단', 즉 주된 여가활동으로 도박을 하는 청소년 남자 집단이 있음을 보고하였다.

이 연구는 앨버타 주의 성인과 비교했을 때, 청소년에게서 더 높은 비율의 문제성 도박이 보고되었음을 발견하였다(Wynne et al., 1994; Wynne Resources, 1998). 청소년은 성인보다 문제성 도박자가 될 위험성이나 문제성 도박자가 되는 비율이 4배 이상이었다(청소년 중 23% 대 성인 중 5%). 연구자들은 앨버타 주 청소년에서 특히 높은 문제성 도박 추정치에 대한 가능한 설명을 다음과 같이 하였다. 첫째, 앨버타 주는 인가받은 도박 형태를 더 많이 가지고 있고, 캐나다 지역과 미국보다 도박을 더 늦게까지 한다. 둘째, 도박 업체들이 일반적으로 나이의 입증을 요구하지 않는다. 셋째, 도박 광고의 메시지는 도박이 해가 없는 놀이임을 암시한다. 넷째, 많은 청소년 프로그램이 청소년이 티켓을 사고파는 도박 사업(예: 빙고와 복권)에서 자금을 조달한다. 다섯째, 앨버타 주의 지역사회는 대체로 청소년 도박에 대해 걱정을 하지 않는 것처럼 보인다. 조사를 실시한 연구자들은 이런 비율을 액면 그대로 받아들이고 있지만, 그 비율은 타인에 의해 보고되었기 때문에 과도한 보고와 같은 반응 편향을 반영할 수도 있다(예: Ladouceur et al., 2000).

1996~1997학년도 루이지애나 주 6~12학년의 12,066명 학생을 대상으로 한 도박행동 조사에서 표본의 86%가 이제까지 도박을 한 경험이 있는 것으로 나타났다(Westphal et al., 2000). 하지만 대다수는 드물게, 한 달에 한 번이나 더 적게 도박을 하였다. 도박을 자주 하는 것(예: 일주일에 한 번이나 그 이상)에 대한 결과는 다음과 같았다. 즉 16.5%가 즉석 스크래치 복권으로 도박을 하였고, 12.5%는 스포츠 경기에 내기를 하였고, 10.5%는 카드에 내기를 하였고, 10%는 개인 기술 게임에 돈을 걸었으며, 9%는 숫자를 선택하는

복권 도박을 하였다. 문제성 도박은 청소년을 위한 SOGS 개정판 SOGS-RA으로 측정되었으며(Winters et al., 1993b), 절단점수는 4점으로 하고 유병률 추정치는 6%로 보고되었다.

1997년도에 실시된 13~17세 뉴욕 주 청소년 1,103명을 대상으로 한 전화조사는 75%가 전년도에 도박을 한 적이 있으며 15%는 매주 한 번이나 그 이상 도박을 한 것으로 나타났다(Volberg, 1998). 남자 청소년과 여자 청소년 사이에 차이가 있었다. 남자 청소년의 80%와 여자 청소년의 70%가 전년도에 도박을 한 적이 있었으며, 남자 청소년의 23%와 여자 청소년의 7%가 전년도에 매주 한 번이나 그 이상 도박을 했다. 복권 도박은 나이와 관련이 있었는데, 13세의 20%와 17세의 36%가 전년도에 복권으로 도박을 하였다. 단지 26명의 응답자(표본의 2%)만이 전년도에 카지노에서 도박을 한 적이 있었다. 문제성 도박의 비율은 2.4%였다.

Carlson과 Moore(1998)는 1998년에 오리건 주에서 13~17세 1,000명의 청소년을 대상으로 전화 면담을 통해 조사를 하였는데, 66%가 전년도에 돈 때문에 도박을 했다고 하였다. 문제성 도박을 측정하기 위해 조사 응답자들에게 SOGS-RA를 실시하였으며, 4.1%가 4점 이상을 받았고 도박 문제가 있는 것으로 분류되었다.

Wiebe(1999)는 조사를 위해 캐나다의 매니토바 주에서 1,000명의 청소년을 모집했다. 이 연구는 SOGS-RA를 사용해서 문제성 도박을 측정하였는데, 표본의 78%가 전년도에 도박을 한 적이 있고 3%가 문제성 도박(예: SOGS-RA에서 4점 이상)임을 발견하였다. 이 조사는 청소년에게 인터넷 도박에 대해 질문한 몇 안 되는 연구 중 하나다. 청소년들은 컴퓨터를 손쉽게 다루고 인터넷에는 어느 정도 익명성이 있기 때문에(예: 나이 어린 사용자가 성인 행세를 할 수 있음) 청소년이 인터넷 도박에 참여하게 될 수 있다는 상당한 우려가 있다. 하지만 이 연구는 청소년이 여러 종류의 도박 중에서 인터넷 도박에 가장 적게 참여하였음을 보여 주었다. 이는 아마도 많은 청소년이 인터넷 도박에 필수요건인 신용카드를 가지고 있지 않기 때문일 수 있다.

534명의 16~17세 청소년을 대상으로 한 미국전국조사가 1998년에 국립여론연구센터NORC에 의해서 무선 전화조사로 수행되었다(National Opinion Research Center, 1999). NORC는 DSM-IV (American Psychiatric Association, 1994)의 진단기준을 사용하여 문제성 도박과 병적 도박을 측정하였다. NORC는 67%가 도박을 한 적이 있으며, 3%가 문제성 도박자 혹은 병적 도박자로 분류됨을 확인하였다(예: DSM-IV의 진단준거 중 3개 혹은 그 이상에 해당됨). 불행하게도 NORC는 작은 표본 때문에 병적 도박자의 숫자를 따로 보고하지 않았다. 이 연구의 결과를 해석할 때 알고 있어야 할 두 가지의 방법론적인 고려 사항이 있다. 첫째, 이 연구는 전형적인 스크리닝 문항 세트가 아니라 개선된 측정 도구, 즉 DSM-IV 진단 준거를 사용하였다. 둘째, 이 연구는 전국조사를 하기 위한 것이었지만, 표본 크기 500명은 거의 모든 주 조사나 지역 조사보다도 작다.

시간 경과에 따른 청소년 도박의 변화에 대한 정보를 제공해 준 4개의 연구가 있다. 첫 번째 연구는 종단 설계로, 702명의 미네소타 주 청소년들을 1990년(미네소타 주 복권이 시작된 해)에 전화로 조사하고 원래 표본 중 532명의 참여자들(76% 반응률)을 1년 후에 재조사하였다(Winters et al., 1995). 연구자들은 전체 도박과 문제성 도박의 비율이 이 표본에서 달라지지 않았다고 보고하였다. 그 대신 도박의 패턴이 달라졌는데, 비공식적인 베팅에서 합법적인 도박으로 변화되었고, 특히 추수 기간 동안 도박을 할 수 있는 합법적인 나이(만 18세)에 도달한 청소년 중에서 그러했다.

두 번째 연구는 텍사스 주에서 수행된 것인데, 텍사스 주 청소년이라는 같은 전체 모집단에서 두 개의 다른 표본을 선택하여 다른 해에 전화조사를 실시한 것이다(Wallisch, 1993, 1996). 이 조사는 먼저 1992년에 924명의 청소년에게 실시되었고, 이후 1995년에 새로운 표본인 3,079명의 청소년들에게 실시되었다. Wallisch는 1992년부터 1995년 동안 도박 비율이 상대적으로 안정적으로 유지됨을 발견하였는데, 전년도 도박 비율이 67%로 유지되었고 주 1회 도박이 1992년 14%에서 1995년 11%로 약간 떨어졌다. 문제성 도박의 비율 또한 1992년 5%에서 1995년 2.3%로 감소하였다.

세 번째 연구는 Volberg와 Moore(1999)에 의해 워싱턴 주에서 실시되었다. 이 연구는 1,045명의 워싱턴 주 청소년을 대상으로 한 1993년 전화조사와 1999년에 1,000명의 청소년을 대상으로 실시된 두 번째 전화조사를 비교한 것이다. 이 조사는 13~17세의 워싱턴 주 청소년 모집단에서 무선적으로 선발된 두 개의 다른 표본을 대상으로 실시되었다. 연구자들은 비도박자가 16.7%에서 22.4%로 증가하였고, 주 1회 도박자는 9.6%에서 7.7%로 줄어든 것을 발견하였다. 문제성 도박의 유병률은 두 조사에서 모두 1%로 안정적이었다.

네 번째 연구에서, 3년치의 미네소타 주 학생조사 자료—1992년과 1995년, 1998년에 미네소타 주 공립학교 9학년과 12학년 거의 전체 학생 모집단에서 수집된—가 분석되었다(Stinchfield, 2001). 1992년 표본에는 총 122,700명의 6, 9, 12학년 공립학교 학생들이 포함되었다. 1995년과 1998년 조사에서 6학년에게 도박 문항들을 실시하지 않았는데, 6학년 학생들에게는 간단한 조사로 충분했기 때문이다. 1995년 표본에는 총 75,900명의 9학년과 12학년 학생들이 포함되었고, 1998년 표본에는 총 78,582명의 9학년과 12학년 학생들이 포함되었다. 5개의 도박활동 문항과 2개의 도박문제 문항이 있었다. 3세트의 미네소타 연구로 시간 경과에 따른 변화에 대해 두 가지의 다른 결과를 얻을 수 있었다. 첫째, 같은 반이나 청소년 코호트가 성숙해짐에 따라 어떻게 달라지는지를 연구할 수 있었다. 이 연구는 남자 청소년이 여자 청소년보다 더 자주 도박에 참여하고, 그 비율은 나이가 많아짐에 따라 증가함을 보여 주었다. 둘째, 12학년 남녀 청소년, 그리고 9학년 남자 청소년 중에서 매주 도박자와 매일 도박자의 비율이 1998년에 증가하였다.

요약하면, 청소년 중에서 도박의 빈도는 대체로 안정된 것으로 보이며, 일부 연구에 따르면 도박 빈도가 청소년 전체 모집단에서 감소하고 있는 것으로 나타났다. 하지만, 만 18세에 이른 청소년 중에서 합법화된 도박에의 참여는 증가하는 것으로 보이며, 매주 혹은 매일 도박하는 나이 많은 청소년, 특히 남자 청소년의 수는 증가하고 있는 것으로 보인다. 따라서 대부분의 청소년에게서 도박 참여 비율이 유지되고 있거나 감소되고 있지만, 일부 청소년의 경우에는 증가하고 있다. 도박이 대부분의 청소년에게서 증가하지 않고 있다는 결과는 고무적이지만, 도박을 더 많이 하는 일부 청소년 집단에 대한 우려는 계속되고 있다. 시간 경과에 따른 청소년의 도박 행동을 계속해서 모니터하는 것이 중요하다.

청소년 도박의 평가

문제성 도박은 어떻게 가장 잘 정의되고 측정되는가? DSM-IV-TR(American Psychiatric Association, 2000)의 진단 기준이 문제 도박을 정의하기 위한 기준으로 점차 받아들여지고 있다(부록 A 참조). SOGS는 원래 DSM-III(American Psychiatric Association, 1980)의 병적 도박에 대한 진단기준에 기반을 두고 있었다(Lesieur & Blume, 1987). 그 이후로, DSM-IV-TR의 진단기준을 평가하는 다른 도구들이 개발되었다(하나의 예는 Fisher(2000)의 DSM-IV-TR에 기반을 둔 청소년 병적 도박 평가 도구 개정판, 즉 DSM-IV 중다반응–청소년용 또는 DSM-IV-MR-J다). 병적 도박은 10개의 DSM-IV-TR 준거 세트를 합하여서 진단한다. 10개 중 5개의 절단점수가 현재 기준이다. 하지만 어떤 연구는 4개의 절단점수가 성인에게서 분류 정확성을 극대화하며 분류 오류를 최소화한다고 제안한다(Stinchfield, 2003).

청소년을 대상으로 문제성 도박을 측정할 때, 연구자들은 일반적으로 성인에게 적용할 때보다 더 엄격한 절단점수를 사용한다. 이러한 더 낮은 절단점수는 전형적으로 문제성 도박의 초기 징후를 보이는 더 많은 사람들을 파악하기 위해 사용되었다. 예를 들어, Winters와 동료 연구자들(1993b)은 성인에게 적용되는 표준적인 SOGS의 절단점수 5점보다 SOGS-RA에서 절단점수 4점을 사용하였다. DSM-IV-MR-J에서 Fisher(2000) 또한 5점이 아니라 4점을 절단점수로 사용하였다. 그러나 이러한 관행은 낮아진 절단점수를 타당화하는 충분한 분류 정확성에 대한 연구 없이 계속되고 있다.

청소년의 문제성 도박이 다른 정의와 다른 측정도구, 다른 시간 틀, 다른 절단점수를 사용하여 측정되었다는 사실은 유병률이 연령 집단 내에서 그리고 연령 집단 간에 비교될 수 있는가 하는 문제를 제기한다. 예를 들어, Shaffer와 동료 연구자들(1997)의 메타분석에서 청소년 문제성 도박의 유병률이 5.8%, 신뢰도 구간 3.2~8.4%로 산출되었다. 하지만 메타분석에 포함된 많은 연구들이 문제성 도박자들을 분류하는 데 상당히 다른 방법을 사용하였다. 연구들은 SOGS, SOGS-RA, 매사추세츠 도박평가검사 Massachusetts Gambling Screen(Shaffer et al., 1994), DSM을 기반으로 한 질문지 등의 다른 측정도구를 사용하였고, 같은 측정도구를 사용한 일부 연구는 다른 절단점수와 다른 시간 틀(예: 전년도 도박 대

평생 도박)을 사용하였다.

성차

청소년 도박 연구에서 가장 일관되고 분명한 결과는 남자 청소년이 여자 청소년보다 도박에 더 많이 참여하고, 남자 청소년이 여자 청소년보다 문제성 도박의 비율 또한 더 높다는 것이다(예: Gupta & Derevensky, 1998a; Stinchfield, 2001; Wallisch, 1993; Wynne et al., 1996). 여자 청소년보다 더 많은 수의 남자 청소년이 도박을 하며, 여자 청소년보다 남자 청소년이 더 자주 도박을 한다. 남자 청소년은 여자 청소년보다 도박에 더 많은 돈을 쓰고 더 많은 시간을 보낸다. 남자 청소년은 여자 청소년보다 더 다양한 유형의 도박에 내기를 한다. 하지만 여자 청소년이 점차 담배와 알코올, 다른 약물들을 사용하게 된 것처럼, 도박에서도 남자 청소년을 뒤쫓고 있다. 또한 남녀 청소년들은 각기 다른 도박 선호를 보인다. 남자 청소년은 골프나 당구와 같은 개인적 기술 게임과 복권, 카드게임, 스포츠 팀에 베팅을 하는 경향이 있다. 여자 청소년은 도박을 하는 경우, 복권과 스포츠 팀에 가장 빈번하게 베팅을 한다(Stinchfield, 2001; Stinchfield et al., 1997; Winters et al., 1993a). 연구들에서 또 다른 일치된 결과는 연령이 높은 청소년(14~18세)이 연령이 낮은 청소년(13세 이하)보다 더 자주 도박을 한다는 것이다(예: Arcuri et al., 1985; Stinchfield, 2000).

성인 도박자와의 비교

병적 도박의 유병률이 성인보다 청소년에서 더 높다(예: Jacobs, 2000; National Research Council, 1999; Shaffer & Hall, 1996). 청소년의 심각한 도박문제에 대한 전년도 추정치는 3.2~8.4%에 이른다(Shaffer et al., 1997). 이와 비교해서 성인의 병적 도박 유병률은 1~3%다(American Psychiatric Association, 1994). Shaffer와 동료 연구자들(1997)과 국립연구회의(1999), 둘 다 청소년의 병적 도박 비율이 성인의 경우보다 약 3배 더 높다고 보고하였다.

반면, 이렇게 높은 청소년의 비율이 정확하지 않을 수도 있음을 시사하는 증거가 있다. 알코올과 약물남용과 같은 대부분의 다른 중독에서 청소년이 성인의 3배에 달하는 비율을 보이고 있지는 않다. 마찬가지로 청소년이 성인보다 도박 상담전화나 핫라인을 3배나 더 많이 찾지도 않으며, 성인의 3배 더 많은 청소년이 치료를 받으러 오지도 않는다. 사실상, 청소년은 거의 도박 상담전화를 걸지 않으며, 훨씬 더 적은 수만이 치료를 받으러 온다. 청소년과 성인 비율에서의 이러한 불일치에 대해 적어도 네 가지의 설명이 가능하다. 첫째, 보고된 청소년 비율은 정확하며, 성인 병적 도박자보다 청소년 병적 도박자가 실제로 2배 이상 많다. 둘째, 연구들 간 방법론과 정의, 측정, 절단점수 및 진단기준에서의 일치성 부족으로, 특히 일부 연구에서 청소년에게 더 낮은 절단점수를 사용하는 등의 문제로 청소년의 비율이 정확하지 않다.

청소년에게 더 낮은 절단점수를 사용하는 관례는 도박문제를 가진 것으로 확인된 개인의 수를 증가시키는 효과가 있으며, 청소년 문제성 도박의 더 높은 유병률을 부분적으로 설명할 수 있다. 셋째, 청소년이 자신의 도박 참여를 과장했기 때문에 그 비율이 부정확하다. 넷째, 청소년의 문제성 도박을 측정하기 위해 청소년에게는 적합하지 않은 성인용 측정도구를 사용함으로써 발생한 측정 오류 때문에 그 비율이 부정확하다(예: Ladouceur et al., 2000). 자료들은 문제성 도박 측정에 가장 흔하게 사용되는 SOGS와 SOGS-RA가 문제성 도박과 병적 도박의 비율을 과대 추정하는 경향이 있다는 개념을 지지한다. 즉, SOGS와 SOGS-RA는 잘못된 긍정false positive의 측면에서 오류가 있다(Derevensku & Gupta, 2000; Stinchfield, 2002). 이런 유형의 오류는 선별screening 도구로서는 수용할 만하지만, 유병률 추정을 위한 도구로서는 뚜렷한 제한점이라고 할 수 있다.

청소년을 위한 다른 진단기준이 필요한 것처럼 보이지는 않는다. 병적 도박은 엄밀히 말해서 청소년 장애가 아니며, 그 장애의 독특한 청소년 버전이 있는 것 같지도 않다. 하지만 청소년의 발달단계를 고려하여 진단기준을 적용하는 것은 필요할 수 있다.

다른 행동과의 연합

몇몇 연구들은 청소년 도박 및 문제성 도박과 상관관계가 있는 변인을 확인하였다. Gupta와 Derevensky(1998a, 1998b)는 담배와 알코올, 약물 사용이 도박문제의 심각성과 관련됨을 발견하였다. 1992년과 1995년 텍사스 주 청소년에 대한 두 번의 연속적인 전화조사에서, Wallisch(1996)는 문제성 도박자들이 남성이고, 더 젊고, 소수인종이나 소수민족 출신이고, 1주일에 10시간 이상 일하며, 주당 수입이 10달러 이상이고, 도박에 대해 우호적인 태도를 지니고 있으며, 도박에서 돈을 벌 수 있다고 기대하고, 부모가 도박을 했던 경우가 더 많음을 발견하였다. 앨버타 주의 청소년 연구는 도박문제를 가진 청소년이 경찰과 문제가 있고, 부모와 교사, 학교 상담사 및 목사를 신뢰할 수 없다고 느끼고, 가족이 무시하고 거부한다고 느끼며, 부정적인 학교 경험을 보고하고, 도박을 일찍 시작했고(10세 이전이 흔함), 가족이 도박을 했다고 보고하고, 많은 돈을 걸고, 도박을 하기 위해 돈을 빌리며, 개인 재산을 훔치거나 팔고, 불안하거나 걱정이 많고 흥분하기 쉽고 우울하다고 보고하고, 술을 자주 마시고 불법 약물을 사용할 확률이 더 높다는 것을 발견하였다. 이 연구는 문제성 도박자가 인생의 초기에 도박을 시작하고, 도박을 가족의 규범 중 하나로 여기고, 학교에서 잘 지내지 못했고, 가족과 지역사회에서 소외감을 느끼고, 담배와 알코올 및 다른 약물을 사용하며, 부정적인 정서를 경험하고, 반사회적으로 행동한다고 제안한다. 이와 함께, 이런 연구들의 결과는 전형적인 청소년 문제성 도박자는 상당히 문제가 있는 사람이며, 과도한 도박이 심리적 고통과 가족의 역기능, 일탈된 행동이라는 더 큰 문제의 일부임을 시사한다(Wynne et al., 1996).

미네소타 주의 전체 모집단에서 702명의 청소년을 대상으로 한 도박에 대한 전화조사에서, 더 큰 도박 참여를 보인 청소년은 남자이고, 정기적으로 약물을 사용하고, 부모가 도박을 하였고, 과거에 비행 경력이 있고, 그리고 낮은 학업 성취를 나타낼 가능성이 더 높은 것으로 나타났다(Winter et al., 1993a). 미네소타 주 학생 조사에서, 도박 빈도와 연합된 변인에는 반사회적 행동과 남성, 알코올 사용, 담배 사용, 나이, 도박한 돈의 액수에 대한 안 좋은 감정, 도박을 그만두고 싶은 욕망, 성적 행동이 포함되었다(Stinfield, 2000). Volberg(1993)는 1,054명의 워싱턴 주 청소년을 대상으로 전화조사를 실시하였는데, 담배와 알코올, 약물 사용이 도박 빈도 및 문제성 도박과 관련이 있음을 발견하였다. 이상 연구들은 도박이 빈번한 알코올 · 담배 · 약물 사용, 신체 폭력, 잔인한 행위, 소매치기, 무단결석을 포함하여 남자들에게서 주로 나타나는 일군의 일탈 행동의 일부일 수 있음을 가리킨다. 이러한 위험한 행동들은 도박행동과 문제성 도박의 발달이나 유지에서 중요한 역할을 할 수 있다.

1992년 미네소타 주 학생 연구 자료는 6, 9, 12학년 공립학교 학생들의 도박과 다른 위험한 행동들의 동시 발생률을 보여 준다. 빈번한 담배나 알코올, 마리화나 사용보다는 빈번한 도박이 6학년생, 특히 남자 청소년에게서 더 만연하였다. 여자 청소년의 경우, 연령이 높아짐에 따라 더 많은 학생이 빈번한 담배 · 알코올 사용을 보고하였고, 12학년 즈음에는 빈번한 담배 · 알코올 사용이 빈번한 도박과 유병률에서 동일하였다. 빈번한 도박은 남자 청소년에게서 이른 나이에 나타나며, 빈번한 담배 · 알코올 사용보다 선행하는 것으로 보인다. 또한 적은 비율의 여자 청소년(5%)에게서 빈번한 도박이 이른 나이에 나타나지만, 여자 청소년이 9학년이 되었을 때는 빈번한 담배 · 알코올 사용에 밀려나며, 12학년경에는 담배 사용과 비교해서 도박의 빈도는 상대적으로 적다. 다른 말로 하면, 빈번한 도박은 남자 청소년의 경우 일찍 시작되며 9학년과 12학년이 될 때까지 흔히 발생하는 위험행동으로 남아 있는 반면, 여자 청소년의 경우 적은 비율만이 빈번한 도박에 참여하고, 9학년과 12학년의 도박은 빈번한 담배 · 알코올 사용에 못 미친다.

요약하면, 과도한 도박은 담배 · 알코올 사용, 기타 약물 사용과 같은 다른 높은 위험행동과 연결되어 있는 것으로 생각된다. 도박은 다른 위험행동에 선행하는 것으로 보이고, 종종 청소년기 이전에 시작된다. 이러한 결과는 청소년 모집단, 주로 남자의 일부분이 많은 위험행동(도박이 그중 하나임)에 참여하며, 예방 노력도 도박 하나에만 초점을 맞추기보다 일련의 높은 위험행동들을 함께 다루어야 할 필요성이 있음을 시사한다.

앞으로의 연구

이제까지 대부분의 연구는 청소년의 도박 정도에 대한 기본적인 질문과 청소년 모집단에서 문제성 도박의 유병률에 초점이 맞추어져 있었다. 연구 분야는 문제성 도박의 기원과 원인론, 관련 변인들에 대한 더 구체적인 경험적 질문들을 다루기 시작해야 한다. 시급한 연구 질문은 청소년 도박이 시간이 지남에 따라 증가할 것인가에 대한 것이다. 지금까지 수행된 소수의 종단 연구의 결과는 대부분의 청소년 도박이 상당히 안정적으로 남아 있음을 보여 준다. 하지만 특히 합법화된 형태의 도박에 대한 사회적인 수용과 사용 가능성의 일시적인 변화를 고려할 때, 더 오랫동안 계속해서 청소년 도박을 모니터링하는 것이 중요할 것이다.

앞으로의 연구를 위한 두 번째 기본적인 질문은 왜 청소년이 도박을 하는가다. 청소년 문제성 도박이 어떻게 시작되는지, 어떤 변인들이 문제성 도박을 유지하게 하는지, 청소년이 어떻게 그리고 왜 사교성 도박과 오락성 도박에서 문제성 도박으로 넘어가는지, 그리고 어떤 청소년이 더 문제성 도박자가 되기 쉬운지에 대해 거의 알려진 것이 없다. 청소년은 서로 다른 이유 때문에 도박을 하므로, 청소년 도박의 예방 및 개입 프로그램을 개발하기 위한 과학적 기초를 제공할 청소년 도박 시작과 유지 모형을 개발하는 것이 중요할 것이다. 초기 단계에서 문제성 도박을 파악하는 것이 향상되면 이것은 예방 및 개입 노력을 유의하게 촉진할 것이다. 반사회적인 행동과 담배 · 알코올 · 약물 사용을 포함해서 청소년 문제성 도박과 관련 있는 다양한 변인들이 확인되었다. 하지만 구체적인 특성들이 도박과 문제성 도박에 인과적 관계를 맺는 정도는 아직 연구 중에 있다. 인과성의 질문과 다른 문제행동의 발생 순서를 다루기 위해 종단 연구들이 수행될 필요가 있다(Lesieur, 1989).

성인과 비교하여 청소년이 더 높은 비율의 문제성 도박과 병적 도박을 보인다는 결과는 주의를 요한다. 이러한 결과가 청소년 병적 도박의 진짜 비율을 어느 정도까지 반영하는지, 혹은 측정의 인위적 결과artifact를 어느 정도까지 반영하는지를 조사하는 것이 중요하다. 특별히 발달적 쟁점을 고려한 청소년용 측정도구를 개발하는 것 또한 중요하다.

도박의 합법화와 팽창과 함께, 대중은 많은 매체를 통해 매일 도박 광고에 노출된다. 이때 한 가지 문제가 발생한다. 즉, 도박 광고가 청소년에게 어떤 영향을 미치는가? 도박 광고는 흔히 도박이 부자가 되는 빠르고 쉬운 길이라는 메시지와 함께 도박을 장려한다. 광고는 일반적으로 재정적 손실과 같이 발생할 수 있는 도박의 해로운 결과에 대한 경고를 포함하지 않는다. 청소년은 승패의 상대적인 확률을 완전히 이해하지 못할 수 있으며, 그래서 빠르고 손쉬운 재정적 수익을 암시하는 광고에 영향을 받기 쉽다.

청소년에게 특별한 위험성이 있을 수 있는 새롭고, 연구가 덜 된 도박 형태가 인터넷 도박이다. 청소년은 일반적으로 컴퓨터와 인터넷에 쉽게 정통하게 된다. 인터넷에는 블랙잭, 포커, 슬롯, 룰렛 등 온라인 카지노 도박을 제공하는 도박 사이트가 있다. 이러한 사이트는 사용자에게 도박을 할 때 신용카드로 돈을 지불할 것을 요구한다. 컴퓨터나 인터넷 사이트는 누가 컴퓨터를 조작하고 있는

지를 알아낼 수 없기 때문에 청소년이 쉽게 인터넷 도박 사이트에 접근할 수 있다. 인터넷 도박은 카지노나 다른 도박보다 청소년에게 더 접근성이 좋으며, 실제로 요즘 규제가 덜 되고 있다. 청소년 인터넷 도박은 현재 상대적으로 덜 연구되었고, 인터넷 도박 산업의 최근 성장세를 감안할 때 이런 잠재적으로 위험성이 높은 도박 형태가 청소년에게 미치는 영향을 연구하는 것이 중요하다.

결론

대부분의 연구들은 청소년이 합법화된 게임에서 도박을 한다고 보고한다. 미성년 도박은 대체로 불법이며 잠재적으로 청소년에게 유해하다. 미성년 도박의 범위는 더 세밀하게 조사될 필요가 있으며, 성인에게만 합법적인 도박 형태에 미성년인 청소년이 어떻게 접근하는지에 대한 연구도 반드시 필요하다. 다음으로, 이런 도박 형태에 청소년이 접근하지 못하도록 하기 위해 업체와 청소년 둘 다를 대상으로 하는 계획들이 개발되고 수행되어야 한다. 현재의 자료들은 대부분의 청소년이 거의 도박을 하지 않고 있으며, 일반 청소년 모집단을 겨냥한 예방 노력에 도박과 관련된 승률과 위험성에 대한 교육적 내용을 포함해야 함을 시사한다. 하지만 일부 청소년이 점점 더 많이 도박에 참여하는 것을 보여 주는 자료들은 맞춤형의 다면적인 예방 및 개입 접근이 중요함을 시사한다(Dickson et al., 2002). 대다수의 청소년의 경우, 비공식적인 도박 참여는 많지 않으며 해가 없는 오락 정도다. 하지만 비공식적인 도박이 문제성 도박과 병적 도박으로 발전할 위험성이 존재한다. 그래서 청소년에게 도박에 내재된 위험성에 대한 정확한 지식을 제공하는 것이 필요하고, 청소년이 도박 문제로부터 적절한 보호(예방과 치료 노력을 통해)를 받도록 하는 것이 필요하다.

참고문헌

American Psychiatric Association. (1980). Diagnostic and Statistical Manual of Mental Disorders, 3rd Edition. Washington, DC, American Psychiatric Association.

American Psychiatric Association. (1994). Diagnostic and Statistical Manual of Mental Disorders, 4th Edition. Washington, DC, American Psychiatric Association.

American Psychiatric Association. (2000). Diagnostic and Statistical Manual of Mental Disorders, 4th Edition, Text Revision. Washington, DC, American Psychiatric Association.

Arcuri, A. F., Lester, D., Smith, F. O. (1985). Shaping adolescent gambling behavior. Adolescence 20:935-938.

Carlson, M. J., Moore, T. L. (1998). Adolescent Gambling in Oregon: A Report to the Oregon Gambling Addiction Treatment Foundation. Salem, OR, Oregon Gambling Addiction Treatment Foundation.

Derevensky, J. L., Gupta, R. (2000). Prevalence estimates of adolescent gambling: a comparison of the SOGS-RA, DSM-IV-J, and the GA 20 Questions. J Gamble Stud 16:227-251.

Dickson, L. M., Derevensky, J. L., Gupta, R. (2002). The prevention of gambling problems in youth: a conceptual framework. J Gambl Stud 18:97-159.

Fisher, S. (2000). Developing the DSM-IV-DSM-IV criteria to identify adolescent problem gambling in non-clinical populations. J Gambl Stud 16:253-273.

Gupta, R., Derevensky, J. L. (1998a). Adolescent gambling behavior: a prevalence study and examination of the correlates associated with problem gambling. J Gambl Stud 14:319-345.

Gupta, R., Derevensky, J. L. (1998b). An empirical examination of Jacobs' General Theory of Addictions: do adolescent gamblers fit the theory? J Gambl Stud 14:17-49.

Jacobs, D. F. (2000). Juvenile gambling in North America: an analysis of long term trends and future prospects. J Gambl Stud 16:119-152.

Ladouceur, R., Bouchard, C., Rheaume, N. et al. (2000). Is the SOGS an accurate measure of pathological gambling among children, adolescents and adults? J Gambl Stud 16:1-24.

Lesieur, H. R. (1989). Current research in pathological gambling and gaps in the literature, in Compulsive Gambling: Theory, Research, and Practice. Edited by Shaffer, H. J., Stein, S. A., Gambino, B. et al. Lexington, MA, Lexington Books, pp. 225-248.

Lesieur, H. R., Blume, S. B. (1987). The South Oaks Gambling Screen (SOGS): a new instrument for the identification of pathological gamblers. Am J Psychiatry 144:1184-1188.

National Opinion Research Center. Gambling Impact and Behavior Study: Report to tne National Gambling Impact Study Commission. Chicago, IL, National Opinion Research Center at the University of Chicago, 1999. Available at: http://www.norc.uchicago.edu/new/gamb-fin.htm. Accessed December 13, 2003.

National Research Council. (1999). Pathological Gambling: A Critical Review. Washington, DC, National Academy Press.

Shaffer, H. J., Hall, M. N. (1996). Estimating the prevalence of adolescent gambling disorders: a quantitative synthesis and guide toward standard gambling nomenclature. J Gambl Stud 12:193-214.

Shaffer, H. J., Labrie, R., Scanlan, K. M. et al. (1994). Pathological gambling among adolescents: Massachusetts Gambling Screen (MAGS). J Gambl

Stud 10:339-362.

Shaffer, H. J., Hall, M. N., Vander Bilt, J. (1997). Estimating the Prevalence of Disordered Gambling Behavior in the United States and Canada: A Meta-Analysis. Boston, MA, Harvard Medical School, Division on Addictions.

Stinchfield, R. (2000). Gambling and correlates of gambling among Minnesota public school students. J Gambl Stud 16:153-173.

Stinchfield, R. (2001). A comparison of gambling among Minnesota public school students in 1992, 1995 and 1998. J Gambl Stud 17:273-296.

Stinchfield, R. (2002). Reliability, validity, and classification accuracy of the South Oaks Gambling Screen (SOGS). Addict Behav 27:1-19.

Stinchfield, R. (2003). Reliability, validity, and classification accuracy of a measure of DSM-IV diagnostic criteria for pathological gambling. Am J Psychiatry 160:180-182.

Stinchfield, R., Cassuto, N., Winters, K. et al. (1997). Prevalence of gambling among Minnesota public school students in 1992 and 1995. J Gambl Stud 13:25-48.

Volberg, R. (1993). Gambling and Problem Gambling Among Adolescents in Washington State. Albany, NY, Gemini Research.

Volberg, R. (1998). Gambling and Problem Gambling Among Adolescents in New York. Albany, NY, New York Council on Problem Gambling.

Volberg, R., Moore, W. L. (1999). Gambling and Problem Gambling Among Adolescents in Washington State: A Replication Study, 1993 to 1999. Report to the Washington State Lottery. Northampton, MA, Gemini Research.

Wallisch, L. (1993). Gambling in Texas: 1992 Texas Survey of Adolescent Gambling Behavior. Austin, TX, Texas Commission on Alcohol and Drug Abuse.

Wallisch, L. (1996). Gambling in Texas: 1995 Surveys of Adult and Adolescent Gambling Behavior. Austin, TX, Texas Commission on Alcohol and Drug Abuse.

Westphal, J. R., Rush, J. A., Stevens, L. et al. (2000). Gambling behavior of Louisiana students in grades 6 through 12. Psychiatr Serv 51:96-99.

Wiebe, J. (1999). Manitoba Youth Gambling Prevalence Study. Winnipeg, MB, Awareness and Information, Addictions Foundation of Manitoba.

Winters, K. C., Stinchfield, R., Fulkerson, J. (1993a). Patterns and characteristics of adolescent gambling. J Gambl Stud 9:371-386.

Winters, K. C., Stinchfield, R., Fulkerson, J. (1993b). Toward the development of an adolescent gambling problem severity scale. J Gambl Stud 9:63-84.

Winters, K. C., Stinchfield, R., Kim, L. (1995). Monitoring adolescent gambling in Minnesota. J Gambl Stud 11:165-183.

Wynne, H., Smith, G., Volberg, R. (1994). Gambling and Problem Gambling in Alberta. Edmonton, AB, Canada, Alberta Lotteries and Gaming.

Wynne, H. J., Smith, G. J., Jacobs, D. F. (1996). Adolescent Gambling and Problem Gambling in Alberta. Report prepared for the Alberta Alcohol and Drug Abuse Commission. Edmonton, AB, Canada, Wynne Resources.

Wynne Resources. (1998). Adult Gambling and Problem Gambling in Alberta, 1998. Edmonton, AB, Canada, Alberta Alcohol and Drug Abuse Commission.

06 노인

Rani A. Desai, M.P.H., Ph.D.

65세 이상의 노인이 미국 모집단의 상당 부분을 차지하며, 점점 늘고 있어서, 틀림없이 도박 산업에서 주요 타깃이 되는 시장을 형성하게 될 것이다. 하지만 노인에게 미치는 도박의 효과에 대해서는 상대적으로 거의 알려진 것이 없다.

이 장은 노인의 문제성 도박과 병적 도박의 유병률과 위험 요인으로 알려진 것들에 대한 고찰로부터 시작한다. 그 다음, 도박이 노인의 건강에 미치는 효과에 대한 상대적으로 빈약한 자료들을 제시한다. 마지막으로 문제성 도박과 병적 도박을 보이는 노인과 더 젊은 성인 사이에서 다르게 나타나는(또는 노인에게서 독특하게 나타나는) 치료 문제에 대해 탐색한다.

문제성 도박과 병적 도박

유병률 추정

아마도 틀림없이, 나이와 문제성 도박이나 병적 도박과의 관계에 대한 가장 좋은 자료는 도박영향과 행동연구Gambling Impact and Behavior Study: GIBS에서 나올 것이다(National Opinion Research Center, 1999). 이 전국조사는 피험자들을 5개의 범주, 즉 도박을 한 적이 없는 사람('비도박자'), 도박을 한 적은 있지만 DSM-IV(American Psychiatric Association, 1994)의 문제성 도박이나 병적 도박 증상들 중 어떤 것에도 해당되지 않는 사람('저위험' 도박자), 1~2가지 증상을 경험한 사람('위험성' 도박자), 3~4가지 증상을 경험한 사람('문제성' 도박자), 그리고 5가지 이상의 증상을 경험한 사람('병적' 도박자)으로 나누었다. 도박의 심각성이 커짐에 따라 정신건강 문제와 심리사회적 문제들도 점차 증가한다(National Opinion Research Center, 1999). 일반적으로 장애 도박disordered gambling의 유병률은 나이를 먹음에 따라 감소한다. 65세 이상인 사람은 가장 낮은 병적 도박 비율을 나타내며(0.2% 대 젊은 연령 집단의 경우 0.3~0.9%), 문제성 도박 비율도 가장 낮고(0.6% 대 18~29세에서 1.0%), 위험성 도박도 가장 낮은 비율에 속한다(1.7% 대 젊은 연령 집단의 경우 2.1~3.9%).

현상학

문제성 도박자와 병적 도박자들은 다른 중독 문제가 있는 사람들과 동일한 증상들을 경험한다. 그들은 내성(같은 효과를 내기 위해 더 많이 도박을 하는 것이 필요해짐)과 금단 증상, 중독행동에 대한 통제 상실을 경험한다. 이런 패턴은 모든 연령의 도박자들에게서 나타난다.

빌과 수는 은퇴한 부부로 롱 아일랜드에 살고 있었다. 이웃에 소수의 친구들이 살고 있고 뉴욕 주 북쪽 지역에는 한 명의 자녀가 살고 있었다. 그들은 거의 평생 동안 각자 몇 개의 직업을 가졌었고, 은퇴한 삶이 지루하다고 느끼게 되었다. 이런 감정은 수가 순환계와 심혈관계 문제로 휠체어를 타야 하는 사실로 더욱 악화되었고, 그들 둘 다에게 즐거우며 쉽게 할 수 있는 여가활동을 찾기가 어렵게 되었다.

친구들이 애틀랜틱 시티에 함께 갈 것을 제안하였고, 이 부부는 그곳에 가기로 결정하였다. 그들은 즐거운 주말을 보냈고 주말 동안 500달러 이상을 땄으며, 일상생활의 한 부분으로 더 정규적으로 이런 여행을 하기로 결정하였다. 몇 달이 안 되어 그들은 거의 일주일에 한 번씩 가게 되었고 그들의 도박 일상에 일일로또 게임을 추가하게 되었다.

일 년 내에 그들은 거의 쉬지 않고 도박을 하게 되었다. 그들은 집에는 거의 머무르지 않았고, 코네티컷 주부터 플로리다 주에 이르는 다양한 카지노에 가기 위해 동쪽 해안가를 오르내리며 여행하느라 대부분의 시간을 길에서 보냈다. 가족과의 대화는 대부분 최근 돈을 딴 경험과 '거의 딴 경험', 우수 고객으로서 카지노에서 받은 상, 그리고 호텔방에 돈을 지불하지 않아도 되도록 자가용 집을 갖고자 하는 그들의 소망에만 집중되었다.

수가 수술 때문에 입원하고 회복을 위해 병원에 머물러 있어야 했을 때 '위기'가 발생하였다. 며칠 후에 빌과 수는 둘 다 매우 초조함을 느꼈다. 카지노에 가는 것 외에는 아무것도 말하지 않았으며, 매일 많은 수의 로또복권을 샀고, 복권 숫자 선택을 위한 전략을 짜느라 여러 시간을 보냈다. 수는 일주일 후에 퇴원을 했고, 집에서 휴양하라는 의사의 권고에도 불구하고 그들은 즉시 또 다른 카지노 여행길에 올랐다.

이때 이 부부는 집과 집에 대한 보험을 소홀히 하였다. 전기화재가 발생해서 집이 다 훼손되었을 때, 그들은 손실을 메꿀 수가 없었다. 수는 아마도 집을 잃은 스트레스와 관련된 것으로 보이는 심장발작이 있은 며칠 후에 사망하였다. 빌은 집도 없고 사실상 아무런 재정적 자산도 없이 형과 함께 살기 위해 조지아 주로 이사를 했다. 그는 "이제 아무 재미도 없어."라고 말하지만, 간혹 도박을 계속 하고 있다. 대부분의 시간을 형의 사업 계약을 도와주고 컨트리 뮤직 밴드를 하며 보낸다.

문제성 도박의 발달은 예측할 수 있는 경과를 밟는다고 제안되어 왔다. Custer(1984)가 설명한 이 과정은 승리 단계로 시작하고 실패 단계로 진행되며 절망 단계로 끝나는데, 절망 단계는 끝없이 지속되거나 극단적인 사건으로 도박행동에 변화가 생길 수밖에 없을 때까지 계속된다. 수입원과 돈 쓰는 행동, 빌리는 행동, 위법행위에의 참여와 같은, 도박으로 비롯된 어려움의 일부 양상이 노인에게서 다를 수는 있지만, 경과가 노인에게서 실질적으로 다르다는 증거는 거의 없다(Custer, 1984).

노인의 경우 문제성 도박의 재정적 여파가 다를 수 있다. 노인은 은퇴한 상태일 확률이 더 높고, 따라서 연금 수입(예: 사회보장기금, 연금)과 저축, 투자수입에 의존하여 살아가고 있을 확률이 높다. 노인 도박자는 고용 수입을 가지고 있을 가능성이 더 적은데, 이러한 사실은 도박에 돈을 쓰는 패턴을 변화시키거나 도박에 쓰는 지출의 영향을 바꿀 수 있다. 아무런 고용 수입이 없는 노인은 재정적 손실로부터 회복하는 데 더 많은 어려움을 겪으며, 젊은 도박자보다 저축한 금액이나 투자한 현금을 모두 써 버리거나 연금 수입을 탕진할 가능성이 더 높다(Desai et al., 인쇄 중; Pavalko, 2002). 젊은 근로자가 쓰는 돈의 액수보다 손실에서 회복할 능력이 제한적인 은퇴한 도박자가 쓴 같은 액수가 미치는 전반적인 영향력은 더 클 것이다.

재정적 손실의 효과가 노인에게 더 분명할 수 있지만, 직장과 가족관계에 미치는 도박의 효과는 덜 분명한 것으로 보인다. DSM-IV의 병적 도박 진단에 포함된 증상인, 직장이나 가족관계와 관련된 곤란은 은퇴하였거나 혼자 사는 노인에게는 더 적을 수 있다. 예를 들어, 은퇴한 도박자는 도박할 돈을 마련하기 위해 직장과 관련된 화이트칼라 범죄(예: 횡령)를 저지를 확률이 더 낮다. 이와 유사하게 그들에게는 도박을 계속하기 위해 돈을 빌릴 가족이 젊은 도박자들보다 더 적을 수 있다. 병적 도박 증상을 구성하는 특정한 행동에 참여할 기회가 더 적을 수 있기 때문에, 노인의 경우 삶의 이런 측면들에 미치는 도박의 영향력이 과소 추정될 수도 있다.

병적 도박의 독특한 유발인자와 위험 요인

문제성 도박과 병적 도박의 시작에 있어 많은 위험 요인이 확인되었고, 이러한 위험 요인 중 일부는 노인에게 더 강하게 작용하거나 전적으로 독특한 것일 수 있다. 이러한 것에는 도박 기회와 도박 산업의 마케팅 관례, 사회적 고립, 우울과 불안, 노년과 도박행동 둘 다와 관련 있는 생물학적 변화가 포함된다.

67세의 안나는 남편이 사망했던 40세까지는 건강 상태가 매우 좋았다. 남편의 죽음 이후 그녀는 매우 우울해졌고 위축되었다. 결혼 이후 한 번도 전일제 직업을 가진 적이 없었던 그녀는 더 이상 남편을 위해 요리하고 청소할 필요가 없는 현재의 시간을 보내는 데 어려움이 있었다. 게다가 그녀는 자신의 자산에 대해 거의 이해하지 못하고 있었다. 몇 번 쓰러진 이후 그녀는 보호 거주시설로 거처를 옮겼고, 비용은 생명보험과 남편이 모아 두었던 다른 저축으로 충당하였다.

이사 후 안나의 기분은 좋아졌는데, 그 이유 중 일부는 그녀가 친구들로 이루어진 관계망과 빙고게임을 포함해서 정기적인 사회활동의 스케줄을 갖게 되었기 때문이다. 그녀와 소집단의 친구들은 일주일에 여러 번 빙고게임을 하였고, 다른 날에는 다양한 게임 장소로 여행을 하였다. 안나는 결코 한 번에 많은 돈을 쓰지는 않았지만, 그녀의 자산은 매우 적었고 주택 거주 비용을 내야 했다. 그녀는 도박에 자금을 대기 위해 현금을 대출하여 썼는데 갚을 수 없어서 신용카드 회사에 탄원서를 보내기 시작했다. 또한 그녀는 약값이나 예상치 못한 비용 때문에 돈이 필요하다고 말하면서, 정기적으로 자녀들에게 도박하기 위한 현금을 요청했다.

이러한 요구가 점점 늘어나는 것에 대해 의심하게 된 그녀의 아들이 조사를 해서 어머니가 도박을 하고 있고 빙고게임을 하면서 일주일에 약 100달러를 잃고 있다는 사실을 알게 되었다. 이것은 그녀가 사용할 수 있는 수입에서 상당한 부분을 차지하였고, 아울러 그녀는 신용대출로 상당한 금액의 빚을 지고 있었기 때문에 아들은 매우 걱정을 하게 되었다. 이런 상황에 직면하도록 하였을 때, 안나는 아들이 자신을 아이처럼 다루는 것에 대해 화가 나서 반발하였고, 아들이 자신의 돈을 노리고 있다고 아들을 고소하였다. 처음에는 치료를 받는 것을 거부하면서 아들과의 연락을 끊어 버렸다. 월세를 지불할 수 없게 되어 공동주택 임대가 종료된 이후, 그녀는 단도박 모임에 참석하는 데 동의하였다. 이후로 그녀는 도박문제와 우울증 치료를 받았고, 아들이 그녀의 돈을 관리하는 것을 허락하였고, 대출 상담자의 도움을 받아 신용카드 빚을 줄이고 결국 청산하였으며, 비도박

활동을 중심으로 사회적 관계망을 다시 만들었다.

연구는 도박 유병률에서, 넓게 보면 문제성 도박과 병적 도박 유병률에서 기회가 중요한 역할을 한다는 것을 일관되게 보여 주었다. 주에서 지원하는 복권의 사용 가능성 증가와 카지노의 확산이 모든 연령의 사람들에게 영향을 주었다. 특히 노인 은퇴자는 도박행동에 참여할 더 많은 시간을 가지고 있기 때문에, 도박할 기회가 현저하게 증가되었다(McNeilly & Burke, 2002). 이에 더해서 많은 주(예: 플로리다 주, 아리조나 주)에서 은퇴한 시민의 도박활동 증가가 목격되었다. 그와 같은 많은 주들은 구체적으로 노인을 대상으로 한 인센티브 프로그램(예: 무료버스 탑승, 식사 할인)을 가지고 있다. 마지막으로, 많은 확대된 보호시설들이 사회적 상호작용과 활동의 수단으로 도박활동(예: 돈을 건 빙고게임이나 카지노 당일 여행)을 제공한다. 이러한 도박 기회의 증가로 노인은 도박 관련 문제를 발달시킬 더 큰 위험에 놓일 수 있다.

성인은 점차 나이를 먹음에 따라 종종 부모가 되는 것, 일하는 것, 심지어 결혼생활을 유지하는 것과 관련된 전통적인 사회적 역할의 상실을 경험하게 된다(McNeilly & Burke, 2002; Pavalko, 2002). 그러한 역할의 상실로 인해 자녀가 근거리에 살지 않을 가능성이 증가하는 것과 함께, 사회적 고립감과 지루함, 심지어 우울과 불안감을 느낄 수도 있다. 이러한 감정들은 다시 노인을 도박문제를 발달시킬 위험성이 증가된 상태에 놓이게 할 수 있다. 노년기 우울증으로 도박을 하게 된다는 어떤 직접적인 증거는 없지만(Grant et al., 2001), 도박활동은 즐거운 감각적인 자극과 사교의 기회, 일상의 문제와 감정들로부터 도피할 기회를 제공함으로써 우울이나 불안을 경감시키는 데 도움을 줄 수 있다(McNeilly & Burke, 2000, 2001, 2002; Pavalko, 2002).

이에 더해서, 노인들은 그들이 참여할 수 있는 신체활동의 유형이 제한될 수 있지만(예: 신체적 · 정신적 쇠퇴 때문에), 도박장은 신체장애가 있어도 접근이 쉽고, 많은 형태의 도박(예: 슬롯머신)이 거의 인지적 능력을 요구하지 않는 상대적으로 수동적인 형식의 오락들을 제공한다(McNeilly & Burke, 2002). 특히 슬롯머신은 카지노 노인 도박자가 선호하는 대상인데(Grant et al., 2001), 이와 같이 노인들이 쉽게 접근할 수 있는 특성이 문제의 원인이 되기도 한다. 그리고 일부 연구자는 슬롯머신 도박자에게서 중독으로의 진행이 특히 빠름을 발견하였다(Breen & Zimmerman, 2002).

노인이라는 상대적 특수성으로 인해 노인 환자에게 있을 수 있는 마지막 위험 요인은, 물론 훨씬 더 많은 연구가 필요하지만, 파킨슨병과 치매와 같은 질병과 관련된 인지적 · 신체적 쇠약이다. 몇몇 사례보고는 파킨슨병으로 치료를 받던 중 도파민 촉진 치료의 시작과 함께 도박중독을 보인 환자들이 있음을 강조했다(Gschwandtner et al., 2001; Molina et al., 2000; Seedat et al., 2000). 정상적인 노화와 관련된 뇌신경생물학에서의 변화는, 이는 중독행동과도 관련이 있는데, 젊은 성인에 비해 노인에서 도박행동이 감소하는 것에 대한 한 가지 설명이 될 수 있다. 반면 도박은 노인에게서 도파민의 기능을 향상시킬 수 있으며, 그래서 자연적으로 도파민 수준이 감소하는 노인에게서 더 강하게 강화될 수 있다. 삶의 전체 과정에서 도파민 기능이 문제성 도박 및 병적 도박과 어느 정도 관련이 있는지에 대해서는 직접적인 연구가 필요하다.

심한 치매에 걸린 사람이 도박에 참여하는 것은 거의 불가능하다. 하지만 치매 초기나 다른 형태의 인지적 쇠퇴는 위험을 재는 능력의 감소, 과거 손실에 대한 기억력이나 원인과 결과를 판단하는 능력의 손상, 혹은 도박 행동에 영향을 줄 수 있는 편집적인 생각이나 마술적 사고를 유발하여 노인들을 도박과 관련된 문제에 빠질 더 큰 위험에 처하게 할 수도 있다(Grant et al., 2001). 예를 들어, 인지적 치매에 걸린 환자 중에 과도한 내기경마에 참여한 일화에 대해 보고한 경우가 있었다(Mendez et al., 2000). 이것이 노인 모집단에서 대단히 중요한 위험 요인일 가능성은 적지만, 그럼에도 더 많은 연구가 필요하다.

우연한 게임의 접근

2000년 인구조사(U.S. Census Bureau, 2001)에서 65세 이상의 성인이 미국 모집단의 12.4%를 차지했고, 이 부분은 모집단이 나이를 먹고 평균 수명이 증가함에 따라 계속해서 더 늘어날 것으로 기대된다. 도박장이 늘어남에 따라, 노인을 포함해서 미국인이 다양한 유형의 도박에 점점 더 많이 그리고 더 편하게 접근하게 되었다. 젊은 성인에 비해 노인의 도박 비율이 일관되게 더 낮은 것으로 나타나지만(Mok & Hraba, 1991; National Opinion Research Center, 1999; Pavalko, 2002), 접근이 증가되고 있다는 것은 모든 연령 집단에서 도박 비율의 증가로 나타난다. 1970년대에 실시된 조사들은 노인에서 상대적으로 낮은 도박 참여율을 보여 주었다. 예를 들어, 1975년에는 65세 이상 인구의 23%만이 전년도 도박 경험을 보고하였는데, 이는 더 젊은 연령 집단의 60~73%와 비교된다. 1998년에 차이는 상당히 줄어들었다. 전년도 도박 비율이 65세 이상에서 50%였고, 더 젊은 연령 집단에서는 64~67%였다(National Opinion Research Center, 1999). 이에 더해서 젊은 도박자가 나이를 먹고, 도박에의 접근이 증가하고, 도박을 여가활동으로 보는 더 폭넓은 사회적 수용이 존재함에 따라, 미국 노인의 도박 참여는 계속 증가할 가능성이 높다.

도박행동 패턴

일반적으로 나이는 도박 유병률과 부적인 상관이 있다(Mok & Hraba, 1991). 노인 도박자에 대한 제한된 연구는 65세 이상의 노인이 도박을 하는 이유나 선호하는 게임, 도박 빈도에서 젊은 성인과 다름을 보여 준다.

도박을 하는 이유

노인이나 젊은 성인 모두 다양한 이유로 도박을 한다. 하지만 연구는 일반적으로 노인이 젊은 성인보다 지루함을 달래거나 활동적이 되거나 사회적 활동에 참여하기 위해 도박을 한다고 보고할 확률이 더 높으며(McNeilly & Burke, 2000, 2001), 돈을 따거나, 흥분을 맛보기 위해서, 혹은 도박장에서 제공하는 유인가 때문에 도박을 한다고 보고할 확률은 더 낮음(Tarras et al., 2000)을 보여 주었다. 도박 영향과 행동연구GIBS의 자료는 도박 동기와 관련하여 노인 도박자와 젊은 도박자 사이에 아무런 차이가 없음을 보여 주었고(Desai et al., 인쇄 중), 카지노 도박자를 동기에 따라 하위 유형으로 분류한 한 마케팅 연구도 연령에 따른 차이를 발견하지 못하였다(Park et al., 2002). 하지만 도박의 동기는 도박의 선호 유형에 따라 상당히 다를 수 있으며, 다양한 도박장을 포함한 조사들에서 그러한 차이를 탐지하기에 표본 크기가 너무 작았을지도 모른다. 예를 들어, 카지노 도박장에서 표집된 사람들과 지역사회 노인을 비교한 한 연구에서 카지노 고객들이 친구와 사교 활동의 수단으로 도박을 한다고 보고할 확률이 더 낮은 것을 발견하였다(McNeilly & Burke, 2000). 하지만 요양시설 거주자들에 대한 또 다른 연구는 돈을 걸고 하는 빙고게임이 거주자들 사이에서 가장 흔한 사회적 활동이었음을 발견하였다(McNeilly & Burke, 2001).

선호하는 게임의 유형

연령 집단에 따라 도박 동기가 달라지며, 이러한 변화가 선호하는 게임에 반영될 수 있다는 일부 근거가 있다(Mok & Hraba, 1991). 예를 들어, 노인은 돈을 따거나 상대에게 이기기 위해서라기보다 오락 삼아 도박을 더 많이 하기 때문에, 빙고나 복권, 슬롯머신과 같이 덜 경쟁적인 게임에 끌린다고 가정되었다. 이런 가설에 대한 근거는 매우 적으며 다소 상충되는 것으로 나타났다. 한 연구는 연령 집단과 관계없이 특정 도박 유형에 적응한 후에는 도박행동 유병률이 크게 감소하지 않는 것을 발견하였다(Mok & Hraba, 1991). 또한 이 연구는 노인 응답자가 젊은 성인보다 복권과 빙고게임을 선호하고 더 적은 수의 게임에 집중하는 경향이 크다는 것을 발견하였다. 이와 유사하게, 카지노 고객에 대한 조사는 노인이 경쟁적인 카드게임보다 덜 경쟁적인 슬롯머신을 더 선호함을 나타냈다(Terras et al., 2000). 하지만 GIBS는 게임 방식(예: 전략적인 혹은 비전략적인)이나 장소(예: 카지노 혹은 카지노가 아닌 곳)로 집단을 묶으면, 선호하는 도박 형태에서 노인과 젊은 응답자 사이에 아무런 차이가 없음을 발견하였다(Desai et al., 인쇄 중). 평생에 걸친 도박패턴에 대한 연구가 전혀 없었으며, 여기에 제시된 종단자료들은 중간에 사라진 사람들selective mortality과 도박 시작의 최신성recency과 같은 시간과 관련된 효과에 의해 심하게 영향을 받았을 가능성이 있다는 점에 유의해야 한다. 앞으로의 연구는 평생에 걸쳐 개인의 도박패턴이 어떻게 변화하는가를 탐색해야 한다.

도박 빈도

노인 도박자의 경우, 특히 빙고게임을 하는 사람과 카지노로 여행을 가는 사람 중에서, 게임의 빈도가 젊은 도박자와 다르다는 점이 일관되게 증명되었다. 주중과 근무시간 동안에 도박하는 카지노 고객의 상당한 비율이 퇴직한 노인이며, 그들이 카지노 수입의 큰 부분을 차지한다(Gosker, 1999). 이에 더해서 노인은 내기 경마 캠페인의 대상이 되었고(Unger, 1999), 요양소에서는 노인을 위한 사교활동으로 빙고와 다른 게임을 도입하였으며(McNeilly & Burke, 2001), 카지노는 특히 노인을 대상으로 상당한 할인과 유인가를 제공한다(Higgins, 2001). 도박하는 노인의 도박 빈도가 젊은 성인 도박자의 경우보다 더 높다는 근거가 있다. 예를 들어, GIBS의 자료들은 매일 도박하는 노인 도박자가 젊은 도박자보다 3배 더 많으며, 일주일에 1~3번 도박하는 노인 도박자가 젊은 도박자보다 2배 더 많음을 보여 주었다.(Desai et al., 인쇄 중). 요양소 거주자에 대한 조사에서, 거주자의 23%가 일주일에 적어도 한 번 이상 온라인 빙고게임에 참여한다고 보고하였고, 16%는 한 달에 적어도 한 번은 카지노에 당일 여행을 다녀온다고 보고하였다(McNeilly & Burke, 2001). 도박장(카지노와 빙고게임장)에 있는 노인들과 지역사회 노인들을 비교했을 때, McNeilly와 Burke(2000)는 도박장 고객이 대부분의 게임 유형에 적어도 일주일에 한 번 이상 도박을 한다고 보고할 가능성이 더 높음을 발견하였다.

이런 높은 빈도는 두 가지 요인에 의해 설명될 수 있다. 첫째, 은퇴자에게 여가 시간이 증가한 것, 둘째, 인생 후반기에 재정적인 책임이 감소한 것이다(예: 자녀 지원). 책임의 감소는 상대적으로 마음대로 처분할 수 있는 소득의 비율을 더 높게 만들 수 있다. 이유야 어찌되었든, 노인의 더 높은 도박 빈도는 더 높은 비율의 문제성 도박과 병적 도박의 전조가 되기 때문에 잠재적 걱정의 원인이라 할 수 있다.

도박으로 인한 건강 문제

오락성이든 병적이든, 노인에게 미치는 도박의 영향은 상대적으로 덜 연구되었다. 초기 연구는 일상 활동에서 노인을 소외시키는 사회에서 노인이 도박을 통해 더욱 잘 참여할 수 있게 됨으로써 도박이 오히려 노인의 자존감을 높인다(Campbell, 1976)고 제안하였다. GIBS의 최근 자료들은 노인 도박자가 도박을 하지 않는 동료들보다 주관적으로 더 나은 건강 상태를 보고함을 발견하였다(Desai et al., 인쇄 중). 이는 책임감을 가지고 도박활동에 참여한다면, 제한적이지만 약간의 건강의 이익을 얻을 수 있음을 시사한다. 하지만 이러한 횡단 자료들은 선택 편향selection bias과 같은 요인들에 의해 크게 영향을 받을 수 있다. 즉, 도박이 건강을 향상시키는 것이 아니라 건강한 노인이 도박에 참여할 확률이 더 높다고 할 수 있다.

도박이 건강에 미치는 일부 효과는 노인에게 독특한 것일 수 있는데, 특히 카지노 도박에 참여하는 사람의 경우 그렇다. 첫째, 건강에 미치는 나쁜 효과는 대체로 담배연기로 가득 찬 환경 안에서 오랜 시간 앉아 있고, 평상시보다 식사 횟수가 적고, 심박률과 흥분 수준이 증가하는 게임에 참여하는 것과 관련이 있다. 이런 요인 중 어떤 것도 젊은 도박자에게는 특별히 시급한 관심사가 아니겠지만, 당뇨병이나 심장질환 또는 혈액순환 문제를 가진 노인 도박자에게는 커다란 걱정거리가 될 수 있다.

둘째, 커다란 재정적 손실이 건강에 미치는 결과가 노인에게 더 클 수 있는데, 그들은 일을 해서 이러한 손실을 메꿀 수 있는 능력이 제한적이기 때문이다. 커다란 재정적 손실은 의약품을 살 능력을 상실함으로써 빈약한 의료관리로 이어지거나, 줄어든 재산으로 살아갈 수 없게 되면서 독립성을 상실하게 되거나, 혹은 돈을 빌리거나 도박으로 인해 긴장이 고조된 가족관계 때문에 발생한 사회적 고립이 증가하는 것과 관련될 수 있다. 하지만 이러한 가설을 직접적으로 평가한 자료는 없으며, 앞으로 연구가 필요하다.

셋째, 특히 여자 노인이 도박 관련 문제나 도박과 관련된 건강 문제를 갖게 될 위험성이 높을 수 있다. 여자는 더 긴 평균수명으로 노인의 대다수를 차지하고 있으며, 그들의 비율은 모집단이 나이를 먹음에 따라 계속 증가할 것이다. 여자 노인은 남자 노인에 비해 훨씬 더 낮은 수입원 때문에 앞서 언급한 부정적인 건강에 대한 효과를 경험할 위험성이 훨씬 더 크고, 남편이 먼저 사망하면 과부가 되고 그에 따라 사회적으로 고립될 가능성이 더 높고, 남자 노인보다 당뇨병이나 고혈압과 같은 만성질환을 안고 살아갈 가능성 또한 더 높다. 모든 연령의 여자들이 남자보다 축약효과telescoping에 더 취약할 수 있고, 그래서 그들은 인생의 후반기에 도박을 시작하지만 남자보다 더 빠르게 도박 관련 문제들을 갖게 된다(Grant et al., 2001; Potenza et al., 2001; Tavares et al., 2001).

병적 도박의 평가와 치료

문제성 도박이나 병적 도박을 보이는 노인 환자는 몇 가지 이유로 젊은 환자보다 임상장면에서 확인될 가능성이 더 낮다. 첫째, 병적 도박이 있는 대부분의 사람들은 나이와 관계없이 치료장면에 나타나지 않으며, 노인은 더욱 그렇다. 문제성 도박이나 병적 도박에 대한 대부분의 연구들은 평균 40대 중반의 나이를 보고하는데, 이는 노인 도박자가 특히 도박 때문에 치료를 받고자 할 확률이 낮음을 시사한다.

둘째, 문제성 도박과 병적 도박이 있는 환자들은 전문적인 치료를 찾는 대신, 요통과 같은 정신과 신체 문제 호소나 우울, 불안 및 스트레스 관련 문제들을 가지고 일차 치료 장면에 나타나는 경향이 있다(McCown & Chamberlain, 2000; Pavalko, 2002; Stewart &

Oslin, 2001). 자연스럽게 이런 신체적 고통과 통증을 더 많이 경험하는 노인에게서, 일차 치료 장면에서 그들에게 내재되어 있는 도박 관련 문제를 탐지하기는 더 어려울 수 있다(McCown & Chamberlain, 2000; Stewart & Oslin, 2001). 이에 더해서 일차 치료 임상가들은 종종 정신과적 장애와 물질남용장애를 파악하는데, 특히 노인들에대해서 숙달되어 있지 않으며(Stewart & Oslin, 2001), 이러한 경향성은 문제성 도박과 병적 도박에까지 확장된다(McCown & Chamberlain, 2000).

셋째, 노인들은 몇 가지 이유로 도박과 관련된 문제를 거의 보고하지 않는데, 심지어 직접 물어보아도 그렇다. 노인 응답자는 우울증 및 알코올 의존과 같은 장애에 더 많은 낙인stigma을 붙이고, 그래서 그러한 증상 경험을 최소화하여 보고할 수 있다(Sirey et al., 2001a, 2001b). 엄청난 손실에 따른 스트레스나 과도하게 돈을 빌려서 생긴 가족과의 긴장과 같은 도박 관련 문제들에 대해서도 최소화할 수 있다. 이에 더해서, 독립성에 대한 과도한 추구나 남아 있는 제한된 독립성을 유지하려는 욕구가 재정적 압박이나 가족관계의 붕괴와 같은 특정한 증상들을 인정하는 것에 대해 커다란 저항을 촉발할 수 있다(Pavalko, 2002). 또한 빠른 인지적 감퇴가 병적 도박의 일반적 과정과 상호작용함으로써 원인과 결과에 대해 훨씬 더 많은 왜곡된 인상을 만들어 낼 수 있다. 병적 도박자들의 대다수가 도박을 자기 삶의 문제의 원인이 아니라 결과로 간주하지만, 노인 병적 도박자들은 자기 행동의 원인에 대해서 그리고 자신의 행동이 다른 사람들에게 미치는 효과에 대해서 훨씬 더 왜곡된 생각을 가지고 있을 수 있다(Pavalko, 2002).

병적 도박의 치료법 중 노인 환자에 맞추어서 개발된 것은 없다. 일반적으로 치료의 권장 사항들은 가능하다면 약물치료와 결합한 심리사회적 재활 치료 모형을 포함하고, 그것들 중 몇 가지는 효과성을 검증을 받았다. 하지만 이러한 권장 사항 중 일부는 노인 환자에게 적용하는 것이 특별히 어려울 수 있다. 이러한 것 중 한 가지 권장 사항은 환자에게 도박단서와 다른 도박자와의 관계를 피하도록 하는 것이며, 도박을 대체할 적절한 여가 활동을 찾는 것이다(Blaszczynski & Silove, 1995). 이런 선택안은 노인에게 특히 문제가 될 수 있는데, 그들은 도박을 매개로 정교한 사회적 구조를 발달시켰을 수 있기 때문이다. 노인은 사회적 유대가 거의 없는 경우가 많고(LaVeist et al., 1997; Thompson & Heller, 1990), 환자에게 그러한 유대관계를 끊고 그것을 대체하라고 요구하는 것은 이 연령 집단에게는 매우 어려운 것일 수 있다. 게다가 사회 활동이 오래전부터 도박과 크게 관련이 있었다면, 특히 제한된 신체적 · 인지적 능력이라는 맥락에서는 적절한 대체 활동을 찾는 것 또한 어려울 수 있다.

두 번째 권장 사항은 적절한 약물치료로 회복되는 동안 발생하는 우울증상과 불안증상을 치료하라는 것이다(Blaszczynski & Silove, 1995). 이것은 젊은 성인보다 노인에게서 더욱 어려운 일이 될 수 있다. 즉, 노인이 그러한 약물치료에 더 저항적일 수 있다(Chiam, 1994). 또한 그들은 향정신성 약물과 부정적으로 상호작용하는 다른 약을 먹고 있을지도 모른다.

세 번째 권장 사항은 도박과 관련된 잘못된 신념과 태도, 기대에 도전하고 수정하는 것이 필요하다는 것이다(Blaszczynski & Silove, 1995). 감소된 인지능력이나 초기 치매 증상, 알츠하이머병이나 편집증을 보이는 노인 환자들이 그러한 신념에 도전하는 것은 어려울 수 있다(Mendez et al., 2000; Urger, 1999).

마지막으로, 많은 치료자들은 다른 유형의 치료와 독립적이든 함께하든 간에 단도박 모임 출석이 중요하다고 제안한다. 하지만 이러한 견해가 반드시 보편적으로 인정받고 있는 것은 아니다(Blaszczynski & Silove, 1995; Pavalko, 2002). 아마도 지루함이나 더 많은 자유시간이 있어서 노인 환자들이 단도박 모임에 더 잘 참석하는 것으로 보고되었지만, 교통수단과 관련하여 제한된 능력을 가진 노인 환자들은 그러한 모임에 참석하는 데 어려움을 경험할 수 있다(Grant et al., 2001).

몇 가지 약물치료가 밝은 전망을 보여 주지만, 문제성 도박과 병적 도박에 뚜렷하게 효과적인 약물은 아직 없다(Grant et al., 2003). 대부분의 치료 연구들은 나이에 따른 치료의 효과를 분리하지 않았고, 다른 요인들이 같을 때(예: 약물 상호작용 효과) 치료 효과가 연령에 따라 다를 것이라는 증거도 거의 없었다. 하지만 앞으로 치료 연구를 수행할 연구자들은 연령 범위에 따른 특정한 효과를 탐색하고자 할 것이다. 게다가 어떤 사례 보고는 도파민 촉진 약물에 대한 민감성이 다를 수 있으며, 이것이 병적 도박을 보이는 노인의 치료에서 중요한 역할을 할지도 모른다는 점을 제안한다. 앞으로의 연구에서 노년 집단에 대한 그러한 약물들의 유익한 효과를 구체적으로 탐색할 수 있을 것이다.

결론

노인의 도박은 지난 몇 십 년 동안 극적으로 증가하였고, 노인들은 도박 산업의 주요한 타깃이 되었다. 이러한 결과, 노인이 문제성 도박과 병적 도박을 발달시킬 위험성이 잠재적으로 증가하였다. 도박 관련 장애의 유병률은 일반적으로 나이를 먹음에 따라 감소하지만, 시간이 지나면서 이러한 차이가 줄어들고 있다. 사실, 도박이 사회적으로 더 받아들여지고 널리 이용 가능해짐에 따라 노인의 문제성 도박의 비율은 상당히 증가할 가능성이 있다. 또한 노인 도박자는 젊은 성인과 다른 도박패턴을 가지고 있고, 이러한 차이는 노인 도박자의 건강과 안녕감에 중요한 함의를 가질 것이다. 젊은 환자에게서보다 도박 문제가 덜 만연해 있지만, 병적 도박을 보이는 노인은 나이와 공존하는 의학적 문제들, 정신건강치료에 대한 태도와 관련하여 독특한 치료의 도전거리들을 가질 수 있다.

참고문헌

American Psychiatric Association. (1994). Diagnostic and Statistical Manual of Mental Disorders, 4th Edition. Washington, DC, American Psychiatric Association.

Blaszczynski, A., Silove, D. (1995). Cognitive and behavioral therapies for pathological gambling. J Gambl Stud 11:195-220.

Breen, R. B., Zimmerman, M. (2002). Rapid onset of pathological gambling in machine gamblers. J Gambl Stud 18:31-43.

Campbell, F. F. (April 1, 1976). The future of gambling. The Futurist, pp. 84-90.

Chiam, P. C. (1994). Depression of old age. Singapore Med J 35:404-406.

Custer, R. L. (1984). Profile of the pathological gambler. J Clin Psychiatry 45:35-38.

Desai, R. A., Maciejewski, P. K., Dausey, D. J. et al. (in press.) Health correlates of recreational gambling in older adults. Am J Psychiatry.

Gosker, E. (1999). The marketing of gambling to the elderly. Elder Law Journal 7:184-216.

Grant, J. E., Kim, S. W., Brown, E. (2001). Characteristics of geriatric patients seeking medication treatment for pathologic gambling disorder. J Geriatr Psychiatry Neurol 14:125-129.

Grant, J. E., Kim, S. W., Potenza, M. N. (2003). Advances in the pharmacolo gical treatment of pathological gambling. J Gambl Stud 19:85-109.

Gschwandtner, U., Aston, J., Renaud, S. et al. (2001). Pathologic gambling in patients with Parkinson's disease. Clin Neuropharmacol 24:170-172.

Higgins, J. (2001). A comprehensive policy analysis of and recommendations for senior center gambling trips. J Aging Soc Policy 12:73-91.

La Veist, T. A., Sellers, R. M., Brown, K. A. et al. (1997). Extreme social isol ation, use of community-based senior support services, and mortality among African American can elderly women. Am J Community Psychol 25:721-732.

McCown, W. G., Chamberlain, L. L. (2000). Best Possible Odds: Contempor ary Treatment Strategies for Gambling Disorders. New York, Wiley.

McNeilly, D. P., Burke, W. J. (2000). Late life gambling: the attitudes and behaviors of older adults. J Gambl Stud 16:393-415.

McNeilly, D. P., Burke, W. J. (2001). Gambling as a social activity of older adults. Int J Aging Hum Dev 52:19-28.

McNeilly, D. P., Burke, W. J. (2002). Disposable time and disposable income: problem casino gambling behavior in older adults. Journal of Clinical Geropsychology 8:75-85.

Mendez, M. F., Bronstein Y. L., Christine, D. L. (2000). Excessive sweepstakes participation by persons with dementia. J Am Geriatr Soc 48:855-856.

Mok, W. P., Hraba, J. (1991). Age and gambling behavior: a declining and shifting pattern of participation. J Gambl Stud 7:313-335.

Molina, J. A., Sainz-Artiga, M. J., Fraile, A. et al. (2000). Pathologic gambling in Parkinson's disease: a behavioral manifestation of pharmacologic treatment? Mov Disord 15:869-872.

National Opinion Research Center. Gambling Impact and Behavior Study: Report to the National Gambling Impact Study Commission. Chicago, IL, National Opinion Research Center at the University of Chicago, 1999. Available at: http://www.norc.uchicago.edu/new/gamb-fin.htm. Accessed December 13, 2003.

Park, M., Yang, X., Lee, B. et al. (2002). Segmenting casino gamblers by involvement profiles: a Colorado example. Tourism Management 23:55-65.

Pavalko, R. M. (2002). Problem gambling among older people, in Treating Alcohol and Drug Abuse in the Elderly. Edited by Gurnack, A. M., Atkinson, R. M., Osgood, N. J. New York, Springer, pp. 190-213.

Potenza, M. N., Steinberg, M. A., McLaughlin, S. D. et al. (2001). Gender-related differences in the characteristics of problem gamblers using a gambling helpline. Am J Psychiatry 158:1500-1505.

Seedat, S., Kesler, S., Niehaus, D. J. H. et al. (2000). Pathological gambling behaviour: emergence secondary to treatment of Parkinson's disease with dopaminergic agents. Depress Anxiety 11:185-186.

Sirey, J. A., Bruce, M. L., Alexopoulos, G. S. et al. (2001a). Perceived stigma as a predictor of treatment discontinuation in young and older outpatients with depression. Am J Psychiatry 158:479-481.

Sirey, J. A., Bruce, M. L., Alexopoulos, G. S. et al. (2001b). Stigma as a barrier to recovery: perceived stigma and patient-rated severity of illness as predictors of antidepressant drug adherence. Psychiatr Serv 52:1615-1620.

Stewart, D., Oslin, D. W. (2001). Recognition and treatment of late-life addic tions in medical settings. Journal of Clinical Geropsychology 7:145-158.

Tarras, J., Singh, A. J., Moufakkir, O. (2000). The profile and motivations of elderly women gamblers. Gaming Research and Review Journal 5:33-46.

Tavares, H., Zilberman, M. L., Beites, F. J. et al. (2001). Gender differences in gambling progression. J Gambl Stud 17:151-159.

Thompson, M. G., Heller, K. (1990). Facets of support related to well-being: quantitative social isolation and perceived family support in a sample of elderly women. Psychol Aging 5:535-544.

Unger, B. L. (1999). Deceptive Mail: Consumers' Problems Appear Substantial. Washington, DC, U. S. General Accounting Office, pp. 1-22.

U.S. Census Bureau: Resident Population Estimates of the United States by Age and Sex: April 1, 1990 to July 1, 1999, With Short-Term Projection to November 1, 2000. Washington, DC, U. S. Census Bureau, 2001. Available at: http://eire.census.gov/popest/archives/national/nation2/intfile2-1.txt. Accessed December 13, 2003.

07 성차

Jon E. Grant, J.D., M.D., M.P.H.
Suck Won Kim, M.D.

병적 도박의 여러 측면 중, 남성과 여성의 성차性差라는 주제는 지난 5년간 점점 많은 관심을 받아 왔다. 병적 도박은 주로 남자와 관련된 문제이지만, 여자의 병적 도박이라는 최근의 주제도 역학, 현상학, 정신과적 공존장애comorbidity(역자 주: 공존장애란 2개 또는 그 이상의 조건이나 장애가 동시에 나타나는 것이다), 생물학에서의 중요한 성차로서 관심을 받고 있다. 이러한 성차는 치료에서 중요한 함의를 갖는다. 이 장에서는 임상적 관점에서 성차와 관련된 사실들을 검토할 것이다.

사례 1

현재 29세인 마이클은 15세 때부터 아버지와 도박을 하였다. 아버지는 그에게 포커를 가르쳤고, 스포츠 경기에 베팅하는 것을 격려하였다. 마이클은 점차 친구와도 돈을 걸고 포커를 하기 시작했다. 도박을 하느라 과외활동을 위한 돈이 없을 때가 가끔 있었지만, 24세가 될 때까지는 그렇게 크게 문제가 되지는 않았다. 24세가 되자 마이클은 카지노에 다니기 시작했다. 그는 지역의 카지노 광고를 보게 될 때, 그리고 많은 돈을 따는 환상에 의해 도박 욕구가 생김을 보고하였다.

시간 집약적인 직업인 회계일을 함에도 불구하고, 마이클은 일주일에 대략 3일은 저녁에 블랙잭을 했다. 카지노에서 딱 2~3시간만 있다가 오겠다고 다짐하지만, 한번 방문하면 대부분 8~10시간을 블랙잭을 하였다. 더구나 그는 점점 많은 돈을 베팅하기 시작하였고, 도박 때문에 업무에 지장이 있었다. 늦게까지 카지노에서 도박을 했기 때문에 자주 피곤하였고, 또한 잃어버린 돈을 찾겠다는 생각에 지나치게 몰두하였기 때문에 업무 집중력이 감소해서 동료와 사장의 주목을 받게 되었다.

그의 가정생활에도 문제가 있었다. 자기 자신과 아내에게 가족 행사를 기억하고 참석할 것을 다짐하지만, 마이클은 가족 행사 당일이 되면 도박을 하러 가곤 했다. 그러고는 아내에게 자신의 행방에 관해 거짓말을 하였다. 그는 이러한 거짓말을 하면서 죄책감과 부부 갈등을 경험하게 되었다. 이와 같은 이유로 이혼과 실직당할 것이라는 두려움 때문에 마이클은 도박 치료를 받기로 했다.

사례 2

수잔은 48세가 되어서 도박을 처음 시작했다. 그녀는 카지노에 처음 갔을 때를 기억한다. 친구들이 그녀에게 같이 모여서 저녁 식사도 하고 함께 놀자고 했다. 수잔과 친구들은 한 달에 두 번씩 카지노에 가기 시작했다.

수잔은 처음에는 니켈슬롯머신(역자 주: 5센트를 사용하는 슬롯머신. 적은 금액으로 할 수 있는 것이 장점인 슬롯머신의 일종이다)을 하였다. 니켈슬롯머신에서 이길 때 느끼는 쾌감은 시간이 갈수록 감소하여 2년 후에는 달러슬롯머신을 할 때만 쾌감을 느낄 수 있게 되었다.

수잔은 카지노에서 도박을 시작한 2년 후, 자신에게 문제가 있음을 깨닫게 되었다. 이제 그녀는 친구들과 카지노에 가는 것을 원하지 않았다. 그녀는 친구들과 같이 있으면 베팅에 집중하기가 어렵고, 친구들이 도박을 진지하게 하지 않는다고 하였다. 그녀는 혼자 카지노에 가기 시작하였다. 이렇게 하면서 수잔은 더 자주 카지노에 가게 되었고, 더 많은 시간을 머물게 되었다.

수잔은 자신의 기분이 도박에 대한 갈망을 유발한다고 하였다. 일 때문에 불안해지거나 남편과의 갈등으로 외롭거나 우울해지면, 그녀는 카지노로 갔다. 직장에서의 스트레스가 아주 심해지면, 그녀는 종종 일찍 퇴근을 하였다. 결근이 잦고 자주 자리를 비웠기 때문에 수잔은 결국 직장을 잃었다. 도저히 감당할 수 없는 상황이 되어서야 남편에게 이러한 문제를 이야기하였기 때문에, 수잔은 결국 이혼하게 되었다.

기분이 좋으면 수잔은 도박을 하지 않고 몇 주를 지낼 수 있었다. 이럴 때 그녀는 자신이 문제를 통제할 수 있고 치료가 필요 없다고 느꼈다. 그러나 그녀의 이러한 상태는 얼마 가지 않았다. 그녀의 한 친구가 강권했기 때문에 수잔은 마지못해 치료를 시작하였다.

역학

일반 모집단

문헌들을 메타분석한 최근의 연구에 따르면, 북아메리카의 성인 220만 명(1.6%)이 병적 도박자였고, 이에 더하여 530만 명(3.9%)이 병적 도박으로 발전할 위험이 있다는 결론을 내렸다(Shaffer et al. 1999). 역학 연구에 따르면, 미국의 병적 도박자 중 여성의 비율은 대략 32%였다(Cunningham-Williams et al. 1998; National Gambling Impact Study Commission, 1999; Shafer et al. 1999; Volberg, 1994).

그런데 이 역학연구의 결과가 여성 병적 도박자의 크기를 정확히 반영하고 있는지는 의문이다. 그보다는 유병률이 도박행동에 영향을 주는 사회적 규준과 더 관련이 있을지도 모른다. 지금처럼 카지노와 복권을 쉽게 이용할 수 있기 전에는 남성이 주로 하는 스포츠, 카드 그리고 경마가 주된 도박이었다(Ladd & Petry, 2002). 그래서 과거에는 여성이 지금처럼 도박으로 문제를 일으키는 경우가 드물었을 것이며, 이러한 코호트 현상cohort phenomenon이 역학연구의 결과에 반영되었을 것이다. 그러나 오늘날 접근하기 쉬운 도박이 많아지면서, 여성 병적 도박자의 비율은 남성에 근접하거나 동등하게 되었다.

임상 모집단

도박중독 임상 모집단의 성비를 보면, 일반인구 표본에서 발견된 것보다 높은 비율의 여성이 도박중독치료를 받고 있음을 알 수 있다. 지금까지 7개의 이중맹검연구double-blind studies(역자 주: 환자와 치료자 모두에 치료약 또는 치료변수와 위약의 구별을 알리지 않고, 제3자만이 그것을 알고 실시하는 치료변수 또는 약효 검증법이다)(Blanco et al., 1992; Grant et al., 2003; Haller & Hinterhuber, 1994; Hollander et al., 1992, 2000; Kim et al., 2001, 2002), 5개의 공개연구open-label 또는 단일맹검연구single-blind studies(Hollander et al., 1998; Kim & Grant, 2001a; Pallanti et al., 2002a, 2002b; Zimmerman et al., 2002), 두 개의 약물치료 사례연구(Crockford & el-Guebaly, 1998; Moskowitz, 1980)가 출간되었다. 이 연구에는 총 308명의 피험자가 참가하였는데, 여성은 129명(41.9%)으로 역학연구에서 확인된 비율보다 높았다. 이러한 결과는 다른 정신장애의 연구결과와도 일치하는데, 이는 여성이 남성에 비해 정신건강치료 받는 것을 선호함을 보여 준다.

그러나 임상연구에서 여성의 높은 비율이 확인되었지만, 이것이 여성의 도박 문제의 정도를 정확히 반영하는 것은 아니다. 원인이 충분히 검토된 것은 아니지만, 여성이 실제보다 치료 프로그램에 참여하는 비율이 적다는 것이 오래전부터 주장되어 왔다

(Mark & Lesieur, 1992). 부분적으로는 이러한 결과가 여성 병적 도박자가 도박 문제를 치료하려는 자발성이 낮다는 것을 반영하는 것일 수 있다(Grant & Kim, 2002; Ladd & Petry, 2002). 알코올중독치료와 관련된 문헌을 보면, 여성에게는 여성 특유의 치료를 가로막는 장벽gender-specific barrier이 있는데, 예를 들면 자금조달의 어려움, 자녀 양육, 교통수단 확보의 어려움 등이 그것이다(Brady & Randall, 1999). 여성 병적 도박자에게도 이와 유사한 장벽이 존재하는지는 현재로서는 확실하지 않다. 알코올중독치료 연구에서 유추할 수 있는 다른 설명을 보면, 여성은 심각한 도박 삽화 이후 치료를 받으려 하는 반면, 남성은 보다 만성적인 기간이 지난 후에 치료를 받으려 한다(Ladd & Petry, 2002). 어떤 여성은 그저 아직 '최악의 상황'이 아니기 때문에 치료를 받으려 하지 않는지도 모른다. 그러나 남녀 간의 이러한 치료 동기에서의 차이는 임상표본에서 발견된 성비에 대한 단서를 제공할 수 있다.

그러나 임상표본의 피험자 성비는 연령 변수의 영향 때문일지도 모른다. 약물치료연구에서 임상 모집단의 연령 변수 때문에, 남녀 성비가 비슷한 쪽으로 편포했을 가능성이 있다. 이 연구에서 피험자의 평균 연령은 대략 40~45세였다. 더 나이가 많은 병적 도박자를 대상으로 한 다른 2개의 연구에서는 많은 비율의 여성이 치료를 받고자 했다(Grant et al., 2001; Petry et al., 2002). 앞서 제시한 두 가지 사례에서 보여 주는 것처럼, 여성은 더 나이가 들어서 도박을 시작하는 경향이 있으며, 그래서 표본의 연령이 성비에 영향을 주었을 것으로 보인다. 임상장면에서는 특히 중년 이상 여성의 경우, 이전에 추측했던 것보다 병적 도박이 흔하기 때문에 주의해서 판별하여야 한다.

현상학

질병의 경과

앞서 제시한 사례들은 남성과 여성 병적 도박자 사이의 많은 특징적 차이를 보여 준다. 아마도 관련 연구에서 가장 많이 반복된 결과는 질병의 경과course of illness가 여성의 경우에 다르다는 점일 것이다. 돈을 걸고 처음 도박을 시작한 연령과, 도박에서 비롯된 문제를 자각한 연령까지의 기간이 남성에 비해 여성의 경우 더 짧은 것으로 보인다(Grant & Kim, 2002; Ibáñez et al., 2003; Ladd & Petry, 2002; Martins et al., 2002; Potenza et al., 2001; Tavares et al., 2001). 이러한 축약효과telescoping effect, 즉 여성의 도박중독 진행이 가속적인 것은 알코올사용장애 그리고 아편의존과 같은 다른 중독성 질환 관련 문헌에서도 나타나고 있다(Brady & Randall, 1999; Randall et al., 1999).

도박을 유발하는 것들

남성이 정서 상태와는 무관하게 도박에 대한 갈망을 흔히 보고하는 것과는 달리, 여성 병적 도박자는 스트레스, 즉 불만족한 상황이나 우울에서 탈출하기 위한 수단으로 도박을 한다고 보고하는 경향이 있다(Grant & Kim, 2002; Ladd & Petry, 2002; Potenza et al., 2001; Trevorrow & Moore, 1998). 몇몇 연구에서 여성 병적 도박자는 도박을 유발하는 것으로 설명할 수 있는 기분장애가 높은 비율로 나타났지만(Ibáñez et al., 2003), 주로 남성 병적 도박자로 이루어진 표본에서도 비슷한 비율의 기분장애가 발견되었다(Black & Moyer, 1998). 왜 여성에게서 정서 상태가 더 주요한 유발인자가 되는가는 사회적 상황이 설명할 수 있을 것이다. Ladd와 Petry(2002)는 여성 병적 도박자의 가정 환경이 보다 불안정하고, 스트레스를 주고, 비지지적일지도 모른다고 제안하였다.

여성 병적 도박자가 보고하는 도박을 유발하는 정서 상태는, 여성이 선호하는 도박의 종류와 상관이 있는 것으로 보인다. 선택하는 도박은 이용 가능성availability에 크게 의존하지만, 여성은 빙고 또는 슬롯머신과 같은 비전략적인 형식의 도박을 선호하는 것으로 보인다(Grant & Kim, 2002; Potenza et al., 2001; Tavares et al., 2001). 비전략적인 형식의 도박은 보다 도피 지향적escape oriented이지만, 남성이 선호하는 스포츠 도박이나 블랙잭 같은 전략적 도박은 보다 행위 지향적action oriented인 특성을 보인다(Potenza et al., 2001). 이러한 행위 지향적 도박은 남성 병적 도박자의 높은 수준의 감각 추구적 성향을 반영한다(Blaszczynski et al., 1997; Vitaro et al., 1997).

여성은 흔히 우울감 등 정서적 증상이 자신의 도박중독을 유발한다고 보고하지만, 실제로는 이들이 기분장애의 진단준거를 충족하는 경우는 적은 편이다. 그러나 이들에게 잠재된 우울감이 있어서 도박을 좋아하게 되었을 가능성은 있다. 그러므로 여성 도박자와의 면담에서는 그녀가 우울하거나 불안한지뿐만 아니라 도박할 때의 정서적 맥락에 관해서도 질문하여야 한다. 알코올중독치료 연구들에 따르면, 여성은 부정적 정서에 적응하기 위해 술을 사용하는데, 술을 자제하려고 할 때 이를 대체할 만한 것을 찾는 것이 쉽지 않다(Rubin et al., 1996). 환자에게 자신의 기분과 도박행동을 기록하도록 하면, 정서와 도박이 어떠한 관계가 있는지를 파악할 수도 있고, 또한 도박을 할 위험성이 가장 높은 시간도 확인할 수 있다. 도박을 유발하는 정서적 단서가 밝혀지지 않는다면, 치료에서 습관성 도박의 원인을 찾아내는 것에 초점을 맞추지 않아도 될 것이다.

공존장애

연구에 따르면 병적 도박자는 기분장애(60~76%)(Linden et al., 1986; McCormick et al., 1984; Roy et al., 1988), 불안장애(16~40%)(Crockford & el-Guebaly, 1998; Ibáñez et al., 2001), 약물남용장애(33~63%)(Black & Moyer, 1998; Grant et al., 2002)의 평생 유병률이

높은 것으로 나타났다. 공존장애의 성차와 관련한 한 연구에 따르면, 남성 병적 도박자는 공존장애로 알코올남용장애를 경험하기 쉬운 반면 여성 병적 도박자는 공존장애로 기분장애를 경험하기 쉽다고 한다(Ibáñez et al., 2001). 여성 병적 도박자의 높은 비율의 공존 기분장애는 왜 여성 도박자가 자살 시도를 많이 하는지를 설명할 수 있을 것이다(Potenza et al., 2001). Potenza 등(2001)은 남성 도박자가 약물사용과 관련된 문제를 보다 많이 보고하는 경향이 있음을 보고하였다. Ladd와 Petry(2002)도 이러한 연구 결과와 비슷한 결과를 보고하였는데, 즉 남성 병적 도박자가 여성 도박자보다 이전에 약물남용으로 치료를 받은 경험이 많았다는 것이다.

공존장애의 다른 측면과 관련해서는 연구 결과들이 일관되지 않았다. 예를 들어, 한 연구에 따르면 여성 도박자가 남성보다 도박 때문에 불안을 더 많이 경험한다고 하였다(Potenza et al., 2001). 그러나 해밀턴 불안척도Hamilton Anxiety Scale를 사용한 다른 연구에서는 성차에 따른 점수 차이는 발견되지 않았다(Grant et al., 2003). 또한 남성과 비교해서 여성 도박자가 명백한 불안장애를 높은 비율로 경험한다는 증거도 존재하지 않는다(Ibáñez et al., 2003). 반사회적 특성이 남성 병적 도박자에게서 더 많이 발견되는 것 같다는 어떤 징후를 제외하고는, 성격장애의 빈도는 성차를 보이지 않았다(Ibáñez et al., 2003).

병적 도박자의 공존장애 문제를 검토할 때, 전문가들은 일반 인구에서 나타나는 정신과적 장애의 성차를 고려하여야 한다. 일반 인구를 대상으로 한 역학연구에 따르면, 정서장애는 여성에게서 보다 흔하다(Kessler et al., 1994). 반면 알코올사용장애는 남성에게서 보다 흔하다(Hezler et al., 1991). 병적 도박자의 공존장애에서의 성차는 일반 인구에서 나타나는 정신과적 장애에서의 성차를 반영하는 것일 가능성이 있다.

도박에서 비롯되는 문제들

도박행동에서 비롯되는 문제가 성차에 따라 다르게 나타날지도 모른다. 병적 도박자의 법적 문제는 상당히 흔한 편이지만(Grant & Kim 2000), 도박자의 위법행동에 대한 최근 연구들은 그 결과가 일치하지 않고 있다. 예를 들어 한 연구에 따르면, 남성 병적 도박자들이 더 많은 위법행동을 보고하였다(Ladd & Petry, 2002). 그러나 다른 연구에 따르면 남성과 여성 문제성 도박자가 보고한 도박과 관련된 위법행동의 비율은 비슷했다(여성 21.4%, 남성 22.3%)(Potenza et al., 2000). 다른 두 개의 연구에서도 성차에 따른 위법행동에 차이가 없는 것으로 나타났다(Grant & Kim 2001; Ibáñez et al., 2003). 마지막으로, 두 개의 연구에 따르면 남성 도박자가 위법행동으로 구속되는 경우가 여성 도박자에 비해 많은 것으로 나타났다(Ladd & Petry, 2002; Potenza et al., 2001).

몇몇 연구에 따르면, 여성 문제성 도박자가 도박에서 비롯된 재정적 문제를 보다 자주 경험하며, 높은 비율의 재정적 문제는 남성과 여성 도박자 집단 모두에서 발견된다(Grant & Kim 2001;

Ibáñez et al., 2002; Potenza et al., 2001). 특히 대부분의 남녀 병적 도박자들은 도박으로 인한 신용카드상의 문제를 보고하며(Grant & Kim, 2001; Potenza et al., 2001), 두 집단의 약 1/4은 도박 빚 때문에 파산신청을 한다(Grant & Kim, 2001). 또한 Ibáñez 등(2003)에 따르면, 남성은 여성보다 도박에 의한 결혼생활의 문제를 더 많이 경험하는 것으로 나타났다.

성격 차이

남성 도박자와 여성 도박자 사이에 개별적인 성격장애의 수는 차이를 보이지 않았지만(Ibáñez et al., 2003), 병적 도박자의 성격 특성에는 성차가 영향을 줄 가능성이 있다. 그러나 성격특성과 관련하여 남성과 여성 도박자가 얼마나 다른지는 분명하지 않다(Kim & Grant, 2001b). 한 연구에 따르면, 병적 도박자는 통제 집단에 비해 자극 추구적 특성과 충동성이 유의하게 큰 것으로 나타났다(Kim & Grant, 2001b). 다른 척도를 사용하여 성격특성을 평가한 다른 연구에 따르면, 여성보다 남성 병적 도박자가 보다 자극 추구적이고 실험적이었다(Ibáñez et al., 2003). 이와 같이 서로 다른 척도를 사용하여 실시된 단지 2개의 연구만 존재하므로, 남성과 여성 병적 도박자의 성격 차이와 관련하여 의미 있는 결론을 내리기 위해서는 더 많은 심도 있는 연구로부터의 자료들이 필요하다.

유전의 패턴

행동유전학behavioral genetic은 특정 행동이나 특정 질환에 대한 일란성 쌍생아와 이란성 쌍생아의 일치율concordance을 비교함으로써, 유전과 환경이 특정 행동과 질환에 기여하는 정도를 추정하는 데 사용된다. 남성 쌍생아를 대상으로 했던 한 연구는 가족 요인familial factor, 즉 가족의 유전적 요인과 환경요인이 병적 도박 발생의 56~62%를 설명했다. 병적 도박의 평생 유병률은 일란성 쌍생아의 경우 22.6%, 이란성 쌍생아의 경우 9.8%였다(Eisen et al., 1998).

역시 남성 병적 도박자만을 대상으로 했던 다른 쌍생아 연구는 병적 도박과 알코올사용장애 사이의 연관성을 조사하였다(Slutske et al., 2000). 이 연구에서는 병적 도박과 알코올사용장애 모두에서 병적 도박이 발생할 위험의 유전적 변량이 12~20%인 것으로 나타났다. 또한 병적 도박과 알코올사용장애 사이의 중복되는 부분의 64%를 유전적 요인이 설명하였다. 이 연구에서는 이 두 장애 모두 3~8%의 비공유 환경 변량nonshared environmental variation을 갖고 있었다. 같은 연구에서, 병적 도박과 반사회성 행동장애의 동시 발생은 우연 확률 이상이었으며, 이는 이 두 장애의 동시 발생이 적어도 부분적으로는 공통적인 유전적 요인에 의함을 보여준다(Slutske et al., 2001).

이 연구들은 남성 병적 도박자만을 대상으로 했기 때문에, 이러한 발견을 어떻게 여성 병적 도박자에게 적용할 수 있는지는 확실하지 않다. 그러나 또 다른 연구가 유전적 영향의 차이에 관하여 힌트를 제공하였다. 이 연구에 따르면, 병적 도박의 남성과 여성 발단자proband의 알코올사용장애를 앓는 일급친족의 비율은 동등하게 높았다(Grand & Kim, 2001).

다른 유전적 차이도 또한 조사되었다. 한 연구에 따르면, 도파민 D_4 수용체의 기능을 비효율적으로 만드는 도파민 D_4 수용체 유전자(DRD4)와 여성 병적 도박자 사이에 유의한 연관이 있음이 발견되었다(Perez de Castro et al., 1997). 또한 세로토닌과 병적 도박 사이에 연관이 있으며, 모노아민 산화효소 A 유전자의 DNA 다형성polymorphism(역자 주: 한 종의 생물체로 이루어진 집단 내에 유전적으로 결정된 몇 개의 뚜렷한 형태들이 존재하는 것으로, 예를 들면 혈액형이 있다)과 심한 병적 도박인 남성 하위 집단과의 사이에 연관이 있을 가능성이 발견되었다(Ibáñez et al., 2000). 세로토닌과 관련된 다른 발견도 있었다. 남성 병적 도박자는 세로토닌 전달에 관여하는 유전자의 다형성이 덜 효과적인 변이를 갖는 경향이 높아 보인다는 것이다(Perez de Castro et al., 1999). 이러한 발견이 시사하는 것은 병적 도박의 병리생리학에 유전적 요인이 기여하며, 이러한 유전적 요인이 성에 따라 다를 수 있음을 시사한다. 여성과 남성 병적 도박자 사이의 유전적 차이에 대한 보다 심화된 연구가 필요하다.

치료의 이용과 반응성

성별에 따른 치료적 반응을 체계적으로 수행한 연구는 거의 없었다. 남성과 여성 병적 도박자들이 모두 치료를 받으려 하고, 치료에 대한 반응에서 거의 차이가 없다고 가정해 보자. 앞서 언급한 12개 약물치료 연구 중 단지 4개 연구만이(이 장의 '임상 모집단' 참조) 성에 기초한 반응 분석을 포함하고 있다. 항우울제인 네파조돈nefazodone, 파록세틴paroxetine 그리고 아편 수용체 길항제인 날트렉손naltrexone을 시험적으로 투약했을 때, 약물 투약에 대한 반응에서 어떤 성차도 발견되지 않았다(Grant et al., 2003; Kim et al., 2001, 2002; Pallanti et al., 2002a). 선택적인 세로토닌 재흡수 억제제인 플루복사민fluvoxamine을 포함한 단지 한 번의 시험적 투약에서만 남성 도박자는 위약을 투약한 집단에 비해 유의하게 치료 반응성이 더 좋았다(Blanco et al., 2002). 인지행동치료를 사용한 두 개의 연구에서는 성과 관련된 반응이 평가되지 않았다(Ladouceur et al., 2001; Sylvain et al., 1997). 현재까지 출간된 연구들의 경우 사용된 표본이 작기 때문에 치료 반응에서의 성과 관련된 차이를 탐지하기에는 부족하다. 앞으로 보다 많은 표본을 사용한 심화연구를 통해 병적 도박자인 남성과 여성의 적절한 치료를 위한 통찰을 얻을 수 있기를 기대한다.

치료에의 함의

치료 반응에서의 성차를 더 잘 이해하면, 보다 효과적인 예방과 치료 전략의 개발에 도움이 될 것이다. 예를 들면, 여성이 남성보다 병적 도박으로의 진행이 훨씬 빠르기 때문에, 여성의 경우 이상적으로는 도박중독이 시사된 처음부터 보다 일찍이 치료적 개입이 시작되어야 한다. 도박의 유발인자에서의 성차는 치료에 관해 함축하는 것이 많다. 여성 도박자를 치료할 때에는(축 I의 기분장애의 진단준거를 충족하지 않는 경우를 포함하여)정서 증상에 초점을 맞추어야 하며, 가정 환경의 걱정거리에 대해 이야기해야 한다. 역으로, 남성 도박자를 위한 최선의 치료는 다양한 감각 추구적 행동에 대한 인지행동치료일 수 있다. 또한 병적 도박에 알코올사용장애가 동반된 남성의 경우 보다 집중적인 치료가 필요할지도 모른다. 왜냐하면 이런 환자는 병적 도박이나 알코올사용장애만 있는 남성에 비해 보다 기능적으로 손상되어 있어 예후가 좋지 않을 것이기 때문이다(Bukstein et al., 1989).

결론

최근의 연구에 기초하여, 남성과 여성 병적 도박자의 차이에 대한 보다 깊은 이해가 드러나고 있다. 여성은 삶의 후반기에 도박을 시작하지만, 도박을 시작한 후에는 빠른 속도로 병적 도박으로 발전하는 경향이 있다. 여성은 기분이 좋지 않을 때 자가 치료의 방편으로 도박을 사용하는 경향이 있다. 반면 남성의 경우 감각 추구 또는 경쟁적인 위험 감수가 보다 우세한 요인이다. 남성은 알코올사용장애가 동반되는 경우가 더 많다. 큰 표본을 이용한 치료 연구가 상대적으로 적기 때문에 성과 관련된 차이를 직접 검토하기는 어렵지만, 일반적으로 여성과 남성 모두 약물치료와 심리치료에 동등하게 잘 반응하는 것으로 보인다.

성차는 치료에서 상당한 의미를 갖는다. 여성 도박자에게서 볼 수 있는 축약효과는, 도박을 시작한 후 되도록 조속한 치료적 개입이 필요하며, 중년과 노년 집단의 경우 도박 문제가 나타날 가능성이 높음을 강력하게 시사하는 것이다. 또한 연구 자료는 청소년 집단에 대한 예방과 치료적 노력이 필요함을 시사한다. 이들 집단에서는 특히 남성 문제성 도박자 및 병적 도박자의 비율이 불균형적으로 높다. 치료에서 성과 관련된 난관이나 문제들이 밝혀져야 하며, 이를 통해 보다 많은 병적 도박자가 치료를 받으려 하고, 치료를 받고, 도움을 받아야 한다. 공존장애, 특히 남성 병적 도박자의 알코올사용장애는 보다 집중적인 치료적 개입을 필요로 한다. 우리는 남성과 여성 병적 도박자를 비교함으로써, 남성과 여성 모두에게 도움이 되는 치료적 효과를 얻기 위한 풍부한 결과를 얻게 될 것이다.

참고문헌

Black, D. W., Moyer, T. (1998). Clinical features and psychiatric comorbidity of subjects with pathological gambling behavior. Psychiatr Serv 49:1434-1439.

Blanco, C., Petkova, E., Ibäñez, A. et al. (2002). A pilot placebo-controlled study of fluvoxamine for pathological gambling. Ann Clin Psychiatry 14:9-15.

Blaszczynski, A., Steel, Z., McConaghy, N. (1997). Impulsivity in pathological gambling: the antisocial impulsivist. Addiction 92:75-87.

Brady, K. T., Randall, C. L. (1999). Gender differences in substance use disorders. Psychiatr Clin North Am 22:241-252.

Bukstein, O. G., Brent, D. A., Kaminer, Y. (1989). Comorbidity of substance abuse and other psychiatric disorders in adolescents. Am J Psychiatry 146:1131-1141.

Crockford, D. N., el-Guebaly, N. (1998). Psychiatric comorbidity in patholog ical gambling: a critical review. Can J Psychiatry 43:43-50.

Cunningham-Williams, R. M., Cottler, L. B., Compton, W. M. III. et al. (1998). Taking chances: problem gamblers and mental health disorders—results from the St. Louis Epidemiologic Catchment Area Study. Am J Public Health 88:1093-1096.

Eisen, S. A., Lin, N., Lyons, M. J. et al. (1998). Familial influences on gambling behavior: an analysis of 3359 twin pairs. Addiction 93:1375-1384.

Grant, J. E., Kim, S. W. (2001). Demographic and clinical features of 131 adult pathological gamblers. J Clin Psychiatry 62:957-962.

Grant, J. E., Kim, S. W. (2002). Gender differences in pathological gamblers seeking medication treatment. Compr Psychiatry 43:56-62.

Grant, J. E., Kim, S. W., Brown, E. (2001). Characteristics of geriatric patients seeking medication treatment for pathologic gambling disorder. J Geriatr Psychiatry Neurol 14:125-129.

Grant, J. E., Kushner, M. G., Kim, S. W. (2002). Pathological gambling and alcohol use disorder. Alcohol Res Health 26:143-150.

Grant, J. E., Kim, S. W., Potenza, M. N. et al. (2003). Paroxetine treatment of pathological gambling: a multi-center randomized controlled trial. Int Clin Psychopharmacol 18:243-249.

Haller, R., Hinterhuber, H. (1994). Treatment of pathological gambling with carbamazepine (letter). Pharmacopsychiatry 27:129.

Halzer, J. E., Burnam, A., McEvoy L. T. (1991). Alcohol abuse and dependence, in Psychiatric Disorders in America: The Epidemiologic Catchment Area Study. Edited by Robins, L. N., Regier, D. A. New York, Free Press, pp. 81-115.

Hollander, E., Frenkel, M., DeCaria, C. et al. (1992). Treatment of pathological gambling with clomipramine (letter). Am J Psychiatry 149:710-711.

Hollander, E., DeCaria, C. M., Mari, E. et al. (1998). Short-term, single-blind fluvoxamine treatment of pathological gambling. Am J Psychiatry 155:1781-1783.

Hollander, E., DeCaria, C. M., Finkell, J. N. et al. (2000). A randomized dou ble-blind fluvoxamine/placebo crossover trial in pathologic gambling. Biol Psychiatry 47:813-817.

Ibáñez, A., de Castro, I. P., Fernandez-Piqueras, J. et al. (2000). Pathological gambling and DNA polymorphic markers at MAO-A and MAO-B genes. Mol Psychiatry 5:105-109.

Ibáñez, A., Blanco, C., Donahue, E. et al. (2001). Psychiatric comorbidity in pathological gamblers seeking treatment. Am J Psychiatry 158:1733-

1735.

Ibáñez, A., Blanco, C., Moreyra, P. et al. (2003). Gender differences in path logical gambling. J Clin Psychiatry 64:295-301.

Kessler, R. C., McGonagle, K. A., Zhao, S. et al. (1994). Lifetime and 12-month prevalence of DSM-III-R psychiatric disorders in the United States: results from the National Comorbidity Survey. Arch Gen Psychiatry 51:8-19.

Kim, S. W., Grant, J. E. (2001a). An open naltrexone treatment study of pathological gambling disorder. Int Clin Psychopharmacol 16:285-289.

Kim, S. W., Grant, J. E. (2001b). Personality dimensions in pathological gambling disorder and obsessive-compulsive disorder. Psychiatry Res 104:205-212.

Kim, S. W., Grant E., Adson, D. E. et al. (2001). Double-blind naltrexone and placebo comparison study in the treatment of pathological gambling. Biol Psychiatry 49:914-921.

Kim, S. W., Grant, J. E., Adson, D. E. et al. (2002). A double-blind, placebo-controlled study of the efficacy and safety of paroxetine in the treatment of pathological gambling disorder. J Clin Psychiatry 63:501-507.

Ladd, G. T., Petry, N. M. (2002). Gender, differences among pathological gamblers seeking treatment. Exp Clin Psychopharmacol 10:302-309.

Ladouceur, R., Sylvain, C., Boutin, C. et al. (2001). Cognitive treatment of pathological gambling. J Nerv Ment Dis 189:774-780.

Linden, R. D., Pope, H. G. Jr., Jonas, J. M. (1986). Pathological gambling and major affective disorder: preliminary findings. J Clin Psychiatry 47:201-203.

Mark, M. E., Lesieur, H. R. (1992). A feminist critique of problem gambling research. Br J Addiction 87:549-565.

Martins, S. S., Lobo, D. S., Tavares, H. et al. (2002). Pathological gambling in women: a review. Rev Hosp Clin Fac Med Sao Paulo 57:235-242.

McCormick, R. A., Russo, A. M., Ramirez, L. F. et al. (1984). Affective disorders among pathological gamblers seeking treatment. Am J Psychiatry 141:215-218.

Moskowitz, J. A. (1980). Lithium and lady luck: use of lithium carbonate in compulsive gambling. NY State J Med 80:785-788.

National Gambling Impact Study Commission. National Gambling Impact Study Commission Final Report. Washington, DC, National Gambling Impact Study Commission, 1999. Available at: http://govinfo.library.unt.edu/ngisc/reports/fullrpt.html. Accessed December 14, 2003.

Pallanti, S., Baldini Rossi, N., Sood, E. et al. (2002a). Nefazodone treatment of pathological gambling: a prospective open-label controlled trial. J Clin Psychiatry 63:1034-1039.

Pallanti, S., Quercioli, L., Sood, E. et al. (2002b). Lithium and valproate treatment of pathological gambling: a randomized single-blind study. J Clin Psychiatry 63:559-564.

Perez de Castro, I., Ibáñez, A., Torres, P. et al. (1997). Genetic association study between pathological gambling and a functional DNA polymorphism at the D4 receptor gene. Pharmacogenetics 7:345-348.

Perez de Castro, I., Ibáñez, A., Saiz-Ruiz, J. et al. (1999). Genetic contribution to pathological gambling: possible association between a functional DNA polymorphism at the serotonin transporter gene (5-HTT) and affected men. Pharmacogenetics 9:397-400.

Petry, N. M. (2002). A comparison of young, middle-aged, and older adult treatment-seeking gamblers. The Gerontologist 42:92-99.

Potenza, M. N., Steinberg, M. A., McLaughlin, S. D. et al. (2000). Illegal beh aviors in problem gambling: analysis of data from a gambling helpine. J Am Acad Psychiatry Law 28:389-403.

Potenza, M. N., Steinberg, M. A., McLaughlin, S. D. et al. (2001). Gender-related differences in the characteristics of problem gamblers using a gambling helpline. Am J Psychiatry 158:1500-1505.

Randall, C. L., Roberts, J. S., Del Boca, F. K. et al. (1999). Telescoping of landmark events associated with drinking: a gender comparison. J Stud Alcohol 60:252-260.

Roy, A., Adinoff, B., Roehrich, L. et al. (1988). Pathological gambling: a psychobiological study. Arch Gen Psychiatry 45:369-373.

Rubin, A., Stout, R. L., Longabaugh, R. (1996). Gender differences in relapse situations. Addiction 91 (suppl):111-120.

Shaffer, H. J., Hall, M. N., Vander Bilt, J. (1999). Estimating the prevalence of disordered gambling behavior in the United States and Canada: a research synthesis. Am J Public Health 89:1369-1376.

Slutske, W. S., Eisen, S., True, W. R. et al. (2000). Common genetic vulnera bility for pathological gambling and alcohol dependence in men. Arch Gen Psychiatry 57:666-673.

Slutske, W. S., Eisen, S., Xian, H. et al. (2001). A twin study of the association between pathological gambling and antisocial personality disorder. J Abnorm Psychol 110:297-308.

Sylvain, C., Ladouceur, R., Boisvert, J. M. (1997). Cognitive and behavioral treatment of pathological gambling: a controlled study. J Consult Clin Psychol 65:727-732.

Tavares, H., Zilberman, M. L., Beites, F. J. et al. (2001). Gender differences in gambling progression. J Gambl Stud 17:151-159.

Trevorrow, K., Moore, S. (1998). The association between loneliness, social isolation, and women's electronic gaming machine gambling. J Gambl Stud 14:263-284.

Vitaro, F., Arseneault, L., Trenbly, R. E. (1997). Dispositional predictors of problem gambling in male adolescents. Am J Psychiatry 154:1769-

1770.

Volberg, R. A. (1994). The prevalence and demographics of pathological gamblers: implications for public health. Am J Public Health 84:237-241.

Zimmerman, M., Breen, R. B., Posternak, M. A. (2002). An open-label study of citalopram in the treatment of pathological gambling. J Clin Psychiatry 63:44-48.

PART 3
병인론

08_ 도박행동의 이해

09_ 병적 도박에 대한 생물학적 기반의 이해

08 도박행동의 이해

Kenneth Abrams, Ph.D.
Matt G. Kushner, Ph.D.

이 장은 병적 도박의 원인론으로 행동이론, 인지이론 및 기질이론들을 살펴보고자 한다. 행동주의 및 사회학습 이론은 도박행동의 시작과 유지에 대해 직간접적인 보상의 역할에 초점을 맞추어 왔다. 인지이론가들은 도박의 성공에 대한 주관적인 추정을 과장하거나 충동 행동의 지속을 조장하는 정보 처리의 편향에 초점을 맞추어 왔다. 기질적 접근은 병적 도박의 발달에서 반사회적 성격과 함께 충동성, 자극 추구, 신경증, 외향성 같은 기질적 특성이 중요한 역할을 한다고 주장한다. 각 이론들을 살펴보고, 병적 도박과 관련된 신경생물학적 체계와 심리적 모형들 간의 연관성을 살펴보기로 한다.

조작적 조건화

정적 강화 모형

'정적 강화' 란 긍정적인 결과가 초래되어 선행 반응이 강화되는 것을 말한다. 조작적 조건화의 입장에서는 제도적 도박들이 기본적으로 제공하고 있는 수익 대 손실의 변동 비율 강화 계획이 병적 도박을 형성하게 만든다고 본다. 도박행동에서의 전형적인 정적 강화는 돈을 따는 것이다. 특히 도박행동에서 간헐적 강화(즉, 예측할 수 없는 변동 비율로 돈을 따는 것)는 소거가 잘 되지 않는 강화 계획으로, 심지어 강화가 계속 없는 상황에서도 행동이 소거되지 않고 지속되게 만든다. 도박행동의 소거가 잘 이루어지지 않는 이유는 강화의 빈도와 크기가 시간에 걸쳐 유동적이기 때문이다(McCown & Chamberlain, 2000).

이론가들은 돈 외에도 도박자가 도박행동을 시작하고 지속하게끔 만드는 다양한 강화물들을 제시한다(예: Hayano, 1982; Ocean & Smith, 1993). 여기에는 사회적 강화(예: 직원 및 다른 도박자와의 상호작용), 물질적 강화(예: 도박자에게 제공되는 술이나 물건, 서비스), 자극적 강화(예: 카지노의 다양한 종류의 시청각 자극들), 인지적 강화(예: 한 장의 카드 때문에 아깝게 놓친 대박 기회), 심지어는 생리적 각성 등이 포함된다.

조작적 조건화와 관련된 다른 아이디어는 도박 초기에 크게 따는 경험의 중요성을 설명해 준다. 돈을 크게 따는 것의 전형적인 예는 자신이 예상했던 것보다 훨씬 더 큰돈을 따거나 자신의 연봉보다 큰돈을 따는 경우다. 두 가지 회고적 연구에서 많은 병적 도박자들이 도박을 시작한 초기에 크게 딴 경험이 있음을 보고했다(Snyder, 1978; Walker, 1992). 또 다른 연구는 전반적으로 비슷한 수준의 승리를 경험한 도박자들 중에서 자신이 초반에 많이 이겼다고 보는 사람들일수록 더 긴 시간 동안 도박을 하는 것으로 나타났다(Coventry & Norman, 1997).

부적 강화 모형

'부적 강화' (즉, 처벌이 되는 자극을 없애는 방식을 포함하는)에 기초한 이론은 각성의 불쾌한 상태를 줄이고자 행동을 시작하지만 성공하지 못하는 습관적인 행동을 가정한다(McConaghy, 1980). 이를 도박에 적용하면, 빈번하게 도박을 하지만 제대로 이겨 본 경험('완성된' 행동)이 없는 도박자가 혐오스러운 각성 상태를 벗어나기 위해 계속해서 베팅을 하는 것이다. 이 이론은 추동감소 이론과 일치하고, 왜 도박행동이 돈을 계속 잃음에도 지속되는지를 설명해 준다.

다른 부적 강화 이론으로 Jacobs(1986)는 중독이 (그리고 특히 도박이) 만성적으로 과도하게 각성되어 있거나 각성이 부족한 사람들에게 적정 수준의 각성을 이루게 해 준다고 보았다. 12명의 문제성 포커 게임자와 13명의 경마 도박자의 성격특성, 각성 패턴 및 동기를 측정했을 때, 경마 도박자가 포커 게임자보다 지루함을 견디지 못하고 자극을 추구하며 더 큰 자극 수준을 선호하는 것으로 나타났다(Cocco et al., 1995). 연구자들은 이러한 도박자가 흥분을 증가시키고 각성 수준을 높이기 위해 경마를 선택한다고 결론지었다.

앞서 언급한 연구에서 도박 기계를 사용하는 도박자들 중 불안이 심한 사람일수록 낮은 수준의 각성 상태를 더 선호하였다. 도박은 개인으로 하여금 도박에 주의를 기울이게 하여 자신을 삶의 문제들로부터 격리시켜 결과적으로 불편했던 높은 각성 상태에서 벗어나게 해 준다(Lopez Viets & Miller, 1997). 그리고 아직 상승되어 있는 각성에 대해서는 '도박을 하는 것(낮은 수준의 스트레스에 대한 귀인)' 또는 '돈을 따고자 힘쓰는 것(높은 수준의 스트레스에 대한 귀인)'에서 비롯된 각성이라고 원인을 돌림으로써, 도박행동의 부적 강화(즉, 각성의 완화를 통해)를 초래하게 한다.

또 다른 부적 강화 이론은 '자가 처방self-medication' 모형에 근거한다. 다수의 연구들은 병적 도박자에게서 우울증과 불안장애의 공병률이 높음을 발견했다(예: Blaszczynski & McConaghy, 1989). 병적 도박자들의 기분장애 평생 유병률은 60% 이상, 불안장애는 40% 이상에 이른다(Black & Moyer, 1998). 우울하거나 불안한 사람은 자신의 생활 스트레스나 불쾌한 생각을 떨쳐 버리기 위해서 도박을 하는 경우가 있다. 그들은 도박에서 돈을 따는 것을 증상 완화 수단으로 보고, 돈을 잃는 것을 사소한 좌절로 여길 수 있다(Sharpe, 2002). 역설적이게도, 도박으로 인해 발생하는 부정적 결과(예: 경제적 손실, 대인관계 문제, 범죄행동)는 그 문제들을 완화하기 위해 다시 도박을 하게 유도하는 역할을 할 수 있다(Sharpe, 2002).

대리 학습

사회학습이론은 사람이 강화가 뒤따르는 다른 사람의 행동을 관찰하고 흉내 내는 성향이 있다고 주장한다. 친구나 가족 또는 TV에서 도박을 하는 역할 모델을 관찰하는 것만으로도 도박을 할 가능성이 높아진다. 대중매체는 복권에 당첨되지 못한 수많은 사람들을 다루기보다 큰 액수에 당첨된 사람에게 주목한다. 대중매체에서 도박행동을 대리 강화시키는 경우가 처벌하는 경우보다 훨씬 흔하다. 또한 (복권이나 카지노에서 도박으로) 돈을 많이 딴 사람의 이야기는 도박으로 돈을 잃었다는 이야기보다 훨씬 더 흥미를 끈다. 간단히 말하면, 사회는 손해나 결손은 매우 개인적인 일로 여기게 만들면서 도박에서의 승리를 대리 경험하게 하여 더욱 극적인 정적 강화가 이루어지도록 한다.

인지적 요인

많은 연구를 통해 병적 도박에서 어떻게 사고의 오류(혹은 인지적 왜곡)가 도박행동에 직접적인 원인으로 작용하는지에 대한 이론이 제안되었다(예: Rogers, 1998; Toneatto, 1999). 이러한 노력으로 도박행동에 직접적인 원인이 되거나 병적 도박을 더 악화시키는 역할을 하는 특정한 사고 오류들이 밝혀졌다. 즉, ① 미신적 믿음(예: 자신에게 행운을 주는 사건이나 물건을 믿는 것), ② 해석적 편향(예: 성공은 자신의 능력으로, 실패는 운의 탓으로 돌리는 것, 또는 계속 돈을 잃고 나면 다음에는 딸 확률이 높다고 생각하는 것), ③ 시간적 망원경 현상temporal telescoping(예: 다른 사람에 비해 자신은 확률적으로 예상되는 승리가 더 빨리 다가올 것이라고 믿는 기대), ④ 선택적 기억(예: 돈을 잃은 기억은 무시하고 딴 것만 기억함, 잃은 돈은 고려하지 않고 딴 금액만 계산함), ⑤ 착각적 상관illusory correlation(예: 우연히 함께 발생한 것인데도 자신이 돈을 잃거나 딴 사건의 맥락에 함께 있었던 자극을 마치 인과적인 힘을 가진 것으로 믿는 것) 등이다.

많은 도박자들은 대담한 베팅을 좋아하는데, 심지어는 딸 수 있는 돈이 매우 적은 상황에서도 그렇다. Daniel Kahneman과 Veron Smith(2002년 노벨 경제학상 공동 수상)는 개인이 위험을 어떻게 개념화하는지에 따라 다른 의사결정을 보인다고 주장한다(Tversky & Kahneman, 1981; McCabe & Smith, 2000). 이 관점에 따르면, 사람들은 돈을 따는 것을 확실히 하기 위해서는(적게 따는 것에서조차) 위험을 피할 것이지만, 명백한 손실을 피하기 위해서는 위험(심지어 큰 위험조차)을 감수할 것이다. 이 모형은 명백한 손실(예: "도박을 하지 않는다면 극복할 수도 없다.")을 피하는 것에 초점이 맞춰져 있는 경우 기꺼이 비합리적인 베팅을 하게 된다고 설명한다.

'매몰비용 효과sunk-cost effect'는 지금까지 투자한 돈이나 시간 때문에 발을 빼지 못하고 계속해서 잘못된 의사결정을 하고 문제 행동을 지속하는 현상을 일컫는다(Arkes & Ayton, 1999). 예를 들어, 많은 돈을 잃은 병적 도박자는 큰 게임의 최종 순간에 지금까지 잃은 돈을 단숨에 만회할 수 있다고 믿는다. 결과적으로 이들은 독립적인 사건의 확률이 앞서 투자한 것과는 아무런 상관없이 결정된다는 합리적 정보에 따르기보다, 이미 자신이 투자한 시간이나 돈을 만회하기 위해서 도박을 계속할 것이다.

기질적 조망

중독 성향의 성격

많은 연구자들은 병적 도박이 물질사용장애와 많은 특징을 공유한다고 본다(제4장 '범주화' 참조). 예를 들면, 병적 도박과 물질사용장애 모두 과도한 탐닉적 충동appetitive urges을 수반하며(Castellani & Rugle, 1995), 종전과 같은 흥분을 유지하기 위해 자극의 강도를 늘려 나가야 하고('내성')(Blanco et al., 2001), 중독 행동을 멈추면 성마름이나 초조함을 보이고 주의집중 능력이 떨어진다('금단')(Wray & Dickerson, 1981). 또한 병적 도박과 물질사용은 통제력 상실과 중독행동에 대한 과도한 몰두를 종종 보이며, 부정적인 결과가 있음에도 불구하고 그 행동을 지속한다(Wray & Dickerson, 1981). 더욱이 도박에 돈을 걸거나 물질을 사용하기 시작하는 초기 과정의 동기 중 하나가 불행한 현실이나 불쾌한 수준의 각성으로부터 벗어나기 위한 욕구라는 점이다(Wray & Dickerson, 1981).

특정한 성격 특질은 병적 도박 및 물질남용과 같은 충동조절장애를 증가시킬 수 있다. 예를 들어, 매우 외향적이거나 신경증적이거나 충동적인 사람은 일반적으로 중독에 빠지기 쉽다(McCown & Chamberlain, 2000). 한 연구에 따르면, 여러 대상에 중독된 사람은 하나의 대상에 중독된 사람보다 더 충동적이었다(Vitaro et al., 1998).

중독을 보이는 사람은 대개 다음의 두 가지 특성을 공유하는 경향이 있다. 첫째, 만성적으로 과잉 혹은 과소 각성되어 있고, 둘째, 어린 시절, 부적절감이나 거부감 또는 죄책감을 느끼게 하는 사건을 많이 경험했다(Jacobs, 1986). 만성적으로 과소 각성된 사람은 지루함에서 벗어나기 위해 도박을 하거나 각성제를 사용할 것이다. 만성적으로 과잉 각성된 사람은 이를 해결하기 위해 진정제(예: 알코올)를 사용할 것이다. Martinez-Pina 등(1991)은 병적 도박으로 진단된 성인이 종종 어린 시절에 경험한 열등감과 거부감을 호소하는 것을 관찰했다. 문제성 도박자의 자존감이 낮은 경우가 많은데(Livingston, 1974), 이들은 기술이 필요한 게임(예: 포커)에서 쉽지 않은 판을 극적으로 이기면 자존감이 고양되고 선망의 대상이 되는 듯한 느낌을 경험할 수 있다(Lesieur, 1979).

충동성

충동성은 미리 생각해 보거나 스스로를 통제하거나 결과를 생각하지 않고 섣부르게 행동하는 경향으로 정의될 수 있다. 이러한 충동성은 병적 도박을 증가시킬 수 있다. 여러 연구들은 문제성 도박자의 충동성 점수가 비도박자나 사교성 도박자의 충동성 점수보다 높고, 심지어는 알코올이나 코카인에 중독된 사람들보다 높다는 것을 보여 준다(Castellani & Rugle, 1995; Steel & Blaszczynski, 1998). 또한 문제성 도박자들 사이에서도 충동성이 심할수록 도박행동의 심각성이 높아지는 관계가 밝혀졌다(Steel & Blaszczynski, 1998). 남자 대학생 248명을 대상으로 한 연구에서, 도박에서 잃은 돈을 '추격 매수' 하려는 경향이 있는 참가자가 그렇지 않은 참가자보다 충동성 평균 점수가 유의하게 높았다(Breen & Zuckerman, 1999). 남성 표본에서 초기 청소년기의 충동성으로 수년 후의 도박행동을 예언할 수 있었다(Vitaro et al., 1997).

충동성은 도박에서 통제력 상실을 가져올 것이다. 충동적인 개인은 정적 강화물에 민감하게 반응하는 반면에 처벌에는 상대적으로 덜 예민하다. 충동적인 개인은 부정적인 결과를 예상하는데 어려움이 있다(Vitaro et al., 1997). 특히 이러한 작동 방식은 충동적인 개인이 빠른 보상이 간헐적으로 나타나는 게임(예: 슬롯머신)을 할 때 더 통제력을 잃게 만든다. 또한 충동적인 개인은 경쟁적인 여러 자극에 주의를 골고루 할당하는 것이 어려우므로 충동적 행동을 억제하고자 하는 내면의 자각에 둔감하다(McCown

& Chamberlain, 2000). 그 결과, 도박행동을 일단 시작하면 즉각적으로 통제력 상실이 초래될 것이다. 문제성 도박자에게 어린 시절에 대해 질문한 회고적 연구들을 살펴보면, 문제성 도박자 집단이 통제집단보다 주의력결핍 문제가 심각하고, 주의력결핍 과잉행동장애의 발병률이 더 높았다(Carlton & Manowitz, 1994; Specker et al., 1995).

자극 추구

새롭고 흥분되는 경험을 찾는 자극 추구 경향이 높은 개인은 물리적 혹은 사회적 위험 요소에 쉽게 끌린다(Zuckerman, 1979). 높은 수준의 자극 추구 성향은 도박(Coventry & Brown, 1993) 및 문제성 도박과 관련된다(Breen & Zuckerman, 1999; Kuley & Jacobs, 1988). 사교성 도박자와 비교했을 때, 병적 도박자의 탈억제와 권태 민감성 및 경험 추구 점수가 더 높았다(Dickerson et al., 1987). 자극 추구 경향이 높은 개인은 흥분을 일으키고 각성 수준을 높이는 도박 유형(예: 카지노 게임이나 불법 도박)은 선호하되, 그렇지 않은 유형의 도박(예: 장외매장 베팅)은 내켜하지 않을 것이다 (Coventry & Brown, 1993).

외향성

내향적인 사람은 혼자 하는 활동을 좋아하는 반면, 외향적인 사람은 다른 사람과 함께 있는 것을 좋아하는데, 특히 스트레스 상황에서 더 그러하다(Jung, 1933). 내향적인 사람은 슬롯머신이나 스포츠 베팅 같이 혼자 하는 도박을 선호하는 반면, 외향적인 도박자는 여러 사람이 하는 테이블 게임을 선호한다. 최근의 생물학적 기반 연구들은 병적 도박과 관련하여 내향성은 보호 요인이 되고, 외향성은 위험 요인이 된다는 의견을 제시한다. 예를 들어, 내향적인 사람은 뇌의 변연계 영역(예: 편도체)이 기저선 수준에서도 각성되어 있기 쉬우므로 처벌에 민감하다(Eysenck, 1983). 따라서 이들은 돈을 잃는 것(즉, 처벌받는 것)에 대해서는 예민하지만, 돈을 따는 것(즉, 보상받는 것)에 대해서는 덜 민감하다(McCown & Chamberlain, 2000). 반면에 외향성은 보상 민감성(즉, 보상)과 관련 있는 것으로 생각된다(Carver & White, 1994). 게다가 일반적으로 외향적인 사람은 내향적인 사람과 상반되게 보다 높은 각성 수준에서 최적의 안정 상태가 되기 때문에(Eysenck, 1981), 자극적인 도박 환경을 찾아 대뇌피질의 각성 수준을 안정 상태에 도달시키려 할 것이다. 그러나 외향성과 문제성 도박의 관계는 복잡하다. 일부 연구들은 유의한 관련성을 보고하였으나(Bartussek et al., 1993), 다른 연구들은 그렇지 않았다(Malkin & Syme, 1986).

신경증적 경향성

높은 신경증적 경향성을 보이는 개인은 다른 사람보다 정서적으로 더 불안하거나 긴장감이나 공포감 등 부정적 정서를 더 많이 경험한다. 슬롯머신을 하는 청소년에게서 높은 신경증적 경향성을 찾지 못한 연구도 있지만(Carroll & Huxley, 1994), 다른 연구에서는 병적 도박자의 신경증적 경향성이 비도박자의 경우보다 높음을 확인하였다(예: Barnes & Parwani, 1987; Roy et al., 1989). 이론적으로 신경증적 경향성이라는 특질과 도박행동은 서로가 서로를 촉진할 수 있기 때문에 상관 연구로는 인과관계 방향을 확인할 수 없다. 이 주제를 전향적으로 살펴본 연구에 따르면 도박행동과 신경증적 경향성의 관계는 사실상 양방향적이다(McCown & Chamberlain, 2000). 신경증적 경향성과 도박행동 간의 관계에 대한 가능한 설명들은 이 장의 '부적 강화 모형'에서 설명하였다.

반사회적 성격 특성

반사회적이라고 묘사되는 사람들은 충동적이고 감각 추구 경향이 심하며, 사회 관습을 고려하지 않고 범죄를 저지르는 경향이 있다. 문제성 도박자들의 미네소타 다면적 인성 검사MMPI 프로파일을 살펴보면, 반사회적 성격 경향을 측정하기 위해 고안한 반사회성 척도에서 점수가 높았다(Graham & Lowenfeld, 1986). 이는 그다지 놀라운 사실이 아닐 것이다. 모집단과 비교했을 때 도박 문제가 있는 사람들이 반사회성 성격장애를 가질 위험률은 3(Blaszczynski & McConaghy, 1994)에서 6(Cunningham-Williams et al., 1998) 사이의 값을 보였다.

반사회적 성격장애의 경우도 원인과 결과의 방향이 명확하지 않다. 즉, 반사회적인 사람은 충동적이고 사회에 비순응적이며 위험을 부담하기 때문에 도박을 할 경향이 높을 수 있다. 반대로, 도박에서 돈을 잃는 일이 도둑질이나 부도 수표 발행과 같은 반사회적 행동을 하게끔 만들 수도 있다(Blaszczynski et al., 1997). 세 번째의 대안적 설명은 반사회적 성격과 도박행동이 서로를 상승적으로 촉진한다는 것이다. 유사한 연구들은 반사회적 성격장애와 병적 도박에서 공통적인 유전적 취약성의 증거를 밝혀냈다(Slutske et al., 2001).

심인성 욕구

욕구란 만족되지 않은 내적 상태로 정의할 수 있으며 어떠한 행동을 초래한다(Murray, 1983). 병적 도박을 보이는 개인은 높은 권력 욕구를 지녔을 수 있다(McCown & Chamberlain, 2000). McCown과 Chamberlain(2000)은 도박자에게 알코올의 양을 달리하여 행동의 차이를 살펴보았다. 알코올을 적절히 마신 경우, 도박이 주는 착각은 도박에서 이기는 것이 마치 사회적 정의를 실현하는 것 같은 환상이었다. 그러나 알코올을 과도하게 마시면, 도박을 통해 다른 사람을 지배하는 상상을 보였다. 이러한 환상들은 강화적이어서 권력 욕구가 심한 사람이 도박에 중독될 위험이 높다. 이와 함께 병적 도박자들은 성취 욕구 및 과시 욕구, 지배 욕구, 복종 욕구의 점수가 특히 높았다(Moravec & Munley, 1983).

해리 경향성

몰아 상태 또는 정상적 정신과정과 분리된 상태를 일컫는 해리dissociation는 중독행동의 위험 요인으로 알려져 있으며(Jacobs 1986), 특히 비디오 게임 도박자들 사이에서 도박행동을 증가시킬 수 있다(McCown & Chamberlain, 2000).

McCown과 Chamberlain(2000)에 따르면, 도박자는 도박을 하는 동안 주변 방해 자극들에 상대적으로 둔감하여 외부 자극, 내적 상태(예: 배고픔), 시간을 인식하는 정도가 감소한 채 오랫동안 도박을 할 수 있다. 배우자의 관찰 보고에 따르면, 비디오 게임 도박자는 무엇인가를 먹거나 TV를 보는 동안보다 도박을 하는 동안 더욱 해리 상태에 빠지기 쉬운 것으로 나타났다.

그러나 일부 연구들은 도박자에게서 관찰되는 해리 현상과 상충하는 증거들을 제시하고 있다. 이는 기존의 연구들이 사용한 척도가 도박행동을 하지 않는 상태에서 해리의 상태적 특징을 제대로 반영하기 어렵기 때문일 수 있다. 다양한 유형의 도박자들과 알코올 중독자들의 해리 경향성을 살펴본 연구에서, 도박자들의 해리 경향은 대체로 알코올 중독자들보다 높았으나, 비디오 기계 도박자들의 경우는 그렇지 않았다(Kofoed et al., 1997). 그러나 병적 도박자와 도박을 건강하게 이용하는 사람을 비교한 다른 연구에서는 해리 경향의 차이가 유의하지 않았다(Grant & Kim, 2003).

심리학적 이론과 신경생물학적 체계들과의 관련성

조작적 모형

왜 도박을 하는 모든 사람이 중독이 되지는 않는가? 이에 대해서는 간헐적 강화 수반성intermittent reinforcement contingencies으로 설명할 수 있는데, 가능한 설명 중 하나는 도박 초기 과정에서 이기고 지는 양상의 차이가 행동 궤도의 차이를 가져오므로 이들 중 소수가 병적 도박으로 발전된다는 것이다. 또 다른 설명은 개인의 강화 민감성과 관련된 생물학적 억제의 차이가 조작적 강화 수반성에 대한 반응성을 조절한다는 것이다. 어떤 사람에게는 도박행동으로 발생하는 부적 · 정적 강화가 미래의 행동에 더 강력한 영향을 미칠 수 있다. 반면 어떤 사람은 도박과 관련된 위험, 손실 혹은 사회적 불명예 등의 처벌에 좀 더 민감하거나 반응적일 수 있다. 개인적 차이와 같은 조절 변인을 찾아내는 것은 병적 도박의 원인과 유지에 대한 조작적 과정의 심리 및 생물학적 이해를 정교하게 해 줄 것이다.

인지 모형

병적 도박에 대한 인지이론과 생물학적 과정을 통합하는 문제는 의식적 사고와 뇌 활동, 자기 주도적 행동 간의 공유 영역이 복잡하고 완전한 이해가 어렵기 때문에 조작적 이론보다 간단하지 않다. 비합리적인 사고가 비정상적인 결정을 하도록 하고 그것에 근거하여 병적 도박이 나타나는 것인가? 반대로 병적 도박에 빠진 개인이 자신이 이미 행한 행동에 들어맞는 사고와 관점을 꾸며 내는 것인가? 비합리적인 사고가 문제성 도박을 초래하는 원인이 된다는 주장은 부정확한 도박 신념을 바꾸는 치료 방법의 효과성을 보여 주는 자료들에 의해 지지된다(예: Ladouceur et al., 1998). 그러나 인지적 개입에 대한 병적 도박의 분명한 반응성이 인지적 원인론을 명확히 증명해 주는 것은 아니다.

병적 도박에 대한 기억 기반의 생물정보적 모형은 생물학적 체계에 대한 일반적인 이해에 인지 모형을 접목시키기에 특히 유용한 기제다. Foa와 Kozak(1986)은 공포란 공포 관련 자극들과 공포 기반의 반응들, 그리고 그러한 자극과 반응에 대한 (스스로에게 갖는) 의미 정보를 포함하는 기억의 응집적인coherent 네트워크로 표상된다는 이론을 제안했다. 기본적인 공포 조건화 연구들은 공포 반응의 획득과 소거에서 기억이 갖는 중요한 역할을 지지하고 있으며, 기억이 편도체의 외측핵과 기저핵의 단백질 합성 과정과 관련이 있음을 보여 준다(Nader et al., 2000). 유사하게 기억 구조는 자극 평가와 (공포 반응과 관련된 것과는 반대되는) 과도한 탐닉 행동을 관장하는 뇌 체계를 통합하고 있어서 인지가 중추적 역할을 하는 도박행동의 생물학적 기반을 연구하는 출발점을 제공할 수 있다.

병적 도박에 대한 생물정보적 이론은 병적 도박의 원인에 대해 생물심리학적으로 조망하는 연구의 방향을 제시하고(예: 과도한 탐닉에 대한 기억 체계의 활성화와 수정의 토대가 되는 뇌 체계와 과정), 효과적인 치료의 필요충분조건들을 쉽게 예측할 수 있게 해 준다. 치료의 필요충분조건이란 ① 도박 관련 과도한 탐닉에 대한 기억 체계의 활성화, ② 기억 체계의 병리적 요소와는 양립할 수 없는 정보를 체내화하는 것을 포함한다. 공포 체계가 관련된 문제에 가장 효과적인 심리적 개입이 노출 기반 치료다(Foa & Kozak, 1986). 노출 기반 치료로 도박행동을 이끄는 것으로 가정되는 과도한 탐닉의 체계를 수정할 수는 없지만, 도박에서의 노출 기반 치료의 유용성을 지지하는 자료들이 일부 있다(예: McConaghy et al., 1991). 인지치료의 효능에 기반을 둔 심리교육과 소크라테스식 질문법도 기억 체계의 병리적 요소들을 수정하는 데 기여한다.

특성 또는 기질 모형

일부 사람들은 병적 도박과 관련하여 특정 종류의 자극에 병적으로 관여하게 되는 광범위한 특질이나 성격 혹은 반응 경향성을 지니고 있다. 여기에는 다양한 범위의 과도한 탐닉 행동과 관련되는 충동의 기반이 되는 공통적인 신경생물학적 과정이 있다(Grant et al., 2002). 특정 기질이나 경향성이 개인으로 하여금 도박을 하게 만들고(예: 충동조절력의 손상), 이것이 병적 도박을 포함하는 생물학적 취약성을 반영하는 것일 수 있다. 이러한 주장에 대한 근거는 다음과 같다. ① 신경학적 자료는 '복측피개-측핵-안와전두엽피질 회로'가 과도한 탐닉 충동을 관장하는 뇌 영역임을 시사한다. ② 정신약물학적 자료는 병적 도박을 포함한 전반적인 충동조절장애가 같은 치료 약물에 반응함을 보여 준다. ③ 역학적 자료는 병적 도박이 있는 경우 강력한 탐닉 충동(예: 약물사용장애, 알코올사용장애)과 관련된 다른 충동조절장애를 함께 보일 가능성이 높음을 입증하고 있다. 병적 도박의 취약성이 특정한 신경생물학적 상태로 드러나는 하나 혹은 그 이상의 광범위한 심리적 특질과 관련되어 있다는 견해는 상당한 정도로 간접적인 지지를 받고 있다.

결론

심리학적 모형들은 병적 도박의 원인과 병적 도박이 지속되는 것을 이해하는 데 중요한 조망을 제공한다. 이 장은 병적 도박에 대한 주요한 심리학적 이론들을 개관하고, 이 이론들을 신경생물학적 과정들에 대한 이해와 통합시킬 때 가장 유용한 설명이 가능함을 제시하였다. 우리는 상향식 접근이든 하향식 접근이든 상관없이 생물심리학적 조망이 병적 도박의 치료 및 예방에 가장 유용한 지도를 제공할 것으로 본다.

참고문헌

Arkes, H. R., Ayton, P. (1999). The sunk cost and concorde effects: are humans less rational than lower animals? Psychol Bull 125:591-600.

Barnes, B. L., Parwani, S. (1987). Personality assessment of compulsive gamblers. Indian J Clin Psychol 14:98-99.

Bartussek, D., Diedrich, O., Naumann, E. et al. (1993). Introversion-extraversion and event-related potential (ERP): a test of J. A. Gray's theory. Pers Individ Dif 14: 565-574.

Black, D. W., Moyer, T. (1998). Clinical features and psychiatric comorbidity of subjects with pathological gambling behavior. Psychiatr Serv 49:1434-1439.

Blanco, C., Moreyra, P., Nunes, E. V. et al. (2001). Pathological gambling: addiction or compulsion? Semin Clin Neuropsychol 6:167-176.

Blaszczynski, A., McConaghy, N. (1989). Anxiety and/or depression in the pathogenesis of addictive gambling. Int J Addict 24:337-350.

Blaszczynski, A. McConaghy, N. (1994). Antisocial personality disorder and pathological gambling. J Gambl Stud 10:129-145.

Blaszczynski, A., Steel, Z., McConaghy, N. (1997). Impulsivity in pathological gambling: the antisocial impulsivist. Addiction 92:75-87.

Breen, R. B., Zuckerman, M. (1999). 'Chasing' in gambling behavior: personality and cognitive determinants. Pers Individ Dif 27:1097-1111.

Carlton, P. L., Manowitz, P. (1994). Factors determining the severity of pathological gambling in males. J Gambl Stud 10:147-157.

Carroll, D., Huxley, J. (1994). Cognitive, dispositional, and psychophysiological correlates of dependent slot machine gambling in young people. J Appl

Soc Sci 24:1070-1083.

Carver, C. S., White, T. L. (1994). Behavioral inhibition, behavioral activation, and affective responses to impending reward and punishment: the BIS/BAS scales. J Pers Soc Psychol 67:319-333.

Castellani, B., Rugle, L. (1995). A comparison of pathological gamblers to alcoholics and cocaine misusers on impulsivity, sensation seeking, and craving. Int J Addict 30:275-289.

Cocco, N., Sharpe, L., Blaszczynski, A. P. (1995). Differences in preferred level of arousal in two sub-groups of problem gamblers: a preliminary report. J Gambl Stud 11:221-229.

Coventry, K. R., Brown, R. I. F. (1993). Sensation seeking, gambling and gambling addictions. Addiction 88:541-554.

Coventry, K. R., Norman, A. C. (1997). Arousal, sensation seeking and frequency of gambling in off-course horse racing bettors. Br J Psychol 88:671-681.

Cunningham-Williams, R. M., Cottler, L. B., Compton, W. M. III. et al. (1998). Taking chances: problem gamblers and mental health disorders—results from the St. Louis Epidemiologic Catchment Area Study. Am J Public Health 88:1093-1096.

Dickerson, M. G., Hinchy, J., Fabre, J. (1987). Chasing, arousal, and sensation seeking in off-course gamblers. Br J Addict 82:673-680.

Eysenck, H. J. (1981). Behavior therapy and the conditioning model of neurosis. Int J Psychol 16:343-370.

Eysenck, H. J. (1983). Drugs as research tools in psychology: experiments with drugs in personality research. Neuropsychobiology 10:29-43.

Foa, E. B., Kozak, M. J. (1986). Emotional processing of fear: exposure to corrective information. Psychol Bull 99:20-25.

Graham, J. R., Lowenfeld, B. H. (1986). Personality dimensions of the pathological gambler. Journal of Gambling Behavior 2:58-66.

Grant, J. E., Kim, S. W. (2003). Dissociative symptoms in pathological gambling. Psychopathology 36:200-203.

Grant, J. E., Kushner, M. G., Kim, S. W. (2002). Pathological gambling and alcohol use disorder. Alcohol Res Health 26:143-150.

Hayano, D. (1982). Poker Faces: The Life and Work of Professional Card Players. Berkeley, CA, University of California Press.

Jacobs, D. F. (1986). A general theory of addictions: a new theoretical model. Journal of Gambling Behavior 2:15-31.

Jung, C. (1933). Psychological Types. New York, Harcourt, Brace & World.

Kofoed, L., Morgan, T. J., Buchkowski, J. et al. (1997). Dissociative Experiences Scale and MMPI-2 scores in video poker gamblers, other gamblers, and alcoholic controls. J Nerv Ment Dis 185:58-60.

Kuley, N., Jacobs, D. (1988). The relationship between dissociative-like experiences and sensation-seeking among social and problem gamblers. Journal of Gambling Behavior 4:197-207.

Ladouceur, R., Sylvain, C., Letarte, H. et al. (1998). Cognitive treatment of pathological gamblers. Behav Res Ther 36:1111-1119.

Lesieur, H. R., (1979). The compulsive gambler's spiral of options and involvement. Psychiatry 42:79-87.

Livingston, J. (1974). Compulsive gamblers: a culture of losers. Psychol Today 10:51-55.

Lopez Viets, V., Miller, W. (1997). Treatment approaches for pathological gamblers. Clin Psychol Rev 17:689-702.

Malkin, D., Syme, G. (1986). Personality and problem gambling. Int J Addict 21:267-272.

Martinez-Pina, A., de Parga, J. L. G., Vallverdu, R. F. et al. (1991). The Catalonia Survey: personality and intelligence structure in a sample of compulsive gamblers. J Gambl Stud 4:275-299.

McCabe, K. A., Smith, V. L. (2000). A comparison of naive and sophisticated subject behavior with game theoretic predictions. Proc Natl Acad Sci USA 97:3777-3781.

McConaghy, N. (1980). Behavior completion mechanisms rather than primary drives maintain behavioral patterns. Act Nerv Super (Praha) 22:138-151.

McConaghy, N., Blaszczynski, A., Frankova, A. (1991). Comparison of imaginal desensitisation with other behavioural treatments of pathological gambling: a two- to nine-year follow-up. Br J Psychiatry 159:390-393.

McCown, W. G., Chamberlain, L. L. (2000). Best Possible Odds: Contempor ary Treatment Strategies for Gambling Disorders. New York, Wiley.

Moravec, J. D., Munley, P. H. (1983). Psychological test findings on pathological gamblers. Int J Addict 18:1003-1009.

Murray, H. (1938). Explorations in Personality. New York, Oxford University Press.

Nader, K., Schafe, G. E., Le Doux J. E. (2000). Fear memories require protein synthesis in the amygdala for reconsolidation after retrieval. Nature 406:722-726.

Ocean, G., Smith, G. J. (1993). Social reward, conflict, and commitment: a theoretical model of gambling behavior. J Gambl Stud 9:321-329.

Rogers, P. (1998). The cognitive psychology of lottery gambling: a theoretical review. J Gambl Stud 14:111-134.

Roy, A., Custer, R., Lorenz, V. et al. (1989). Personality factors and pathological gambling. Acta Psychiatr Scand 80: 37-39.

Sharpe, L. (2002). A reformulated cognitive-behavioral model of problem gambling. A biopsychosocial perspective. Clin Psychol Rev 22:1-25.

Slutske, W. S., Eisen, S., Xian, H. et al. (2001). A twin study of the association between pathological gambling and antisocial personality disorder. J Abnorm Psychol 110:297-308.

Snyder, W. (1978). Decision-making with risk and uncertainty: the case of horse racing. Am J Psychol 91:201-209.

Specker, S. M., Carlson, G. A., Christenson, G. A. et al. (1995). Impulse control disorders and attention deficit disorder in pathological gamblers. Ann Clin Psychiatry 7:175-179.

Steel, Z., Blaszczynski, A. (1998). Impulsivity, personality disorders and pathological gambling severity. Addiction 93:895-905.

Toneatto, T. (1999). Cognitive psychopathology of problem gambling. Subst Use Misuse 34:1593-1604.

Tversky, A., Kahneman, D. (1981). The framing of decisions and the psychology of choice. Science 211:453-458.

Vitaro, F., Arsenault, L., Tremblay, R. E. (1997). Dispositional predictors of problem gambling in male adolescents. Am J Psychiatry 154:1769-1770.

Viatro, F. Ferland, F., Jacques, C. et al. (1998). Gambling, substance use, and impulsivity during adolescence. Psychol Addict Behav 12:185-194.

Walker, M. B. (1992). Irrational thinking among slot machine players. J Gambl Stud 8:245-261.

Wray, I., Dickerson, M. G. (1981). Cessation of high frequency gambling and "withdrawal" symptoms. Br J Addict 76:401-405.

Zuckerman, M. (1979). Sensation Seeking: Beyound the Optimal Level of Arousal. Hillsdale, NJ, Erlbaum.

09 병적 도박에 대한 생물학적 기반의 이해

Kamini R. Shah, M.H.S.
Marc N. Potenza, M.D., Ph.D.
Seth A. Eisen, M.D.

병적 도박에 대한 생물학적 연구는 초기 단계다(Eber & Shaffer, 2000). 많은 연구가 병적 도박의 병리생리학에 복합적인 신경전달물질 체계가 관여함을 밝혀냈다(Potenza, 2001). 이 장에서는 병적 도박의 증거들로 노르아드레날린계noradrenergic, 세로토닌계serotonergic, 도파민계dopaminergic 그리고 아편계opioidergic와 가족사 및 유전적 요인들을 살펴볼 것이다.

신경생물학

세로토닌계 기제

많은 연구에서 가장 일치되는 결과는 충동조절장애에 세로토닌(5-hydroxyindole 또는 5-hydroxytryptamine[5-HT])이 관련되어 있다는 것이다(Potenza, 2001). 병적 도박과 5-HT의 관련성에 대한 증거(〈표 9-1〉 참조)는 5-HT의 대사물인 5-HIAA의 뇌척수액 수준과 상관이 높은 5-HT 기능의 말초기관 표시물에 해당하는, 모노아민 산화효소 B Monoamine oxidase B: MAO B의 혈소판 활동에 관한 연구에서 나온다(Ibáñez et al., 2002). 낮은 수준의 5-HIAA 수준은 높은 충동성(Oreland et al., 1998) 및 자극 추구(Ward et al., 1987)와 상관이 있는 것으로 알려져 있다. 병적 도박자들에 대한 연구들을 살펴보면, MAO B의 낮은 활동성을 보고한 연구가 있는 반면(Blanco et al., 1996; Carrasco et al., 1994; Nordin & Eklundh, 1999), 그렇지 않은 연구들도 있다(Bergh et al., 1997; Roy et al., 1988). 병적 도박자들에게서 발견되는 낮은 혈소판 MAO 활동성이 나타난 두 연구에서(Blanco et al., 1996), 혈소판 MAO의 낮은 활동성과 감각 추구 성향 간의 관련성을 찾지 못한 연구도 있다. 따라서 병적 도박에서의 5-HT 기능과 충동성 및 감각추구 경향성 간의 관계를 밝히기 위한 후속 연구가 필요하다.

약리학적 연구들도 병적 도박에 세로토닌계 장애가 관련된다는 증거를 제시하고 있다. 병적 도박자 집단과 통제집단에 세로토닌 재흡수 억제제인 클로미프라민clomipramine을 소량(12.5mg) 주사했을 때, 통제집단에 비해 병적 도박자 집단에서 프로락틴 반응이 감소했다(DeCaria et al., 1988). 또 다른 연구는 남성 병적 도박자와 건강한 자원자들에게 메타클로로페닐피페라진 5-HT1, 5-HT2의 작용제를 소량(0.5mg/kg) 투여하여 남성 병적 도박자들에서 프로락틴의 증가를 증명하였다. 즉, 병적 도박자 집단이 건강한 자원자 집단보다 5-HT 시냅스 후 수용기는 과민해지고 5-HT의 가용 수준은 저하되었다(DeCaria et al., 1998). 클로미프라민, 플루복사민, 파록세틴의 이중맹검 및 위약 대조 실험을 통해서도 병적 도박과 세로토닌의 관련성이 증명되었으나 모든 연구 결과가 그렇게 나타난 것은 아니다(제13장 '약물치료' 참조). 이 연구들은 병적 도박에서 5-HT계의 역할을 설명하는 동시에 그 관계가 매우 복잡함을 보여 주고 있어 특정 기제를 설명할 수 있는 추수 연구가 필요하다.

도파민계 기제

바람직한 방향이든 병적인 방향이든 보상 및 강화의 토대는 중뇌피질변연계mesocortical limbic system 도파민 체계가 관여하는 것으로 알려져 있다. 중뇌피질변연계 도파민 체계의 역할은 병적 도박에서도 증명되고 있다(〈표 9-1〉 참조)(Potenza et al., 2001). 많은 연구가 보상 및 강화 행동은 복측피개 영역의 도파민성 세포들이

〈표 9-1〉 병적 도박의 병리생리학과 관련 있는 신경전달 체계

신경전달물질	역할	지지하는 연구 결과
노르에피네프린(NE)	각성, 흥분	남성 병적 도박자의 뇌척수액에서는 NE의 대사물인 3-methoxy-4-hydroxyphenylglycol(MHPG)이, 그리고 소변에서는 높은 NE 수준이 관찰됨(Roy et al., 1988, 1989b); 남성 병적 도박자의 뇌척수액에서 NE와 MHPG의 수준이 높게 나타남(Bergh et al., 1997), 그러나 뇌척수액의 유동량을 교정하면 그렇지 않음(Nordin & Eklundh, 1999).
세로토닌(5-HT)	충동 조절	세로토닌계 약물인 클로미프라민과 메타클로로페닐피페라진에 대해 비정상적인 생화학 반응과 행동 반응을 보임(DeCaria et al., 1998), 뇌척수액에서 5-HT의 대사물인 5-hydroxyindoleacetic acid의 수준이 감소되어 있음(Nordin & Eklundh, 1999); 남성 병적 도박자의 모노아민 산화효소(MAO) 활동성이 감소되어 있음(Blanco et al., 1996; Carrasco et al., 1994); 병적 도박의 치료에 선택적 세로토닌 재흡수 억제제가 효과적임(제12장 '인지행동치료' 참조); 남성 병적 도박자에게서 5-HT 수송체의 s-대립유전자가 더 많이 나타남(Ibáñez et al., 2003); 남성 병적 도박자에게서 MAO A 촉진 유전자의 3-repeat 대립유전자가 더 많이 나타남(Ibáñez et al., 2003).
도파민	보상, 강화	남성 병적 도박자에게서 뇌척수액의 도파민 수준은 감소되고, 도파민 대사물질의 수준은 증가되어 있음(Bergh et al., 1997). 그러나 뇌척수액의 유동량을 정정하면 같은 결과가 나타나지 않음(Nordin & Eklundh, 1997); 여성 병적 도박자에게서 도파민 D_4 수용체의 7-repeat 대립유전자가 더 많이 나타남(Ibáñez et al., 2003).
아편	쾌감, 충동	병적 도박 치료에 μ아편계 수용체의 길항제인 날트렉손이 효과적임(제12장 '인지행동치료' 참조).

측핵으로 도파민을 방출하는 체계에서 나타나는 것임을 제안하였다(Comings & Blum, 2000).

연령에 따른 도파민 기능의 변화가 도박행동과 병적 도박에서 나타났다. 한 모형은 도박 문제에 취약할 수 있는 청소년기 동안 도파민과 5-HT 기능에 변화가 있음을 제안한다(Chambers & Potenza, 2003). 노인 집단은 도파민 기능이 감소되는데, 이 시기에는 도박행동 및 병적 도박의 비율이 낮은 것으로 나타났다(제6장 '노인' 참고). 한편, 파킨슨병을 앓는 노인에게 도파민 증진제를 투여한 초기에 병적 도박이 나타나거나 더 악화됐다는 것을 보여준 연구들이 있다. 이는 도파민 기능의 증가가 부분적으로 병적 도박을 유발함을 시사한다(Gschwandtner et al., 2001; Molina et al., 2000; Seedat et al., 2000).

병적 도박에서 도파민계 조절 실패에 대한 연구들은 결과가 혼재되어 있다. 남성 병적 도박자 집단과 통제집단의 뇌척수액을 비교한 결과 병적 도박자 집단에서 도파민 수준이 낮고 도파민 대사물질이 증가되어 있는 것으로 나타났다(Bergh et al., 1997). 이는 도파민 교체율의 상승을 시사한다. 그러나 이러한 차이는 뇌척수액의 유동량을 교정하면 유의하지 않다(Nordin & Eklundh, 1999). 다른 연구에서는 병적 도박자 집단과 통제집단 간에 혈액 및 소변, 뇌척수액의 도파민 수준의 차이가 없었다(Roy et al., 1988). 도박행동에 도파민이 관여한다는 지지 증거들은 건강한 일반인 집단이 도박과 유사한 행동을 할 때에도 나타났다. Koepp와 동료 연구자들(1998)은 남성 참가자들이 돈을 딸 수 있는 탱크 비디오 게임을 할 때 선조체의 도파민 방출이 증가함을 관찰했다. 또한 건강한 피험자들이 게임에서 딸 수 있는 돈의 액수가 많거나 적거나 중간 정도로 구분되어 있는 회전판을 보는 동안 복측피개 영역 및 그것의 투영 영역의 활동성이 증가되었다(Breiter et al., 2001). 후속 연구를 통해 도박이나 도박 유사 행동에서 병적 도박 집단과 통제집단이 보이는 차이를 더 많이 살펴봐야 할 것이다.

노르아드레날린계 기제

각성과 흥분, 자극 추구의 기저에 작용하는 것으로 알려져 있는 노르아드레날린계는 병적 도박과도 관련되어 있다(〈표 9-1〉 참조). 병적 도박에서 도박행동은 자율계 활성화를 증가시킨다(Leary & Dickerson, 1985). 뇌척수액과 혈장, 소변을 추출하여 3-methoxy-4-hydroxyphenylglycol(노르아드레날린의 대사물질) 수준을 측정한 결과, 병적 도박자 집단이 통제집단에 비해 더 높은 수치를 보였다(Bergh et al., 1997; Roy et al., 1988). 외향성이 노르아드레날린 기능과 관련된다는 연구는 병적 도박에서 노르아드레날린의 기능이 성격에 영향을 미친다는 것을 보여 준다(Roy et al., 1989b). 한 흥미로운 연구에 의하면, 병적 도박자 집단에서 α_2-adrenergic 작용제인 클로니딘(0.15mg)에 대한 반응으로 성장 호르몬이 증가하였고, 성장 호르몬과 도박 문제의 심각성 간에 용량-반응의 관계를 보였다(DeCaria et al., 1998).

아편계 기제

μ아편계는 보상과 기쁨, 고통의 과정을 통해—γ-amino-butyric acid(GABA) 연합 뉴런을 지나는 중변연계 통로의 도파민 뉴런의 조절 과정을 통해 최소한 어느 정도는—충동 조절의 기제에 작용하는 것으로 알려져 있으며(Broekkamp & Phillips, 1979), 병적 도박의 매개 역할을 하는 것으로 여겨진다(〈표 9-1〉 참조). β-엔도르핀, 모르핀, 헤로인은 μ아편 수용체에 작용한다. 도박과 유사한 파칭코 게임을 하는 동안 노르에피네프린 수준이 상승되는 것으로 나타나 μ아편계는 도박행동에서의 신체 반응과 관련된 것으로 보인다(Shinohara et al., 1999). 연구에 따르면, 병적 도박자 집단과 통제집단 간에 뇌척수액의 β-엔도르핀 수준은 유사하였지만, 다시 병적 도박자 집단을 경마에 베팅한 사람과 슬롯머신에 베팅한 사람으로 나누어 비교했을 때 경마에 베팅한 집단의 β-엔도르핀 수준이 더 낮았다. 이는 도박의 유형에 따라 생물학적 차이가 존재함을 시사한다(Blaszczynski et al., 1986).

아편과 병적 도박 간의 관련은 알코올 의존의 약물 치료에 효과적인 날트렉손naltrexone의 연구에서도 지지되고 있다(O' Malley et al., 1977). 병적 도박자의 단기 치료에서 μ아편 수용체의 길항제인 날트렉손은 위약보다 더 좋은 효과를 보이며, 특히 도박 충동이 심각한 사람에게 더 효과적인 것으로 나타났다(제13장 '약물치료' 참조).

뇌영상 연구

병적 도박에 대한 뇌 영상 연구는 많지 않다. 남성 병적 도박자의 도박 충동에 대해 알아본 fMRI 연구에서 병적 도박은 다른 충동조절장애와는 신경학적 특성이 유사한 반면 강박장애와는 구별되었다(Potenza et al., 2003b). 병적 도박자는 도박 관련 단어의 첫 자가 제시되는 동안 통제집단에 비해 대뇌피질 및 기저핵, 시상 영역의 활동성이 상대적으로 저하되었다. 그러나 강박장애에서는 대조적으로 대뇌피질-기저핵-시상의 활동성 증가가 나타났다(Saxena & Rauch, 2000). 또한 병적 도박자는 가장 강한 수준의 도박 관련 자극이 제시되는 동안 의사결정이나 충동 조절과 관련된 복내측전전두엽의 활성화가 저하되는 것으로 나타났다(Bechara, 2003; Best et al., 2002; New et al., 2002). 남성 병적 도박자들을 대상으로 fMRI 스트룹 과제(색-단어 간섭과제)를 실시한 연구는 이들의 복내측전전두엽 활동성이 감소되어 있는 것을 관찰하였다(Potenza et al., 2003a). 자료들을 종합해 볼 때, 병적 도박은 충동 조절능력이 손상된 장애나 그러한 상태와 유사한 신경학적 특성을 공유한다고 볼 수 있다.

신경인지 연구

약물남용이 없는 도박자 집단과 여타 중독 문제가 없는 통제집단을 비교한 연구에서 도박자 집단이 아동기 시절에 주의력결핍 행동이 더 많았으며 고차적 주의력 측정에서 수행이 더 저조했다(Rugle & Melamed, 1993). 남성 및 여성 병적 도박자들과 도박을 가끔씩 하는 사람들을 비교했을 때, 병적 도박자 집단이 비디오 복권 단말기로 도박을 하는 동안 도박과 무관한 외부 불빛 자극에 반응하는 속도가 더 늦었다. 이는 병적 도박자들이 간헐적 도박자들에 비해 도박 과정에서 주의의 폭이 더 협소해진다는 것을 시사한다(Diskin & Hodgins, 1999). 포커머신을 이용하는 도박자 중 자신의 도박행동을 통제하는 데 어려움이 있는 집단과 통제력이 양호한 집단을 비교했을 때, 통제력에 어려움이 있는 집단이 스트룹 과제에서 포커머신 도박과 관련된 단어의 색깔을 말하는 데 반응시간이 더 길었다(중립적인 단어나 약물 관련 단어에서는 그렇지 않았다)(Boyer & Dickerson, 2003).

건강한 통제집단과 비교할 때, 병적 도박자는 시간 절감 효과 과제나 도박 과제 측정에서 즉각적인 보상에 민감하게 반응하는 경향이 있었다(Cavedini et al., 2002a; Petry, 2001a, 2001b; Petry & Casarella, 1999). 도박 과제는 실제 의사결정 상황으로 설계되었으며, 즉각적인 보상과 지연되는 보상, 즉각적인 처벌과 지연되는 처벌을 잘 선택하여 이익이 되는 쪽으로 의사결정을 하는 능력을 평가한다(Bechara, 2003). 약물중독(Bechara, 2003)이나 강박장애(Cavedini et al., 2002b)를 지닌 개인 모두 불리한 방향으로 의사결정을 하였는데, 이는 복내측전전두엽 기능과 관련이 있는 것으로 보인다.

기타 생물학적 연관성

각성과 스트레스

도박을 하는 동안 심박수와 혈압, 코르티솔 분비량 등이 증가함을 보여 주는 많은 연구들이 있다. 도박자들이 카지노나 경마장외발매소, 비디오 복권 단말기 도박 등을 하는 동안 심박수가 상승되었다(Anderson & Brown, 1984; Coventry & Norman, 1997; Leary & Dickerson, 1985). 습관성 도박을 하는 남성을 관찰했을 때 카지노 블랙잭 도박을 하는 동안 침의 코르티솔 수준 및 심박수가 증가하였다(Meyer et al., 2000). 한 연구에서는 도박을 문제성 수준으로 하는지, 아니면 낮은 빈도 또는 높은 빈도로 하는지에 따라, 그리고 실험 조건에 따라 생물학적 지표(피부 전도, 심박수, 전두근 근전도)에서 자율신경계의 각성 수준이 다르게 나타났다(Sharpe et al., 1995). 파칭코를 습관적으로 하는 남성 참여자들에게서 자율신경계 각성(노어에피네프린 수준, 심박수) 및 면역체계의 변화가 보고되었으며(Shinohara et al., 1999), 호주 원주민 집단에서는 도박을 집중적으로 한 날에 에피네프린과 코르티솔이 높게 상승하는 것으로 나타났다(Schmitt et al., 1998). 도박과 관련된 자극들은 각성 수준의 상승과 관련이 높았는데, 겉으로 보기에는 별다른 행동의 차이가 없더라도 문제성 도박자 집단의 각성 수준이 가장 높게 변했다(Sharpe et al., 1995). 이러한 결과들을 종합해 보면, 비문제성 도박자이든 병적 도박자이든 간에 도박을 하는 것은 스트레스 호르몬 증가 및 아드레날린 작용, 생리적 수치 변화 등을 포함한 경미한 스트레스 경험임을 시사한다.

뇌파검사 연구

병적 도박 과거력이 있는 남성과 도박을 하지 않는 남성 통제 집단에게 좌측 대뇌반구(언어)와 우측 대뇌반구(시각)의 활동이 확연히 구별되도록 설계한 과제를 제시하여 뇌파 활동을 기록하였다. 그 결과 도박자들은 편측성laterality의 변화가 매우 적었고, 변측성 변화에 걸리는 시간도 더 긴 것으로 나타났다(Golestein & Carlton, 1998). 편측성 변화의 감소는 병적 도박의 특징인 충동성을 반영하는 것으로 보인다.

뇌척수액 연구

Nordin과 Eklundh(1996)는 병적 도박 집단과 통제집단 간에 뇌척수액의 억제성 신경전달물질 수준이 다를 것이라고 가정하였다. 연구 결과, 억제성 아미노산계 신경전달물질인 타우린의 수준이 통제집단에 비해 남성 병적 도박자 집단에서 더 낮았다. 또 다른 억제성 신경전달물질인 GABA의 뇌척수액 수준은 유의한 차이가 없었다(Roy et al., 1989a).

유전학적 연구

가족사 연구

병적 도박자의 20% 정도는 직계가족first-degree relatives 중에 병적 도박을 지닌 사람이 있는 것으로 보고된다(Ibáñez et al., 2002). 참전군 재향군인 병원의 환자를 대상으로 알아본 결과(대부분 백인), 부모 중 적어도 한 명이 병적 도박 과거력이 있던 경우는 문제성 도박자 집단이 그렇지 않은 집단보다 3~8배 많았다(Gambino et al., 1993). 부모에게 도박 문제가 있던 경우에 병적 도박이 발생할 확률이 3배 이상이었으며, 조부모에게 도박 문제가 있던 경우에는 12배 이상이었다. 청소년을 무선으로 표집한 연구에서 부모의 병적 도박 여부가 청소년의 과도한 도박 행위 가능성에 영향을 주었으며, 도박과 관련된 부정적 결과를 경험하는 정도가 더 많았다(Jacobs et al., 1989).

17개의 가족사 연구를 메타분석한 연구에서, 남성이 문제성 도박자일 때 아들에게 미치는 유전적 영향은 여성 문제성 도박자가 딸에게 미치는 정도보다 더 강했다. 또한 돈 내기 형식의 심한 도박을 하는 도박자가 그렇지 않은 도박자보다 자녀에게 미치는 유전적 영향이 더 컸다. 결국 유전적 영향이 가장 큰 경우는 심각한 도박 문제를 보이는 남성 도박자다(Walters, 2001). 이러한 가족사 양상은 문제성 도박 대학생들에게서도 보고되었다(Winters et al., 1998).

쌍생아 연구

병적 도박에 관여하는 유전적 원인과 환경적 원인의 차이를 일란성 쌍생아와 이란성 쌍생아 간의 일치도를 통해 살펴본 연구가 시행되었다(Shah et al., 인쇄 중). Eisen 등(1998)은 베트남 쌍생아 등록소의 남성 쌍생아 3,359쌍을 대상으로 병적 도박 증상이 전혀 없는 집단, 1개 이상인 집단, 그리고 2개 이상인 집단으로 구분하여 유전적 설명량을 살펴본 결과 각각 35%, 48% 및 54%로 나타났다. 유전적 요소는 병적 도박 증상[예: DSM-III-R(American Psychiatric Association, 1987)]이 3개 이상인 경우 56%의 설명량을 보이고, 4개 이상인 경우 62%로 나타났다. 그러나 사례 수가 적어 병적 도박에 미치는 유전적 영향을 확언하기는 어렵다.

동일한 표본을 사용한 후속 연구에서 평생 병적 도박과 반사회적 성격장애(Slutske et al., 2001), 병적 도박과 알코올 의존(Slutske et al., 2000) 간의 공통적인 유전적 취약성이 발견되었다. 병적 도박과 반사회적 성격장애 간에는 16%의 유전적 요소와 9%의 비공유적 환경 요소가 공통적인 위험 요인으로 나타났다. 병적 도박과 알코올 의존 간에 중복되는 위험 요소는 유전적 요소가 12%, 비공유적 환경 요소가 8%로 나타났다. 출생동시집단 연구가 시사하는 핵심은 도박 문제의 심각성은 어떠한 구별된 범주라기보다 연속선상에서의 차이이며, 전부는 아니어도 동일한 위험 요소를 많이 공유한다는 것이다(Shah, 2002; Slutcke et al., 2000).

이와 같은 연구들은 병적 도박의 위험 요인에 유전적 요인의 설명량이 상당하다는 것과 병적 도박이 알코올 의존 및 반사회적 성격장애와 공유하는 유전적 취약성이 수치는 작지만 유의함을 보여 준다. 따라서 병적 도박자가 보이는 반사회적 행동은 단순히 도박의 결과가 아니다. 알코올 의존과 반사회적 성격장애 모두 충동성과 관련이 높고, 병적 도박과 유전적 위험 요인을 공유하기는 하지만, 병적 도박의 위험 요인 대부분이 알코올 의존이나 반사회적 성격장애와 공유하는 취약성으로 설명되는 것은 아니다. 이러한 결과는 다음의 연구들에서 지지된다. ① 적은 수의 쌍생아들을 살펴본 연구에서 높은 강도의 도박(예: 카지노 도박)에 미치는 유전적 영향이 유의미하였다(Winters & Rich, 1998). ② 따로 양육된 일란성 쌍생아 연구에서 충동성에 대한 유전성의 증거가 제시되었다(Tellegoen et al., 1998). ③ 중독은 구별된 신경생물학적 경로가 있다는 증거와 함께 공통적인 경로가 있다는 증거 또한 늘고 있다(Enoch & Goldman, 1999).

분자유전학

쌍생아 연구가 병적 도박의 유전적 요인에 대해 전반적인 이해를 가능하게 해 주지만, 그와 관련된 특정 유전자를 명시해 주지는 못한다. 병적 도박에서의 세로토닌계와 도파민계의 역할에 대한 증거, 그리고 화학적 중독에서의 유전적 요인의 영향에 대한 증거가 확대됨에 따라 병적 도박이 충동성 장애, 강박성 장애 및 중독성 장애와 갖는 관련성이 명확해지고 있다(Blum et al., 1995; Tsuang et al., 1996). 이에 대한 연구들은 충동성 장애와 중독성 장애와 관련된 것으로 알려진 유전자 중 병적 도박과 관련된 후보 유전자를 찾는 것에 중점을 두는데, 특히 5-HT와 도파민계 기능과 관련된 유전자를 집중 조명하고 있다.

주로 뇌의 도파민 뉴런에서 발현되는 효소인, 유전자 부호화 gene encoding MAO A가 병적 도박과 관련되는 것으로 보인다(Ibáñez et al., 2003). 특히 전사 활동 및 효소 활동의 저하와 관련된 MAO A 촉진자의 대립형질은 심각한 병적 도박을 지닌 남성들에게서 각기 다른 수준으로 관련성을 보였다(Ibáñez et al., 2003). MAO B의 낮은 활동 수준이 병적 도박과 관련되지만(Carrasco et al., 1994), MAO B의 다형성 표지polymorphic marker와 병적 도박 간에는 관련이 없는 것으로 밝혀졌다(Ibáñez et al., 2003). 촉진자 활동 감소와 관련 있는 5-HT 수송체 유전자SLC6A4의 다형성 변이의 낮은 기능이 통제집단에 비해 남성 병적 도박자 집단에서 더 자주 발견되었다(Ibáñez et al., 2003).

백인 병적 도박자를 대상으로 한 연구에 도파민 D_2 수용체 유전자DRD2의 Taq-A1 대립형질D2A1—다양한 중독행동, 강박적 행동 및 충동적 행동과 관련된 변인—을 지닌 경우가 비중독자 통제집단은 26%인 반면, 병적 도박자 집단에서는 50%로 나타났다(Comings et al., 1996). D2A1 대립형질의 존재는 병적 도박의 심각성과 관련되며, 병적 도박과 함께 물질사용장애를 보이는 도박자(61%)에게서 그렇지 않는 도박자(44%)에게서보다 더 자주 발견된다(Comings et al., 1996). DRD2 수용체 A1 대립형질 보유자는 도파민계 기능이 변화된 것으로 이해되어 왔으며, 다양한 충동성 장애, 강박성 장애 및 중독장애의 위험이 있는 것으로 보인다(Noble, 2000).

도파민 D_4 수용체 유전자DRD4는 새로운 자극 추구와는 일관되게 관련되지 않지만(Benjamin et al., 1995; Malhotra et al., 1996), 기능적 다형성의 효율성을 낮추어 병적 도박과 관련되는 것처럼 보인다(Ibáñez et al., 2003), 그러나 48-염기쌍 서열의 반복이 포함된 대립형질의 이형접합heterozygosity 대 동형접합homozygosity의 이슈(Comings et al., 1999) 등에서는 일치하지 않는 측면이 있다. 도파민 D_1 수용체 유전자DRD1의 변화는 물질 남용 및 중독 행동과 관련이 있다고 보고되었으며, DRD1 Dde I 1이나 2 대립형질의 동형접합 증가는 병적 도박을 포함한 강박행동이나 중독행동과 관련된다는 연구가 있다(Comings et al., 1997).

병적 도박자 139명과 연령, 인종, 성별로 매칭한 통제집단 139명을 비교한 연구에서 후보염색체로 15번 염색체 및 31번 염색체의 다형성이 병적 도박의 위험성에 영향을 미치는 것을 밝혀냈다(Comings et al., 2001). 다변량 회귀분석에서 가장 유의하게 기여하는 유전자는 DRD2, DRD4, 도파민 전달물질 유전자DAT1, tryptophan hydroxylase geneTPH, α_2C-아드레날린 수용체 유전자ADRA2C, N-메틸-d-아스파트산염N-methyl-d-aspartate receptor gene: NMDA1, PS-1 유전자PS1 등으로 나타났다. 이들 각 유전자가 병적 도박의 위험에 미치는 영향은 도파민, 5-HT, 노어에피네프린 유전자와 유사하게 대부분 2% 미만이다.

성차

그동안 대부분의 연구는 오직 남성만을 대상으로 하거나 참가자 대다수가 남성인 경우가 많아, 최근에는 여성을 포함시켜 성차를 중요하게 다루는 연구들이 활발히 진행되고 있다(Potenza et al., 2001). 표본수가 적은 연구에 기초한 사전조사 결과, 남성 병적 도박자와 여성 병적 도박자 간에 도파민 D_4 수송체 유전자 및 5-HT 수송체 유전자의 대립형질 변이의 기여가 각기 달랐다(Ibáñez et al., 2003). 그리고 남성 병적 도박자는 SLC6A4 유전자 대립형질이 증가한 반면 여성 병적 도박자는 그렇지 않았으며(Ibáñez et al., 2003), 여성에게서는 병적 도박이 DRD4-7 반복 대립형질과 관련된 반면 남성에게서는 그렇지 않았다(Ibáñez et al., 2003). 병적 도박과 MAO A 유전자 다형성의 전반적인 대립형질 분포 간의 관련은 남성에게서만 나타났으며(Ibáñez et al., 2003), 접합자와 도박행동 유형 간의 관계도 남성에게서만 관찰됐다(Winters & Rich, 1998). 또한 병적 도박에 대한 플루복사민의 위약 치료가 남성에게서만 우수한 효과를 보였다(Blanco et al., 2002). 병적 도박에 대한 병리 생리학의 성차 연구들을 종합하면, 남성에게는 세로토닌계의 역기능이, 그리고 여성에게는 도파민계 조절부전이 가장 중요한 역할을 하는 것으로 보인다(Ibáñez et al., 2002). 이러한 유전적 영향의 차이는 도박행동에서의 임상적 발현의 성차[예: 도박문제의 유형과 경과(Potenza et al., 2001; Tavares et al., 2001)]와도 관련된다.

결론

신경생물학적 · 약리학적 · 뇌영상 · 신경심리학적 · 유전적 연구의 많은 증거들이 병적 도박과 물질남용 및 충동조절장애 간의 공통된 특징을 보여 준다(Chambers & Potenzam 2003; Potenza, 2001). 이에 대한 주요한 증거가 날로 증가하고 있는데, 병적 도박에서 다양한 신경전달물질(예: 세로토닌계, 도파민계, 노르아드레날린계, 아편계)이 갖는 역할을 지지해 준다. 이러한 자료들을 통해 병적 도박에 대한 향후 신경생물학적 연구가 토대로 삼을 모형을 고안할 수 있다. 예를 들면, 세로토닌 활동과 관련되는 전두엽피질의 억제 기제의 손상과 도파민계 활동의 증가와 관련되는 동기 증가를 통합한 모형으로 중독 과정에서의 취약성 증가를 설명할 수 있다(Chambers et al., 2003). 이 모형이 서로 다른 신경발달 단계에서 특정한 장애들을 설명하는 데 유효할 수 있도록, 그리고 분자와 세포, 신경 과정의 기저를 확인하고 그 특징들을 더 확인할 수 있도록 더 많은 연구들이 필요하다. 예를 들면, 쌍생아 연구를 통해 병적 도박에 유전자와 환경이 기여하는 역할들을 지지하는 많은 증거들을 얻었으나, 개별 유전자의 정확한 역할 등 병적 도박의 원인론의 특정한 세부적 측면들은 밝혀지지 않은 채 남아 있다.

참고문헌

American Psychiatric Association. (1987). Diagnostic and Statistical Manual of Mental Disorders, 3rd Edition, Revised. Washington, DC, American Psychiatric Association.

Anderson, G., Brown, R. (1984). Real and laboratory gambling, sensation-seeking and arousal. Br J Psychol 75:401-410.

Bechara, A. (2003). Risky business: emotion, decision-making and addiction. J Gambl Stud 19:23-51.

Benjamin, J., Paterson, C., Greenberg, B. et al. (1995). Dopamine D4 receptor gene association with normal personality traits (letter). Psychiatr Genet 5 (supple):S36.

Bergh, C., Eklund, T., Sodersten, P. et al. (1997). Altered dopamine function in pathological gambling. Psychol Med 27:473-475.

Best, M., Williams, J. M., Coccaro, E. F. (2002). Evidence for a dysfunctional prefrontal circuit in patients with an impulsive aggressive disorder. Proc Natl Acad Sci U. S. A. 99:8448-8453.

Blanco, C., Orensanz-Munoz, L., Blanco-Jerez, C. et al. (1996). Pathological gambling and platelet MAO activity: a psychobiological study. Am J Psychiatry 153:119-121.

Blanco, C., Petkova, E., Ibáñez, A. et al. (2002). A pilot placebo-controlled study of fluvoxamine for pathological gambling. Ann Clin Psychiatry 14:9-15.

Blaszczynski, A. P., Winter, S. W., McConaghy, N. (1986). Plasma endorphin levels in pathological gamblers. Journal of Gambling Behavior 2:3-14.

Blum, K., Sheridan, P. J., Wood, R. C. et al. (1995). Dopamine D2 receptor gene variants: association and linkage studies in impulsive-addictive-compulsive behavior. Pharmacogenetics 5:121-141.

Boyer, M., Dickerson, M. (2003). Attentional bias and addictive behaviour: automaticity in a gambling-specific modified Stroop task. Addiction 98:61-70.

Breiter, H. C., Aharon, I., Kahneman, D. et al. (2001). Functional imaging of neural responses to expectancy and experience of monetary gains and losses. Neuron 30:619-639.

Broekkamp, C. L., Phillips, A. G. (1979). Facilitation of self-stimulation behavior following intracerebral microinjections of opioids into the ventral tegmental area. Pharmacol Biochem Behav 11:289-295.

Carrasco, J. L., Saiz-Ruiz, J., Hollander, E. et al. (1994). Low platelet monoamine oxidase activity in pathological gambling. Acta Psychiatr Scand 90:427-431.

Cavedini, P., Riboldi, G., D' Annucci, A. et al. (2002a). Decision-making heterogeneity in obsessive-compulsive disorder: ventromedial prefrontal cortex function predicts different treatment outcomes. Neuropsychologia 40: 205-211.

Cavedini, P., Riboldi, G., Keller, R. et al. (2002b). Frontal lobe dysfunction in pathological gambling patients. Biol Psychiatry 51:334-341.

Chambers, R. A., Potenza, M. N. (2003). Neurodevelopment, impulsivity and adolescent gambling. J Gambl Stud 19:53-84.

Chambers, R. A., Taylor, J. R., Potenza, M. N. (2003). Developmental neurocircuitry of motivation in adolescence: a critical period of addiction vulnerability. Am J Psychiatry 160:1041-1052.

Comings, D. E., Blum, K. (2000). Reward deficiency syndrome: genetic aspects of behavioral disorders. Prog Brain Res 126:325-341.

Comings, D. E., Rosenthal, R. J., Lesieur, H. R. et al. (1996). A study of the dopamine D2 receptor gene in pathological gambling. Pharma cogenetics 6:223-234.

Comings, D. E., Gade, R., Wu, S. et al. (1997). Studies of the potential role of the dopamine D1 receptor gene in addictive behaviors. Mol Psychiatry 2:44-56.

Comings, D. E., Gonzalez, N., Wu, S. et al. (1999). Studies of the 48 bp repeat polymorphism of the DRD4 gene in impulsive, compulsive, addictive behaviors: Tourette syndrome, ADHD, pathological gambling, and substance abuse. Am J Med Genet 88:358-368.

Comings, D. E., Gade-Andavolu, R., Gonzalez, N. et al. (2001). The additive effect of neurotransmitter genes in pathological gambling. Clin Genet 60:107-116.

Coventry, K. R., Norman, A. C. (1997). Arousal, sensation seeking and frequency of gambling in off-course horse racing bettors. Br J Psychol 88:671-681.

DeCaria, C. M., Begaz, T., Hollander, E. (1998). Serotonergic and noradrenergic function in pathological gambling. CNS Spectr 3:38-47.

Diskin, K. M., Hodgins, D. C. (1999). Narrowing of attention and dissociation in pathological video lottery gamblers. J Gambl Stud 15:17-28.

Eber, G. B., Shaffer, H. J. (2000). Trends in bio-behavioral gambling studies research: quantifying citations. J Gambl Stud 16:461-467.

Eisen, S. A., Lin, N., Lyons, M. J. et al. (1998). Familial influences on gambling behavior: an analysis of 3359 twin pairs. Addiction 93:1375-1384.

Enoch, M. A., Goldman, D. (1999). Genetics of alcoholism and substance abuse. Psychiatr Clin North Am 22:289-299.

Gamblino, B., Fitzgerald, R., Shaffer, H. J. et al. (1993). Perceived family hist ory of problem gambling and scores on the SOGS. J Gambl Stud

9:169-184.

Goldstein, L., Carlton, P. L. (1988). Hemispheric EEG correlates of compulsive behavior: the case of pathological gamblers. Res Commun Psychol Psychiatr Behav 13:103-111.

Gschwandtner, U., Aston, J., Renaud, S. et al. (2001). Pathologic gambling in patients with parkinson' s disease. Clin Neuropharmacol 24:170-172.

Henderson, W. G., Eisen, S., Goldberg, J. et al. (1990). The Vietnam Era Twin Registry: a resource for medical research. Public Health Rep 105:368-373.

Hollister, E., Schwin, R. L., Kasper, P. (1977). Naltrexone treatment of opiate-dependent persons. Drug Alcohol Depend 2:203-209.

Ibáñez, A., Blanco, C., Saiz-Ruiz, J. (2002). Neurobiology and genetics of pathological gembling. Psychiatr Ann 32:181-185.

Ibáñez, A., Blanco, C., de Castro, I. P. et al. (2003) Genetics of pathological gambling. J Gambl Stud 19:11-22.

Jacobs, D. F., Marston, A. R., Singer, R. D. et al. (1989). Children of problem gamblers. Journal of Gambling Behavior 5:261-268.

Koepp, M. J., Gunn, R. N., Lawrence, A. D. et al. (1998). Evidence for striatal dopamine release during a video game. Nature 393:266-268.

Leary, K., Dickerson, M. (1985). Levels of arousal in high- and low-frequency gamblers. Behav Res Ther 23:635-640.

Malhotra, A. K., Virkkunen, M., Rooney, W. et al. (1996). The association between the dopamine D4 receptor (DRD4) 16 amino acid repeat polymorphisms and novelty seeking. Mol Psychiatry 1:388-391.

Meyer, G., Hauffa, B. P., Schedlowski, M. et al. (2000). Casino gambling increases heart rate and salivary cortisol in regular gamblers. Biol Psychiatry 48:948-953.

Molina, J. A., Sainz-Artiga, M. J., Fraile, A. et al. (2000). Pathologic gambling in Parkinsons's disease: a behavioral manifestation of pharmacologic treatment? Mov Disord 15:869-872.

New, A. S., Hazlett, E. A., Buchsbaum, M. S. et al. (2002). Blunted prefrontal cortical 18-fluorodeoxyglucose positron emission tomography response to meta-chlorophenylpiperazine in impulsive aggression. Arch Gen Psychiatry 59:621-629.

Nobble, E. P. (2000). Addiction and its reward process through polymorphisms of the D2 dopamine receptor gene: a review. Eur Psychiatry 15:79-89.

Nordin, C., Eklundh, T. (1996). Lower CSF taurine levels in male pathological gamblers than in healthy controls. Hum Psychopharmacol 11:401-403.

Nordin, C., Eklundh, T. (1999). Altered CSF 5-HIAA disposition in pathological male gamblers. CNS Spectr 4:25-33.

O'Malley, S. S., Jaffe, A. J., Chang, G. et al. (1992). Naltrexone and coping skill therapy for alcohol dependence: a controlled study. Arch Gen Psychiatry 49:881-887.

Oreland, L., Ekblom, J., Garpenstrand, H. et al. (1998). Biological markers, with special regard to platelet monoamine oxidase (trbc-MAO), for personality and personality disorders. Adv Pharmacol 42:301-304.

Petry, N. M. (2001a). Pathological gamblers, with and without substance use disorders, discount delayed rewards at high rates. J Abnorm Psychol 110:482-487.

Petry, N. M. (2001b). Substance abuse, pathological gambling, and impulsiveness. Drug Alcohol Depend 63:29-38.

Petry, N. M. Casarella, T. (1999). Excessive discounting of delayed rewards in substance abusers with gambling problems. Drug Alcohol Depend 56:25-32.

Potenza, M. N. (2001). The neurobiology of pathological gambling. Semin Clin Neuropsychiatry 6:217-226.

Potenza, M. N., Steinberg, M. A., McLaughlin, S. D. et al. (2001). Gender-related differences in the characteristics of problem gamblers using a gambling helpline. Am J Psychiatry 158:1500-1505.

Potenza, M. N., Leung, H-C., Blumberg, H. P. et al. (2003a). An event-related fMRI Stroop study of pathological gamblers. Biol Psychiatry 53:54S.

Potenza, M. N., Steinberg, M. A., Skudlarski, P. et al. (2003b). An FMRI study of gambling urges in pathological gamblers. Arch Gen Psychiatry 60:828-836.

Roy, A., Adinoff, B., Roehrich, L. et al. (1988). Pathological gambling: a psychobiological study. Arch Gen Psychiatry 45:369-373.

Roy, A., DeJong, J., Ferraro, T. et al. (1989a). CSF GABA and neuropeptides in pathological gamblers and normal controls. Psychiatr Res 30:137-144.

Roy, A., DeJong, J., Linnoila, M. (1989b). Extraversion in pathological gamblers: correlates with indexes of noradrenergic function. Arch Gen Psychiatry 46:679-681.

Rugle, L., Melamed, L. (1993). Neuropsychological assessment of attention problems in pathological gamblers. J Nerv Ment Dis 181:107-112.

Sexena, S., Rauch, S. L. (2000). Functional neuroimaging and the neuroanatomy of obsessive-compulsive disorder. Psychiatr Clin North Am 23:1-19.

Schmitt, L. H., Harrison, G. A., Spargo, R. M. (1998). Variation in epinephrine and cortisol excretion rates associated with behavior in an Australian Aboriginal community. Am J Phys Anthropol 106:249-253.

Seedat, S., Kesler, S., Niehaus, D. J. H. et al. (2000). Pathological gambling behaviour: emergence secondary to treatment of Parkinson's disease with dopaminergic agents. Depress Anxiety 11:185-186.

Shah, K. R. (June 14, 2002). A latent class typology of gambling behaviors in a population-based sample. Paper presented at the 16th National Conference on Problem Gambling, National Council on Problem Gambling, Dallas, TX.

Shah, K. R., Eisen, S. E., Xian, H. et al. Genetic studies of pathological gambling: a review of methodology and analyses of data from the Vietnam Era Twin (VET) Registry. J Gambl Stud (in press.).

Sharpe, L., Tarrier, N., Schotte, D. et al. (1995). The role of autonomic gambling arousal in problem gambling. Addiction 90:1529-1540.

Shinohara, K., Yanagisawa, A., Kagota, Y. et al. (1999). Physiological changes in Pachinko players; beta-endorphin, catecholamines, immune system substances and heart rate. Appl Human Sci 18:37-42.

Slutske, W. S., Eisen, S., True, W. R. et al. (2000). Common genetic vulnerability for pathological gambling and alcohol dependence in men. Arch Gen Psychiatry 57:666-673.

Slutske, W. S., Eisen, S., Xian, H. et al. (2001). A twin study of the association between pathological gambling and antisocial personality disorder. J Abnorm Psychol 110:297-308.

Tavares, H., Zilberman, M. L., Beites, F. J. et al. (2001). Gender differences in gambling progression. J Gambl Stud 17:151-159.

Tellegen, A., Lykken, D. T., Bouchard, T. J. et al. (1988). Personality similarity in twins reared apart and together. J Pers Soc Psychol 54:1031-1039.

Tsuang, M. T., Lyons, M. J., Eisen, S. A. et al. (1996). Genetic influences on DSM-III-R drug abuse and dependence: a study of 3,372 twin pairs. Am J Med Genet 67:473-477.

Volpicelli, J. R., Alterman, A. I., Hayashida, M. et al. (1992). Naltrexone in the treatment of alcohol dependence. Arch Gen Psychiatry 49:876-880.

Walters, G. D. (2001). Behavior genetic research on gambling and problem gambling: a preliminary meta-analysis of available data. J Gambl Stud 17:255-271.

Ward, P. B., Catts, S. V., Norman, T. R. et al. (1987). Low platelet monoamine oxidase and sensation seeking in males: an established relationship? Acta Psychiatr Scand 75:86-90.

Winters, K. C., Rich, T. (1998). A twin study of adult gambling behavior. J Gambl Stud 14:213-225.

Winters, K. C., Bengston, P., Dorr, D. et al. (1998). Prevalence and risk factors of problem gambling among college students. Psychol Addict Behav 12:127-135.

PART 4
예방과 치료

10 예방적 노력과 임상가의 역할

Marc N. Potenza, M.D., Ph.D.
Marc D. Griffiths, Ph. D., C. Psychol.

임상현장에서 예방적 노력의 중요성은 매우 광범위하다. 현재 중독장애와 정신건강을 대상으로 예방적 노력이 광범위하게 이루어지고 있지만 그 효과에 대해서는 제한된 자료만 있을 뿐이다. 약물남용의 경우 개인 예방 프로그램의 효과성에 대한 대규모 구조화된 연구가 진행되었고〔예: Drug Abuse Resistance Education 또는 Project DARE(Clayton et al., 1996)〕, 현재도 관련 행태에 대한 연중 설문조사가 진행되고 있다〔예: National Household Drug Abuse Survey(Substance Abuse and Mental Health Services Administration, 2003)〕. 그러나 문제성 도박이나 병적 도박에 대한 예방적 노력은 아직 미미한 편으로, 성인 집단에서의 병적 도박 예방효과를 다른 중독 분야와 비교하기에는 적절한 자료가 부족하다. 이 장에서는 성인의 문제성 도박이나 병적 도박에 대한 예방적 노력을 검토하고 전문가의 역할에 초점을 맞출 것이다. 청소년과 10대들을 대상으로 한 문제성 도박이나 병적 도박에 대한 예방적 노력은 제11장 '청소년 문제성 도박과 병적 도박의 예방과 치료' 에서 다루고 있다.

전통적으로 예방은 3단계로 구분된다. '1차 예방' 은 목표 장애의 발생을 막는 것이다(U.S. Preventive Service Task Force, 1996). '2차 예방' 은 목표 장애의 위험 요인과 전임상적preclinical 증상이 진행되고 있지만 아직은 임상적 증후를 보이지 않는 개인을 대상으로 증상을 확인하고 치료하는 것이다(U.S. Preventive Service Task Force, 1996). '3차 예방' 은 장애로 인한 부작용을 예방하거나 최소화하는 것에 더하여 장애를 지닌 개인들의 기능을 회복하는 것이다(U.S. Preventive Service Task Force, 1996). 1차 예방은 일반인을, 2차 예방은 위험군이나 취약군을, 그리고 3차 예방은 질병을 지닌 사람을 대상으로 한다.

인지행동치료나 약물치료 등의 3차 예방은 이 책의 제12장과 제13장에서 다루고 있으므로 이 장에서는 3차 예방의 '초기' 노력을 구체적으로 (문제를 가진 사람들을 전문적인 치료와 연결하는) 헬프라인과 카지노 (도박 문제를 가지고 있는 개인의 부작용을 줄이기 위한) 자기 출입금지self-exclusion 등에 초점을 맞출 것이다.

1차 예방

1차 예방은—장애와 관련된 고통, 비용 및 부담을 줄여 주기 때문에 비용 대비 효과성이 가장 높은 것으로 알려져 있다(U.S. Preventive Service Task Force, 1996)—건강 관련 교육과 상담을 포함한다. 문제성 도박과 병적 도박에 대한 1차 예방 노력은 교육으로부터 시작된다. 예를 들면, TV 광고, 광고판, 버스 광고, 포스터, 엽서 등 대중의 인식을 높이기 위한 모든 수단들을 포함한다(Griffith, 2003). 다양한 수단들이 광범위하게 쓰이고 있음에도 그 효과성에 대한 경험적 검증은 미미하다. 광고 후 무작위 전화설문 등을 통한 광고 수단에 대한 효과성 검증이 권장되고 있다(Griffith, 2003). 광고의 효과성을 검증하기 위한 방법으로는 광고를 들은 사람들의 수, 그들이 메시지를 이해한 정도, 메시지의 유용성이나 적절성, 그리고 메시지가 행동변화를 가져온 정도 등을 측정하는 방법들이 있다(Griffith, 2003).

목표로 삼는 장애나 행동이 가져오는 결과에 대한 지식은 1차 예방의 영향력이나 내용에 강한 영향을 준다. 예를 들어, 금연을 권장하는 노력들은 흡연이 신체 건강에 미치는 영향이 널리 알려진 이후에 더욱 효과를 거두었다(Solvic, 2001). 불행하게도 다양한 수준의 도박행동(예: 사교성 도박, 문제성 도박, 병적 도박)이 건강에 미치는 영향에 대하여 정교하게 설계된 대규모 연구는 거의 없다(National Research Council, 1999). 현재 진행되고 있는 대규모 연구의 결과를 보면 '도박 영향과 행동 연구Gambling Impact and Behavior Study'에서 문제성 도박이나 병적 도박이 실업수당 수급, 파산, 체포, 감금, 신체 건강의 악화, 그리고 정신적 문제의 치료 경험들과 상관이 있음이 밝혀지고 있다(National Opinion Research Center, 1999; Potenza et al., 2001a).

도박 영향과 행동 연구를 비롯한 여러 대규모 조사에서 문제성 도박이나 병적 도박이 다양한 부정적 행동(특히 물질사용장애)과 상관이 있다는 결과가 발표되고는 있지만(Cunningham-Williams et al., 1998; Welte et al., 2001), 이 연구들은 도박행동의 진행 과정이나 다른 요인들과의 연관성에 대해서는 거의 정보를 주지 못한다. 그럼에도 이러한 연구에서 얻을 수 있는 정보는 도박을 공중보건적 관점에서 개념화하고(제1장 '도박과 공중보건' 참조) 현재 알코올 남용에서 사용되고 있는 것과 같은 건강한 도박행동을 위한 지침을 만들어 내는 것이 매우 중요하다(Center for Nutrion Policy and Promotion, 2000; Dietary Guidelines Advisory Committee, 2000; Korn, 2000; Korn & Shaffer, 1999; Shaffer & Korn, 2002).

문제성 도박이나 병적 도박의 수준이 높아짐에 따라 건강 상태나 삶의 질이 저하된다는 강력한 증거들에 더하여 덜 심각한 도박행동도 일반적으로 혹은 특정 분야에서 건강에 악영향을 미칠 수 있음이 보고되고 있다. 예를 들어, 카지노 게임을 하는 사람 중에 돌연 심장발작 사망률 등의 비율(83%)이 높은 점은 "도박행동이 특히 나이 든 심장병 환자에게는 위협적"이라는 저자의 표현처럼 돌연사의 위험 확률을 높인다(Havard Medical School Division on Addiction, 2000; Jason et al., 1990, p. 116). 도박을 몇 시간 동안 지속하면 심장병 발병 확률이 높아진다는 사실은 ① 도박을 함으로써 콜레스테롤 수준과 혈압이 증가한다는 결과(Meyer et al., 2000), ② 카지노에서 자동 세동제거기defibrillators를 사용하는 것이 갑작스러운 심장발작 후에 생존율을 증가시킨다는 결과(Potenza et al., 2002; Valenuela et al., 2000)로 검증되었다.

기타 도박 관련 건강 위험 요인은 카지노에서의 흡연과 다른 도박 장소에의 노출이다. 카지노의 니코틴 농도와 상관이 높은 공기 중 인공 돌연변이로 측정해 본 결과, 카지노와 빙고 홀에서의 흡연은 높은 수준의 니코틴과 돌연변이 유발인을 발생시키는 것으로 나타났다(Kado et al., 1991). 카지노 종사자들은 간접 흡연을 근무 중의 걱정거리로 꼽았는데(Keith et al., 2001), 이러한 우려는 카지노 근무자들의 근무 후 혈중 코티닌(니코틴의 주요한 요대사물) 수준이 높아진 결과로 입증되었다(Shaffer et al., 1999; Trout et al., 1998). 도박, 특히 문제성 도박이나 병적 도박과 흡연이 연관이 있다면(Crockford & el-Guebaly, 1998; Cunningham-williams et al., 1998; Perty & Oncken, 2002; Potenza et al., 인쇄 중), 도박 중 흡연에 노출되는 것은 건전한 도박에 대한 지침을 개념화하는 데 꼭 고려해야 할 사항이다.

몇몇 아동과 청소년을 대상으로 한 1차 예방 프로그램은 성인의 도박행동에도 영향을 미칠 수 있다. 한 예로, 289명의 고등학생을 대상으로 도박 관련 정보를 교훈적으로 전달한 예방 프로그램(Gaboury & Ladouceur, 1993)은 학생의 지식을 증진시키고, 도박에 대한 좀 더 현실적인 태도를 갖게 하였고, 이 프로그램을 마친 청소년의 경우 낮은 도박 심각도를 보였다. 쇼핑몰에서 무작위로 선정한 115명의 참여자들에게 보여 준 도박 관련 소책자는 문제성 도박과 문제성 도박 관련 위험행동, 그리고 문제성 도박에 관해 도움을 받을 수 있는 곳 등 새로운 정보를 제공하였다 (Ladouceur et al., 2000b). 424명의 성인을 대상으로 비디오 형식의 기기를 사용하여 도박에 대한 오해를 바로잡고 지식을 증가시키고자 고안된 연구에서, 프로그램의 참여는 도박에 대한 오해를 수정하고 지식을 증가시켰다 (Ferland et al., 2002). 이러한 희망적 결과에도 불구하고 초기의 긍정적인 결과가 성인이 되어서도 지속되는지 그리고 청소년에게 효과가 있던 프로그램이 성인에게도 효과가 있는지는 확실치 않다. 도박 외의 영역에서 예방 프로그램에 대한 연구를 보면, 전달 방법(예: 교훈적 강의, 비디오테이프, 포스터, 소책자, 유명 인사 연설)에 상관없이 단지 '정보만 전달하는' 접근 방법은 행동 변화에 거의 효과가 없었다(Evans & Getz, 2003).

1차 예방에서 고려해야 할 또 하나의 쟁점은 문제성 도박이나 병적 도박의 진행에 도박의 가용성availability이 미치는 영향이다. 도박에 대한 사회적 태도나 도박을 허용하거나 금지하는 법과 상관없이 도박은 모든 문화와 시대에 존재해 왔다(Potenza & Charney, 2001). 지난 수십 년 동안 합법화된 도박은 미국 전역과 전 세계에 걸쳐 급속하게 확산되었다(Potenza et al., 2001a). 합법적 도박의 증가는 사교성 도박, 문제성 도박 그리고 병적 도박의 증가와 일치한다(National Opinion Research Center, 1999; Shaffer & Hall, 2001). 북아메리카에서 행해진 연구들의 메타분석 결과를 보면 1977~1993년보다 1994~1997년의 연구들에서, 더 높은 문제성 도박이나 병적 도박률이 측정되었다(Shaffer & Hall, 2001). 어떤 도박을 금지하고 허용할지는 도박이 공중보건에 미치는 영향과 예방적 노력을 고려하여 결정해야 할 논쟁거리다.

성인 도박 관련 1차 예방 노력이 이루어지고는 있으나 아직까지 상대적으로 매우 미약하고, 특히 문제성 도박이나 병적 도박이 공중보건에 미치는 영향에 대해서는 더욱 그러하다. 나아가 도박과 건강과의 인과관계를 밝혀 줄 수 있는 매개요인의 발견에는 더욱 많은 노력이 필요한 실정이다. 이러한 정보는 건전 도박에 대한 지침과 더욱 효과적인 대중 의식 캠페인을 이끌어 낼 것이다.

2차 예방

2차 예방은 장애가 발병할 위험이 있는 개인이나 전임상적 형태의 장애를 가지고 있는 개인을 찾아내는 것을 포함한 예방적 노력을 뜻한다. 여기에서는 고위험군은 아니지만 노인을 2차 예방의 대상에 포함시키고자 한다. 2차 예방은 일반적인 의학적 상황에서 행해지는 중요한 개입을 포함한다. 예를 들면 CAGECut-Annoyed-Guilty-Eye(역자 주: John Ewing이 개발한 알코올 문제 감별을 위한 단축형 설문지) 같은 단축검사는 일반적인 의학적 상황에서 알코올사용장애가 있는 개인의 탐지와 치료를 촉진하는 것으로 알려져 있다(Fiellin et al., 2000).

병원에서 내과의가 도박 문제를 가진 개인을 진료하게 될 수 있는데, 그들이 환자의 도박 문제를 다루는 데 편안함을 느낄 수 있을 만큼 훈련을 받았는지는 회의적이다. 180명의 건강전문가에게 설문조사를 하였을 때, 96%의 전문가가 문제성 도박이나 병적 도박에 대해 지식이 있다고 답했지만, 그중 30%만이 환자가 스트레스와 관련된 증상을 보일 때 도박 관련 문제가 있는지를 물어본다고 하였다(Christensen et al., 2001).

복지부 장관, 의과대학 책임자, 물질사용이나 도박 문제 분야의 전문가들을 각각 조사한 결과, 공통적으로 병적 도박에 대한 인식, 지식, 교육 그리고 훈련의 부족이 임상전문가들이 부딪히는 가장 큰 장벽이라고 대답하였다(Rowan & Galasso, 2000). 또한 이들은 의과대학생을 대상으로 도박장애에 대한 교육이 모든 과정에서 이루어져야 하고, 졸업 후에도 지속적으로 이루어져야 함을 강조하였다.

상당수의 도박자들은 도박의 직접적 결과로 신체상의 문제를 언급하였다. 도박자나 그 배우자들이 경험하는 도박으로 비롯되는 건강 문제로는 우울증, 불면증, 장기능장애, 편두통 그리고 기타 스트레스 관련 질환 등이 있다(Griffith, 2001; Griffith et al., 1999; Lorenz & Yaffee, 1986, 1988). 의사들은 환자에게 흡연이나 음주 관련 질문은 하지만 도박 관련 질문은 거의 하지 않는다(Setness,

1997). 적절한 치료를 위해서 의사, 특히 가정의나 정신과 전문의가 도박이 건강과 안녕감에 미치는 영향에 대한 지식을 가지고 있어야 하고, 도박 문제를 탐색하고 치료하거나 적절한 기관에 의뢰할 수 있는 실질적인 기술을 갖추어야 함을 시사하는 증거들이 쏟아져 나오고 있다. 또한 매우 심각한 형태의 도박은 약물중독과 마찬가지로 매우 중요한 의학적 상태로 간주되어야 한다(McLellan et al., 2000; Potenza et al., 2001a, 2002).

문제성 도박행동을 간편하게 검사할 수 있는 도구가 의학적으로 매우 중요한 가치를 지닌다. 8개의 자기보고 문항으로 구성된 조기개입 도박건강검사Early Intervention Gambling Health Test(부록 B 참조)는 1차 의료기관에서 사용하기에 유용한 것으로 알려져 있다(Potenza et al., 2002; Sullivan, 2000). 일반적인 의료기관에서 문제성 도박이나 병적 도박을 예방할 수 있는 지침을 개발하는 것은 시기상조일 수 있지만, 일반 내과의가 환자의 도박경력을 정기적으로 측정하고 문제성 도박이 의심되는 환자의 도박 문제를 민감하게 탐색한다면 도박 문제를 가진 개인에게 치료받도록 동기부여하고 그들을 자조모임 및 지역 도박치료 프로그램이나 도박 헬프라인에 의뢰할 수 있게 된다.

간편검사도구는 정신건강센터, 중독치료기관, 교도소, 기타 법정 장면 그리고 도박장 등에서도 유용하다. 이러한 기관에서 근무하는 사람은 특정 집단, 예를 들면, 남성, 청소년, 그리고 구금당한 적이 있거나 물질사용을 포함한 정신과 장애가 있는 개인에게 문제성 도박이나 병적 도박률이 높음을 인지하고 있어야 한다. 도박은 다른 정신과 질환과 공존할 확률이 높기 때문에 문제성 도박이나 병적 도박이 있는 개인을 대상으로 정신과 질환에 대한 검사를 하거나 혹은 정신과 질환이 있는 사람을 대상으로 문제성 도박 혹은 병적 도박의 여부를 검사하는 것은 각 장애와 관련된 부작용을 최소화할 수 있는 3차 예방을 촉진할 수 있다.

도박장에 근무하는 사람들, 특히 경마장 근무자들은 문제성 도박과 병적 도박률이 높기 때문에(National Opinion Research Center, 1999) 중요한 2차 예방 대상이다. 현재 많은 도박장에서 문제성 도박자나 병적 도박자를 변별할 수 있는 교육이 이루어지고, 도박장 내에 도움을 얻을 수 있는 곳에 대한 정보를 안내하고 있다(예: 3차 예방에서 설명할 도박 헬프라인이나 자기출입제한 프로그램 등).

문제성 도박에 대한 위험도가 낮다고 인식됨에도 불구하고 도박의 예방에 특별한 관심을 기울여야 하는 집단이 있다. 예를 들면, 도박 문제는 남성에게서 더 만연하지만, 도박은 성에 따라 다른 행동 특성을 보인다. 예를 들면, 여성은 비교적 늦은 나이에 도박을 시작하여 문제가 생기고, 슬롯머신 등의 기계도박을 즐겨한다(Potenza et al., 2001b; Tavares et al., 2001). 그러므로 예방 노력은 도박장에 따라 그리고 연령 및 성별에 따라 차별적으로 이루어져야 한다. 노인의 경우에는 젊은 남성에 비해 도박빈도도 낮고 문제도 심각하지 않지만, 슬롯머신이나 경품복권 같은 도박에 더 쉽게 빠져 든다(Desai et al., 인쇄 중; Mendez et al., 2000; National Opinion Research Center, 1999; Potenza et al., 인쇄 중). 따라서 노인을 위한 특별한 2차 예방 노력이 필요한데, 이러한 노력에는 노인 요양기관에서 문제성 도박이나 병적 도박에 대한 검사를 실시하거나, 카지노의 슬롯머신 기계 옆에 도박 문제 목록을 붙여 놓는 것 등을 포함한다(Potenza et al., 인쇄 중). 요양기관 내의 특정 노인집단은 도박 문제를 나타낼 위험성이 더 높다. 예를 들어, 파킨슨병을 도파민 계통의 약으로 치료하는 과정에서 도박 문제가 나타나거나 악화되는 사례들이 보고되었다(Gschwandtner et al., 2001; Molina et al., 2000; Seedat et al., 2000). 이들과 기타 고위험 집단이나 취약 집단을 대상으로 한 2차 예방의 효과성에 대한 연구가 더욱 필요하다.

3차 예방

3차 예방은 장애 관련 부작용을 줄이는 것과 관련된다. 병적 도박의 약물치료를 포함한 이러한 노력들은 제12장 '인지행동치료' 와 제13장 '약물치료' 에 잘 설명되어 있다. 초기의 3차 예방은 발견된 문제성 도박자를 (헬프라인을 통해) 치료장면으로 인도하고 그들이 도박장의 자기출입금지와 같은 방법을 사용하는 비치료적 방법들을 포함한다.

도박자를 위한 헬프라인은 미국과 세계 전역에서 활용되고 있다(Griffith et al., 1999; Potenza et al., 2000; Sullivan et al., 1994). 예를 들어, 문제성 도박에 대한 코네티컷 의회Connecticut Council on Problem

Gambling: CCPG(코네티컷과 인근 2개의 주에 서비스를 제공함)의 문제성 도박 헬프라인은 일 년에 1,000회 이상 도박 관련 도움을 청하는 전화를 받는다(Potenza et al., 2000, 2001b). 이 도움 요청의 수치는 다른 주나 문제성 도박에 대한 전국 의회National Council on Problem Gambling 헬프라인의 상황에 비해 매우 낮은 수치다. 코네티컷에서 도박 문제로 전화하는 사람의 약 85%가 자조모임에 참여하거나 도박 문제로 전문가의 도움을 받아 본 적이 없다고 보고했다(Potenza et al., 2000, 2001b). CCPG 헬프라인에 전화하는 개인은 정기적으로 자조모임이나 전문가에게 의뢰되기 때문에 문제성 도박 헬프라인은 최근에 도박 문제가 발견된 개인을 전문적 도움을 받을 수 있는 곳으로 인도하는 역할을 한다. CCPG 헬프라인의 무료 전화번호가 광고판이나 버스를 통해 대중에게 알려지고 모든 도박장소(예: 카지노, 경마장, 로또 판매처 또는 로또의 뒷면)에 광고된 상황에서, 헬프라인은 1차, 2차 그리고 3차 예방의 연결고리 역할을 할 수 있다.

헬프라인에 전화를 하는 사람들로부터 얻은 정보는 예방 노력을 증진하는 데 도움을 준다. 예를 들어, 아주 소수이긴 하지만 CCPG 헬프라인에 전화한 청소년이 청소년의 도박 문제를 발견하고 그들에게 적절한 치료를 제공할 수 있는 예방 방법을 제안하기도 한다. 또한 히스패닉계나 아프리카계 미국인 같은 소수민족의 CCPG 헬프라인 이용은 제한적이다(Potenza et al., 2001b). 서로 다른 지역의 헬프라인 자료를 통해 차이가 발견되는데, 영국의 헬프라인 자료는 영국 청소년이 CCPG 헬프라인보다 더 많이 헬프라인을 이용하였고 영국 여성은 오히려 덜 사용함을 보여 주었다(Griffith et al., 1999; Potenza et al., 2001b). 영국과 미국의 결과가 왜 다른지에 대한 정확한 원인은 모르지만, 아마도 인구 구성, 광고 혹은 도박행동의 차이 등에서 비롯된 것일 수 있다. 예를 들면, 영국 청소년은 미국 청소년에 비해 슬롯머신을 더 빈번하게 할 수 있는데, 슬롯머신 도박의 문제는 영국이나 CCPG 표본에서 흔히 발견되고 있다(Griffiths et al., 1999; Potenza et al., 2001b). 소수집단에 대해서도 예방이 효과적인지에 대한 검증이 필요하다(예: 히스패닉계 사람들에게 효과적으로 알리기 위해 헬프라인 연락처를 영어와 스페인어로 동시에 알림으로써 나타나는 변화를 통해). 그리고 헬프라인을 통해 치료기관에 의뢰됐던 사람들을 추적함으로써 헬프라인의 효과성을 검증하는 노력이 필요하다. 헬프라인에 전화했던 사람 중 몇 달 후 기꺼이 다시 전화하는 사람들이 전해 주는 정보는 문제성 도박자들이 헬프라인을 통한 개입으로 어떤 도움을 받았는지를 가늠할 수 있게 한다.

북아메리카를 포함한 전 세계에 자기출입제한 규정이 있다. 정확한 규정이나 지침들은 지역이나 개별 카지노에 따라 다르지만 대부분 일정 기간 동안 자발적 자기출입제한(예: 6개월에서 5년 정도)을 실시하고 이를 어길 시에는(예: 도박장에 출입하게 되면) 체포되는 것을 감수한다(Ladouceur et al., 2000a). 카지노 자기출입제한의 효과성에 대한 연구는 220명의 자발적 참여자를 대상으로 실시한 것이 유일하다(Ladouceur et al., 2000a). 참여자 대부분은 중년의 기혼 남성이었으며, 참여자의 95%가 SOGS 척도 기준으로 병적 도박자들이었다(Ladouceur et al., 2000a). 97%의 사람들이 자기출입제한 기간 동안 스스로 도박을 자제할 것이라고 믿는다고 보고하였으나, 기존의 제한자들의 보고(표본의 24%)는 상반된 결과를 시사하였다(Ladouceur et al., 2000a). 구체적으로, 기존의 제한자들 중 36%가 출입제한 기간 동안 카지노 도박을 하였다고 보고하였고, 30%는 출입제한 기간 동안 도박을 전혀 하지 않았다고 보고하였다(Ladouceur et al., 2000a). 카지노 자기출입제한 프로그램의 성공을 예측하고 문제성 도박자들의 동의를 효과적으로 이끌어 낼 수 있는 요인의 확인을 위한 더 많은 추수 연구가 필요하다.

결론

예방적 노력은 성인의 문제성 도박과 병적 도박을 비교적 초기 단계에서 근절하거나 줄이는 것을 목표로 한다. 다양한 종류와 단계의 도박이 건강이나 삶의 질에 미치는 영향에 대한 지식은 건전 도박을 위한 지침 마련이나 1차 예방 노력에 매우 중요하다. 고위험 집단이나 취약집단에 대한 이해의 증가—생물학적·심리학적·정신과적·사회적 연구를 통해 촉진되는—와 이런 집단에서 일어나는 도박행동의 자연 경과에 대한 지식은 1차 예방과 3차 초기 예방을 증진하는 데 도움을 준다. 다른 의학 분야와 마찬가지로 개인적인 예방 전략의 효과성에 대한 경험적 검증이 필요하다. 이러한 분야에서 목표를 이루기 위한 노력은 문제성 도박과 병적 도박에서 비롯되는 고통을 감소시킬 것이다.

참고문헌

Center for Nutrition Policy and Promotion. (2003). Dietary Guidelines For Americans, 5th Edition. Washington, DC, U.S. Department of Agriculture, 2000. Avail-able at: http://www.usda.gov/cnpp/dietary_guidelines.html. Accessed December 20.

Christensen, M. H., Patsdaughter, C. A., Babington, L. M. (2001). Health care Providers' experiences with problem gamblers. J Gambl Stud 17:71-79.

Clayton, R. R., Cattarello, A. M., Johnstone, B. M. (1996). The Effectiveness of Drug Abuse Resistance Education (Project DARE): 5-year follow-up results. prev Med 25:307-318.

Crockford, D. N., el-Guebaly, N. (1998). Psychiatric comorbidity in pathological gambling: a critical review. Can J Psychiatry 43:43-50.

Cunningham-Williams, R. M., Cottler, L. B., Compton, W. M. III. et al. (1998). Taking chances: problem gamblers and mental health disorders—results from the St. Louis Epidemiologic Cathment Area Study. Am J Public Health 88:1093-1096.

Desai, R. A., Maciejewski, P. K., Dausey, D. J. et al. Health correlates of recreational gambling in older adults. AM J Psychiatry (in press)

Dietary Guidelines Advisory Committee: Discussion of proposed changes, in Report of the Dietary Guidelines Advisory Committee on Dietary Guidelines for Americans, 2000. Washington, DC, U.S. Department of Agriculture, Agricultural Research Service, 2000, pp 20-61. Available at: http://www.ars.usda.gov/dgac. Accessed December 20, 2003.

Evans, R. I., Getz, J. (2003). Social inoculation, in Encyclopedia of Primary

Prevention and Health Promotion. Edited by Gullotta TP, Bloom M. New York, Lluwer Academic, pp. 1028-1033.

Ferland, F., Ladouceur, R., Vitaro, F. (2002). Prevention of problem gambling: modifying misconceptions and increasing knowledge. J Gambl Stud 18:19-29.

Fiellin, D. A., Reid, M. C., O'Connor, P. G. (2000). Screening for alcohol problems in primary care: a systematic review. Arch Intern Med 160: 1977-1989.

Gaboury, A., Ladouceur, R. (1993). Evaluation of a prevention program for pathological gambling among adolescents. J Prim Prev 14: 21-28.

Griffiths, M. D. (2001). Gambling–an emerging area of concern for health psychologists. J Health Psychol 6: 477-479.

Griffiths, M. D. (2003). Raising gambling awareness through advertising. GamCare News 16: 14-15.

Griffiths, M, D., Scarfe, A., Bellringer, P. (1999). The UK national telephone gambling help-line–results on the first year of operation. J Gambl Stud 15: 83-90.

Gschwandtner, U., Aston, J., Renud, S. et al. (2001). Pathologic gambling in patients with Parkinson's disease. Clin Neuropharmacol 24: 170-172.

Harvard Medical School Division on Addictions. (2003). Gambling mortality. The WAGER 5(41): 1-3, 2000. Available at: http://www.thewager.org/back issues.htm. Accessed December 19.

Jason, D. R., Taff, M. L., Boglioli, L. R. (1990). Casino-related deaths in Atlantic City, New Jersey 1982-1986. Am J Forensic Med Pathol 11: 112-123,

Kado, N. Y., McCurdy, S. A., Tesluk, S. J. et al. (1991). Measuring personal exposure to airbornemutagens and nicotine in environmental tobacco smoke. Mutat Res 261: 75- 82.

Keith, M. M., Cann, B., Brophy, J. T. et al. (2001). Identifying and prioritizing gaming workers' health and satety concerns using mapping for data collection. Am J Ind Med 39: 42-51.

Korn, D. A. (2000). Expansion of gambling in Canada: implications for health and social policy. CMAJ 163: 61-64,

Korn, D. A., Shaffer, H. J. (1999). Gambling and the health of the public: adopting a public health perspective. J Gambl Stud 15: 289-365.

Ladouceur, R., Jacques, C., Giroux, I. et al. (2000a). Analysis of a casino's self-exclusion policy. J Gambl Stud 16: 453-460.

Ladouceur, R., Vezina, L., Jacques, C. et al. (2000b). Does a brochure about pathological gambling provide new information? J Gambl Stud 16: 103-108.

Lorenz, V. C., Yaffee, R. A. (1986). Pathological gambling: psychosomatic, emotional and maritial difficulties reported by the gambler. Journal of Gambling Behavior 2: 40-45.

Lorenz, V. C., Yaffee, R. A. (1988). Pathological gambling: psychosomatic, emotional and maritial difficulties as reported by the spouse. Journal of Gambling Behavior 4: 13-26,

McLellan, A. T., Lewis, D. C., O'Brien, C. P. et al. (2000). Drug Dependence, a chronic medicalillness. JAMA 284: 1689-1695.

Mendez, M. F., Bronstein, Y. L., Christine, D. L. (2000). Excessive sweepstakes participation by persons with dementia. J Am Geriatr Soc 48: 855-856.

Meyer, G., Hauffa, B. P., Schedlowski, M. et al. (2000). Casino gambling increases heart rate and salivary cortisol in regular gamblers. Biol Psychiatry 48: 948-953.

Molina, J.A., Sainz-artiga, M. J., Fraile, A. et al. (2000). Pathologic gambling in parkinson's disease: a behavioral manifestation of pharmacologic treatment? Mov Disord 15: 869-872.

National Opinion Research Center. (2003). Gambling Impact and Behavior Study: Report to the National Gambling Impact Study Commission. Chicago, IL, National Opinion Research Center at the University of Chicago, 1999. Available at: http://www.norc.uchicago.edu/new/gamb-fin. htm. Accessed December 13.

National Research Council. (1999). Pathological Gambling: A Critical Review. Washington, DC, National Academy Press,

Petry, N. M., Oncken, C. (2002). Cigarette smoking is associated with increased severity of gambling problems in treatment-seeking gamblers. Addiction 97: 745-753.

Potenza, M. N., Charney, D. S. (2001). Pathological gambling: a current perspective. Semin Clin Neuropsychiatry 6: 153-154.

Potenza, M. N., Steinberg, M. A., McLaughlin, S. D. et al. (2000). Illegal behaviors in problemgambling: analysis of data from a gambling helpline. J Am Acad Psychiatry Law 28: 389-403.

Potenza, M. N., Kosten, T. R., Rounsaville, B. J. (2001a). Pathological gambling. JAMA 286: 141-144,

Potenza, M. N., Steinberg, M. A., McLaughlin, S. D. et al. (2001b). Gender-related differences in the characterisics of probliem gamblers using a gambling helpline. AmJ Psychiatry 158: 1500-1505,

Potenza, M. N., Fiellin, D. A., Heninger, G. R. et al. (2002). Gambling: an addictive behavior with health and primary care implications. J Gen Intern Med 17: 721-732.

Potenza, M. N., Steinberg, M. A., McLaughlin, S. D. et al. Characteristics of tobacco-using problem gamblers calling a gambling helpline. Am J Addict, In press

Rowan, M. S., Galasso, C. S. (2000). Identifying office resource needs to help prevent, assess and trat patients with substance use and pathological gambling disorders. J Addict Dis 19: 43-58.

Seedat, S., Kesler, S., Niehaus, D. J. H. et al. (2000). Pathological gambling behaviour: emergence secondary to treatment of Parkinson's disease with dopaminergicagents. Depress Anxiety 11: 185-186.

Setness, P. A. (1997). Pathological gambling: when do social issues become medical issues?(editorial). Postgrad Med 102: 13-18.

Shaffer, H. J., Hall, M. N. (2001). Updating and refining prevalence estimates of disordered gambling behaviour in the United States and Canada. Can J Public Health 92: 168-172.

Shaffer, H. J., Korn, D. A. (2002). Gambling and related mental disorders: a public Health analysis. Annu Rev Public Health 23: 171-212.

Shaffer, H. J., Vander, Bilt, J., Hall, M. N. (1999). Gambling, drinking, smoking and other health risk activities among casino employees. Am J Ind Med 36: 365-378.

Slovic, P. (2003). Smoking: Risk, Perception and policy. Thousand Oaks, CA, Sage, 2001 substance Abuse and Menal Health Services Administration: 2002 National survey on drug Use and Health. Rockvile, MD, Substance Abuse and Mental Health Services Administration, Office of Applied Studies, 2003. Available at: http://www.samhsa.gov/oas/nhsda.htm. Accessed January 1.

Sullivan, S. G. (2000). Pathological gambling in New Zealand: the role of the GP. New Ethicals Journal 3: 11-18.

Sullivan, S. G., Abbott, M., McAvoy, B. et al. (1994). Pathological gamblers－will they use a new telephone hotlain? N Z Med J 107: 313-315.

Sullivan, S. G., McCormick, R., Sellman, J. D. (1997). Increased requests for help by problem gamblers: data from a gambling crisis telephone hotline. N Z Med J 110: 380-383.

Tavares, H., Zilberman, M. L., Beites, F. J. et al. (2001). Gender differences in gambling progression. J Gambal Stud 17: 151-159.

Trout, D., Decker, J., Mueller, C. et al. (1998). Exposure of casino employees to environmental tobacco smoke. J Occup Environ Med 40: 270-276.

U.S Preventive Services Task Force. (1996). Guide to Clinical Preventive Services, 2nd Edition. Baltimore, MD, Williams & Wilkins.

Valenzuela, T. D., Roe, D. J., Nichol, G. et al. (2000). Outcomes of rapid defibrillation by security officers after cardiac arrest in casinos. N Engl J Med 343: 1206-1209.

Welte, J., Barnes, G., Wieczorek, W. et al. (2001). Alcohol and gambling pathology among U.S. adults: prevalence, demographic patterns and comorbidity. J Stud Alco-hol 62:706-712.

11 청소년 문제성 도박과 병적 도박의 예방과 치료

Jeffrey L. Derevensky, Ph.D.
Rina Gupta, Ph.D.
Laurie Dickson, M.A.

지난 십 년 동안 도박의 부정적 측면에 대한 새로운 관심이 증가했다. 호주, 뉴질랜드, 영국 그리고 미국의 국립위원회는 도박산업 확대에 따른 이익과 비용을 계산하기 시작했다. 동시에 문제성 도박이나 병적 도박 고위험 집단의 부정적 결과를 측정하는 연구들이 시작되었다. 문제성 도박이나 병적 도박은 일차적으로 성인에게 더 많은 영향을 미치지만, 최근의 자료들은 도박이 청소년에게도 매우 널리 퍼져 있음을 밝히고 있다. 대략 4~5%의 청소년이 매우 심각한 도박 문제를, 그리고 10~14%의 청소년은 심각한 도박 문제로 발전할 가능성을 지니고 있다(Jacobs, 2000; National Research Council, 1999; Shaffer & Hall, 1996)(제5장 '청소년과 젊은 성인' 참조).

도박기회의 증가와 도박이 청소년에게 주는 매력과 손쉽게 갈

수 있는 도박장이 널리 퍼져 있는 현 상황에서 도박의 예방과 치료에 대한 과학적인 연구가 절실해졌다. 최근 문제성 도박의 경제적 · 사회적 · 심리적 비용을 측정하려는 노력이 증가하였다. 청소년은 일반적으로 위험한 문제 행동을 일으키기 쉽고(Baer et al., 1988; Jessor, 1998; Luthar et al., 2000), 특히 도박 관련 문제(Gupta & Derevensky, 1998a; National Research Council, 1999; Wynne et al., 1996)를 일으키기 쉬우므로 청소년을 대상으로 한 효과적인 예방이 절실히 필요하다.

예방적 시도

청소년의 병적 도박과 문제성 도박의 예방에 대한 구조화된 연구와 그러한 연구 결과를 과학적으로 적용한 예는 매우 드물다(Dickson et al., 2002). '예방과학' 이라는 새로운 개념적 접근이 학교를 기반으로 한 예방 노력을 발족시켰다(Coie et al., 1993). 예방적 시도들이 효과를 나타내려면 도박이 매우 사회적으로 수용되는 성인행동이면서(Azmier, 2000), 청소년이 자주 하는 행동임을 숙지한 상태에서(Jacobs, 2000), 청소년의 회복력resiliency에 관한 연구로부터 개념화되어야 한다.

회복력 연구는 어떤 개인은 다른 사람들보다 역경, 결핍 그리고 스트레스에 매우 강하다고 보고한다. 비록 모든 사람에게 스트레스 상황이란 피할 수 없는 현실이지만, 아동과 청소년은 각기 다른 적응 행동과 독특한 대처 양식을 가지고 있다. 회복력은 인간 발달에서 생물학적이면서 자율적인 경향성(Waddington, 1957)으로 스트레스 상황에서 작용하는 방어기제로 알려져 있다(Rutter, 1987; Werner & Smith, 1982). 회복력이 있는 청소년은 스트레스 상황과 정서적 고통에 부딪히더라도 여러 가지 효과적인 방법으로 대응하고 적응적인 행동을 발달시킨다.

만약 도박 예방 프로그램이 청소년 발달에 중요한 목표인 회복력의 증진에 기여한다면 다음과 같은 긍정적 요소들이 발현될 수 있다. 첫째, 추상적으로 사고하는 능력과 인지적이고 사회적인 해결책을 내놓을 수 있는 능력을 포함한 효과적인 문제해결능력, 둘째, 사회적 능력, 모든 것을 아우르는 우연성, 효과적인 의사소통 능력, 다른 이들에 대한 공감력 그리고 이타적 행동, 셋째, 자율성, 자기 효능감 그리고 자기 통제력, 넷째, 목적 의식, 성공 방향성, 동기 그리고 낙관주의 등이 있다(Brown et al., 2001).

비록 도박 문제를 최소화하려는 예방 프로그램이 최근에 시작되었지만, 흡연, 알코올 및 기타 약물의 사용을 예방하려는 노력은 오래전에 시작되었다. 현재 알코올과 약물 남용을 예방하려는 노력은 위험 요인과 보호 요인, 그리고 그들의 상호작용에 초점을 맞추고 있다(Brounstein et al., 1999). 그러한 노력은 위험 요인(정신건강 문제의 기간을 연장하거나 악화시키거나 발병률을 높이는 요인들)의 영향을 최소화하거나 예방하려는 노력들과 보호 요인(위험 요인이나 장애로부터 개인의 회복력을 증대시키는 조건들)을 증대시키는 시도를 포함한다. 결과적으로 예방을 위한 노력은 회복력을 증가시키도록 고안된 것이다. 위험 요인에 초점을 맞춘 예방 프로그램들은 알코올, 약물 혹은 도박에 의한 부정적 결과를 일으키는 요인들을 최소화하거나 줄이고 더 나아가 제거하는 데 초점을 맞추고 있다. 아동의 회복력에 대한 증거들(예: Garmezy, 1985; Rutter, 1987; Werner, 1986)은 예방 분야를 기존의 위험 예방에서 위험 예방 및 보호 요인 증진을 포함하는 방향으로 확대시켰다. 개인적 취약성이나 환경적 역경의 영향을 조절하거나 약화시키는 것으로 알려져 있는 보호 요인이 활성화되면 아동의 적응 방식은 매우 바람직한 방향으로 진행된다(Masten et al., 1990).

개인적 수준에서 작용하는 위험 요인과 보호 요인에는 심리적 요인(예: 생물학적 · 유전적 요인을 포함한), 성격 변인, 가치나 태도, 생애 초기부터 지속된 문제행동 그리고 물질사용이 포함된다. 이러한 위험 혹은 보호 요인은 가족 간의 관계, 부모의 역할, 가족 구조(예: 양부모 대 편부모), 그리고 가족 분위기(갈등해결양식과 사회정서적인 아동-부모의 유대감을 포함한)와 같은 가족 차원에서도 작용한다. 위험 혹은 보호 요인은 또래관계나 약물사용에 대한 사회적 기대 그리고 학업 수행을 통해 작용하기 때문에 또래 영역 또한 청소년 위험행동의 예방에 중요하다. 학교 환경도 청소년의 태도와 행동에 영향을 미친다. 학업 성취도, 학교와의 연결감(학교와의 연계에 대한 지각) 그리고 학교 정책은 약물남용의 위험 요인이나 약물남용의 발달, 그리고 비효과적인 대처양식의 조짐을 완화하는 역할을 한다. 지역사회 차원의 위험 요인과 보호 요인은 약물에 접근성을 통해 청소년의 위험행동에 영향을 미친다. 사회 환경이라는 가장 광범위한 영역에서는 대중매체를 통해 전달되는 내용을 포함한 법과 규범이 청소년의 위험행동에 영향을 미친다.

문제성 도박 관련 위험 요인에 대한 현재의 지식을 개념화하려는 시도로 Dickson 등(2002)은 심각한 도박 문제를 가진 청소년의 위험 요인을 다음과 같이 정리하였다. ① 개인 영역: 빈약한 충동통제, 높은 자극추구, 규율을 지키지 않는 태도, 빈약한 심리적 기능, 낮은 자존감, 생애 초기부터 지속된 문제행동, 그리고 어린 나이에 시작된 도박행동, ② 가족 영역: 약물남용의 가족력, 일탈행동을 보여 준 부모나 그런 것들을 용인하는 태도, ③ 또래 영역: 사회적 기대와 또래로부터의 강화, ④ 사회적 영역: 학교생활의 어려움, 약물이나 문제행동에의 접근성, 그리고 사회적 규범 등이다.

청소년 문제성 도박의 위험 요인을 확인하는 연구들(Derevensky & Gupta, 2000; Dickson et al., 2002; Griffith & Wood, 2000; Gupta & Derevensky, 2000)은 있어도 청소년 문제성 도박의 보호기제나 더 일반적으로는 회복력에 대한 연구는 없다. 다른 중독 영역에서 이루어진 연구 결과들은 다음과 같은 일반적인 영역을 제시한다. 즉, 보호와 지지, 긍정적이고 높은 기대와 같은 내재된 성향, 그리고 참여의 기회다(Werner, 1989). 이러한 요소들은 청소년의 각 영역에서 회복력을 증진한다.

청소년의 알코올과 약물 남용에 대한 연구들은 모두 성공적인 단일 예방 접근은 없다고 이야기한다(Baer et al., 1998). 청소년의 회복력 증진에는 복합적인 전략이 가장 효과적이다. 그러나 이러한 다중적 접근은 널리 적용되기 이전에 과학적인 검증을 필요로 한다. 검증 과정에는 보급될 정보 자료, 예방 교육(중요한 생활기술, 사회적 기술 그리고 효과적인 대처기술의 발달), 도박 이외의 활동, 문제성 도박 확인과 의뢰, 지역사회 기반의 과정들(예방을 담당하는 지역사회 구성원과 기관), 그리고 위험 요인을 줄이고 보호요인을 증진할 사회적 정책을 세우기 위한 적극적인 로비활동 등을 포함한다.

성공적인 예방 프로그램은 대상 집단의 발달수준에 따라 예방 자료와 전략을 선택한다. 대처전략과 사회적 · 학업적 · 경제적 압력은 연령에 따라 변화한다(Eisenberg et al., 1997). 평가도구 또한 연령에 맞는 대처와 적응적 행동의 발달과 일치해야 한다. 문제성 도박자의 특징에 관한 정보와 위험 예방 모형 연구의 결과들은 미래의 교육과정을 더욱 효과적으로 만들기 위한 발판이 될 것이다.

청소년 치료

성인의 도박 문제를 치료하기 위한 몇몇 치료 방법이 있지만(제12장 '인지행동치료'와 제13장 '약물치료' 참조), 이러한 방법들이 도박 문제를 가진 청소년에게도 효과적인지는 검증되지 않았다. 심리역동적 기법들이 심각한 도박 문제를 가진 청소년에게 효과적임이 밝혀졌다(Harris 1964). 최근에 Ladouceur와 그의 동료들은 도박 문제를 가진 성인과 청소년을 인지행동 접근으로 치료하는 것에 대해 논쟁을 벌였다(Bujold et al., 1994; Ladouceur & Walker, 1996, 1998; Ladouceur et al., 1994, 1998).

치료에 관한 소수의 경험적 연구 중 병적 도박 문제를 가진 4명의 남자 청소년에게 인지행동치료를 실시한 사례가 있다(Ladouceur et al., 1994). 다섯 가지 요소(도박 관련 정보, 인지적 개입, 문제해결훈련, 재발 방지 그리고 사회기술훈련)로 구성된 인지치료가 평균 17회기로 약 3개월 동안 제공되었는데, 그 결과 도박 관련 통제감의 현저한 증가와 도박 문제 심각성의 완화가 나타났다. 치료 종결 1개월 후 1명의 청소년이 재발을 보였지만, 치료 종결 3개월과 6개월 후 나머지 3명의 청소년은 치료 효과를 잘 유지하며 도박을 하지 않고 있었고 아무도 병적 도박의 DSM 기준을 충족하지 않았다. 청소년의 문제성 도박 치료 기간은 성인에 비해 상대적으로 짧았다. 그러나 이 연구 결과는 연구 참여자의 수가 매우 적다는 한계를 지닌다.

문제성 도박이나 병적 도박을 가진 청소년은 다른 청소년에 비해 비정상적인 생리적 지표와 상대적으로 더 큰 정서적 고통, 우울증상, 높은 흥분 그리고 다른 중독과의 공병을 나타낸다. 또한 청소년 문제성 도박자는 대인관계, 정서, 학업성취, 행동 그리고 가족 내에서 빈번하게 문제를 나타낸다. 동시에 도박은 청소년에게 이러한 문제로부터 회피하는 도구가 된다. 많은 청소년 문제성 도박자들이 임상적 우울과 주의결핍 과잉행동 증상을 보인다.

도박에서 돈을 따는 것이 청소년이 도박을 하는 주된 이유는 아니다(Gupta & Derevensky, 1998a, 1998b). 오히려 금전은 청소년이 도박을 지속하게 하는 수단으로 쓰일 뿐이다. 청소년은 도박을 통해서 종종 다른 세계로 탈출하거나 현실세계와 분리된다. 종종 불쾌한 일상이나 만성적인 문제로부터 도망가거나 또 다른 자아를 경험한다(Gupta & Derevensky, 2000). 심각한 도박 문제를 가지고 있는 청소년은 도박을 하는 동안 자신의 모든 문제가 사라진다고 보고한다. 그들은 스포츠 게임에 돈을 걸 때, 로또 추첨을 하는 바퀴가 회전하는 것을 지켜볼 때, 그리고 즉석복권의 숫자를 확인할 때 심박수가 증가하고 흥분이 극대화된다고 보고한다. 이러한 생리적 반응들은 그들이 돈을 딸 때나 잃을 때 비슷하게 경험된다(도박에서 돈을 잃은 것을 거의 돈을 딸 뻔했다고 경험하는 현상).

도박 문제를 가지고 있는 대부분의 청소년에게서 좋은 날은 하루 종일 돈을 가지고 도박을 할 수 있는 날이다. 반대로 나쁜 날은 그들이 돈을 금방 잃어서 도박을 할 수 없는 날이다. 일단 돈을 다 잃으면 그들에게 기존의 문제들(경제적 문제, 부모와의 관계, 학업, 법적 · 직업적 문제, 또래 및 대인 관계 그리고 사회적 문제)이 다시 나타난다. 도박 문제는 기존의 문제를 악화시킬 뿐이다. 19세의 한 남자 청소년은 이런 현상을 다음과 같이 표현한다. "내 인생은 나무 같다. 한 가지는 도둑, 다른 가지는 거짓말쟁이, 다른 가지는 학교와 직장에서 낙오자, 가지를 잘라 버려도 뿌리는 그대로 있다. ……도박." 도박 문제의 밑바닥에는 많은 심리적 문제들이 있다. 도박은 그의 자존심을 높이고(도박으로 돈을 땄을 때) 시간을 보내는 갑옷이 되었다.

청소년이 도박을 하는 이유는 성인과 비슷하다. 청소년에게 도박은 오락의 수단이고, 돈을 쉽게 벌 수 있는 방법이며(일반적으로 그들은 도박 빚을 갚기 위해 도박을 한다), 그들의 자존감을 증진할 수 있는 수단이 된다. 그들은 도박으로 돈을 따든 잃든 도박으로부터 얻는 흥분을 대신할 것이 없다고 이야기한다.

청소년 치료 프로그램의 예

Gupta와 Derevensky(2000)는 도박 문제를 가진 청소년을 위한 치료 프로그램의 성공 사례들을 보고하였다. 그들의 치료적 접근은 개인 도박 문제의 심각성과 도박행동의 부정적 결과(신뢰 상실, 가족관계 단절, 친구들을 잃음, 경제적 파산)들을 다룰 뿐만 아니라 그들에게 잠재되어 있는 심리적 문제를 확인하고 치료하고자 하였다.

Gupta와 Derevensky(2000)의 연구에서 개인치료는 필요한 경우 매일 치료가 이루어지기도 했지만, 일반적으로 주마다 진행되었다(총 20~50회기). 치료에는 접수 면접과 측정, 개인의 도박 문제 인정, 핵심적인 개인 문제의 확인, 효과적인 대응 기술과 적응행동의 개발, 여가시간의 재구성, 가족과 사회적 지지, 비합리적 사고의 수정, 도박 빚 상환 계획 그리고 재발 방지가 포함된다.

항우울제 또한 전통적 심리치료와 함께 사용된다.

치료 프로그램의 본질적인 부분은 효과적인 대처 양식의 개발과 증진이다. 심각한 도박 문제를 가지고 있는 청소년을 관찰한 임상적 자료에서 그들은 스트레스가 많은 상황이나 지루할 때 도박을 더 많이 하는 것으로 나타난다. 이러한 청소년은 도박을 다른 청소년들과 어울리는 수단으로 사용한다. 대안적 전략을 찾아내는 것은 그들의 회복 과정에서 개인적인 과제이자 중요한 일이다.

청소년의 병적 도박 치료에서 약물치료의 효과성 검증에는 더 많은 연구가 필요하다. 몇몇 항우울제(예: 플루복사민과 파록세틴)는 우울증상과 독립적으로 성인을 대상으로 한 병적 도박의 단기 치료에서 위약보다 더 효과적임이 보고되었다(제13장 '약물치료' 참조).

치료 결과의 측정

도박 치료가 성공적이라는 성과 측정의 지표는 6개월간 도박을 안 하는 것, 건강한 생활습관(도박을 하지 않는 또래와 어울리는 것, 학교나 직장생활로 복귀하는 것 등), 가족이나 또래와의 관계 개선, 우울증상이나 일탈행동 혹은 지나친 알코올이나 약물 사용이 없는 것 등을 포함한다. 청소년은 일반적으로 2년 동안 추적된다. 비록 초창기 연구들이 통제집단을 설정하지 않았고 장기간의 효과 분석은 진행 중이지만 연구 결과는 희망적이다.

심각한 도박 문제를 가지고 있는 청소년의 단기적 · 장기적인 치료 효과에 대해 알려진 것은 거의 없다. 도박 문제를 가지고 있는 청소년을 치료하는 데 특화된 전문가는 거의 없으며, 훈련을 받은 전문가가 있어도 스스로 치료를 받으러 오는 청소년은 매우 드물다(Derevensky et al., 2003). 그럼에도 청소년의 도박 문제 유병률에 대한 경험적 자료들은 예방적 노력과 아웃리치 프로그램이 필요함을 보여 준다.

결론

예방적 노력과 그것을 학교 기반의 교육과정에서 전달하는 것은 청소년의 문제행동이나 위험감수행동이라는 더 큰 그림에서 개념화되어야 한다(Dickson et al., 2002). 치료자들은 더욱 광범위하고, 도박을 넘어선 문제들에 접근할 필요가 있다. 청소년의 도박 문제는 더 깊이 잠재된 사회적 · 정서적 · 행동적 어려움들을 반영한다.

청소년 시기의 문제성 도박은 심리적 · 사회적 · 경제적으로 점점 더 심각하게 영향을 미치는 사회적 문제가 되고 있다. 비록 청소년의 경우 심각한 도박 문제의 발병률이 성인에 비해서는 상대적으로 낮지만, 도박 문제의 침투성과 개인, 가족 그리고 친구들에게 미치는 장기적이고 파괴적인 결과는 실로 엄청나다. 청소년 도박 문제의 심각성에 대한 대중과 부모의 낮은 인식, 그리고 스스로 도박 문제로부터 안전하다고 생각하는 청소년의 인식은 매우 중대한 정신건강, 공중보건 그리고 사회적 정책의 관심거리다.

청소년의 도박 문제에 관련된 사회적 정책은 거의 없다. 비록 모든 주에서 도박장에 출입할 수 있는 연령을 제한하고 있지만 청소년 도박에 관한 법을 제정한 주는 거의 없다. 미성년 도박은 매우 심각하게 법으로 제지되어야 하고 발달적 · 사회적 · 심리적 요인들을 고려한 포괄적인 청소년 도박 예방 및 치료 프로그램이 후속적으로 실시되어야 한다.

참고문헌

Azmier, J. J. (2000). Canadian Gambling Behavior and Attitudes: Summary Report (CWF Publ No 200001). Calgary, AB, Canada West Foundation.

Baer, J. S., MacLean, M. G., Marlatt, G. A. (1998). Linking etiology and treatment for adoles-cent substance abuse: toward a better match, in New Perspectives on Adolescent Risk Behavior. Edited by Jessor R. New York, Cambridge University Press, pp. 182-220.

Brounstein, P. J., Zweig, J. M., Gardener, S. E. (1999). Understanding Substance Abuse Prevention: Toward the 21st Century: A Primer on Effective Programs. Rockville, MD, Substance Abuse and Mental Health Services Administration, Center for Substance Abuse Prevention, Division of Knowledge Development and Evaluation.

Brown, J. H., D' Emidio-Caston, M., Benard, B. (2001). Resilience Education. Thousand Oaks, CA, Corwin Press.

Bujold, A., Ladouceur, R., Sylvain, C. et al. (1994). Treatment of pathological gamblers: an experimental study. J Behav Ther Exp Psychiatry 25:275-282.

Coie, J., Watt, N., West, S. et al. (1993). The science of preventon. Am Psychol 48:1013-1022.

Derevensky, J. L., Gupta, R. (2003). Youth gambling: a clinical and research perspective. eGambling (2):1-10, 2000. Available at: http://www.camh.nt/egambling/issue2/feature. Accessed Desember 22.

Derevensky, J. L., Gupta, R. A., Winters, K. (2003). Prevalence rates of youth gambling problems: are the current rates inflated? J Gambl Stud

19:405-425.

Dickson, L. M., Derevensky, J. L., Gupta, R. (2002). The Prevention of gambling problems in youth: a conceptual framework. J Gambl Stud 18:97-159.

Eisenberg, N., Fabes, R., Guthrie, I. (1997). "Coping with stress in roles of regulation and development, in Handbook of Children's Coping: Linking Theory and Intervention (Issues in Clinical Child Psychology Series). Edited by Wolchik SA, Sandler IN. New York, Plenum, pp. 41-70.

Germezy, N. (1985). The NIMH-Israeli high-risk study: commendations, comments, and cautions. Schizophr Bull 11:349-353.

Griffiths, M., Wood, R. T., (2000). Risk factors in adolescence: the case of gambling, videogame playing, and the internet. J Gambl Stud 16:199-225.

Gupta, R., Derevensky, J. L. (1998a). Adolescent gambling behavior: a prevalence study and examination of the correlates associated with problem gambling. J Gambl Stud 14:319-345.

Gupta, R., Derevensky, J. L. (1998b). An Empirical examination of Jacob's General Theory of Addictions: do adolescent gamblers fit the theory? J Gambl Stud 14:17-49.

Gupta. R., Derevensky, J. L. (2000). Adolescents with gambling problems: from research to treatment. J Gambl Stud 16:315-342.

Harris, H. I. (1964). Gambling addiction in an adolescent male. Psychoanal Q 33:513-525.

Jacobs, D. F. (2000). Juvenile gambling in North America: an analysis of long term trends and future prospects. J Gambl Stud 16:119-152.

Jessor, R. (1998). New perspectives on adolescent risk behavior, in New Perspectives on Adolescent Risk Behavior. Edited by Jessor R. New

York, Cambridge University Press, pp. 1-12.

Ladouceur, R., Walker, M. (1996). The cognitive perspective on gambling, in Trends in Cognitive and Behavioural Therapies. Edited by Salkovskis PM. New York, Wiley, pp. 89-120.

Ladouceur, R., Walker, M. (1998). The cognitive approach to understanding and treating pathological gambling, in Comprehensive Clinical Psychology. Edited by Bellack AS, Hersen M. New York, Pergamon, pp. 588-601.

Ladouceur, R., Boisvert, J. M., Dumont, J. (1994). Cognitive-behavioral treatment for adolescent pathological gamblers. Behav Modif 18:230-242.

Ladouceur, R., Sylvain, C., Letarte, H. et al. (1998). Cognitive treatment of pathological gamblers. Behav Res Ther 36:1111-1119.

Luthar, S. S., Cicchetti, D., Becker, B. (2000). The construct of resoloence: a critical evaluation and guidelines for future work. Child Dev 71:543-562.

Masten, A., Best, K., Garmezy, N. (1990). Resilience and development: contributions from the study of chidren who overcome adversity. Dev Psychopathol 2:425-444.

National Research Council. (1999). Pathological Gambling: A Critical Review. Washington, DC, National Academy Press.

Rutter, M. (1987). Psychosocial resilience and protective mechanisms. Am J Orthopsychiatry 57:316-331.

Shaffer, H. J., Hall, M. N. (1996). Estimating the prevalence of adolescent gmabling disorders: a quantitative synthesis and guide toward standard gambling nomenclature. J Gambl Stud 12:193-214.

Waddington, C. H. (1957). The strategy of Genes. London, Allen & Unwin.

Werner, E. E. (1986). Resoloent offspring of alcoholics: a longitudinak study from birth to age 18. J Stud Alcohol 47:34-40.

Werner, E. E. (1989). High risk children in young adulthood: a longitudinal study from birth to 32 years. Am J orthopsychiatry 59:72-81.

Werner, E. E. (1982). Smith RS: Vulnerable but Invincible: A Study of Resilient Children. New york, McGraw-Hill.

Werner, H. J., Smith, G. J., Jacobs, D. F. (1996). Adolescent Gambling and Problem Gambling in Alberta. Report prepared for the Alberta Alcohol and Drug Abuse Commission. Edmonton, AB, Canada, Wynne Resources.

12 인지행동치료

David C. Hodgins, Ph.D.
Nancy M. Petry, Ph.D.

일반 모집단을 대상으로 한 연구들은 병적 도박자였던 사람의 약 40%가 지난해에는 병적 도박의 진단준거를 충족하지 않았음을 일관되게 보고하고 있다(Hodgins et al., 1999). 이러한 결과는 상당한 비율의 병적 도박자가 회복되었거나, '회복 중' 임을 시사한다. 다양한 치료법이 병적 도박자를 회복에 이르게 할 수 있다. 이러한 치료법에는 거주치료, 외래집단치료 및 개인심리치료와 같은, 특히 도박 중단에 초점을 둔 전형적인 치료법이 포함된다. 더구나 도박자는 다른 정신건강 문제로 치료를 받을 수 있는데, 이런 경우에도 도박 문제가 간접적으로 다루어진다. 동료의 도움을 받는 익명의 도박자 모임 GAGamblers Anonymous도 도움이 될 수 있다. 그러나 가장 흔한 것은 전혀 치료를 받지 않고 회복되는 것, 즉 자가회복self-recovery이다(Hodgins et al., 1999).

회복에 이르는 어떤 방법을 선택하든지, 비슷한 변화 전략이 사용된다(Hodgins & el-Guebaly, 2000). 치료를 받았든 또는 받지 않았든, 회복된 도박자가 자유롭게 서술한 글에서 범주화 도식categorization scheme을 도출할 수 있다. 대부분 이러한 전략은 인지행동기제의 범주에 해당하며, 이들은 인지행동치료의 초점이 된다.

인지행동치료의 유형

인지에 초점을 맞추느냐 또는 인지와 행동 변화에 초점을 맞추느냐에 따라 치료적 접근법이 달라진다. 인지적 접근에서는 통제, 운, 예측 그리고 확률에 관한 도박자의 신념과 태도로부터 도박을 이해한다(Ladouceur & Walker, 1996; Toneatto, 2002). 이 접근법의 치료 목표는 도박행동을 유지하는 인지왜곡cognitive distortion을 확인해서 바꾸어 주는 것이다. 보다 광범위한 인지행동치료에서는 인지와 행동 요소가 모두 도박행동의 유지에 관여하는 것으로 간주되며, 치료에서도 인지와 행동기법이 모두 사용된다.

이러한 광범위한 인지행동치료는 전형적으로 여러 회기로 구성된 개인 또는 집단 치료로서 고안된 것이다. 도박 치료 영역의 다른 경향은 단기 치료로서, 이는 자기 주도 워크북 형식이나(Blaszczynski, 1998; Hodgins & Makarchuk, 2002) 1회기 치료로 응용되었다(Robson et al., 2002).

초기의 도박 치료에서는 혐오avortion와 둔감화기법desensitization이 사용되었다(Barker & Miller, 1966; Koller, 1972). GA는 자기출입제한self-exclusion 정책(Nowatzki & Williams, 2002)과 재정 관리financial management(National Council on Problem Gambling, 2000)와 같은 구체적인 행동기법뿐만 아니라, 단독으로 또는 다른 치료기법과 함께 사용될 수 있는 많은 인지행동전략을 통합적으로 사용하고 있다.

인지치료적 접근법

인지치료적 접근법들의 원리

도박자가 자신의 인지를 표현하는 것을 관찰한 연구들에 따르면, 70% 이상의 도박 관련 사고가 비논리적인 것으로 나타났다(Gaboury & Ladouceur, 1989; Griffiths, 1994; Ladouceur & Dube, 1997). 도박자의 기본적인 인지적 오류는 '통제의 착각illusion of control', 즉 자신이 무작위로 결정되는 사건의 결과에 영향을 미칠 수 있다는 지각이었다. 예를 들면, 카지노 도박자는 룰렛 숫자roulette numbers 또는 주사위를 던졌을 때 나오는 결과를 예측하거나 영향을 줄 수 있는 '전략들'에 몰두한다. 실험적 연구에서는, 참여자들이 자신에게 할당된 복권표보다 자신이 선택한 복권표에 더 높은 금액을 베팅하였다(Langer, 1983). 사람들은 볼을 던짐으로써 룰렛 게임을 '통제' 할 수 있을 때 더 많은 돈을 거는 것으로 나타났다(Ladouceur & Mayrand, 1987).

많은 연구들이 사교성 도박자들을 대상으로 이루어졌지만, Toneatto(2002)는 병적 도박자에게서 볼 수 있는 인지적 왜곡의 유형들을 보고하였다. 병적 도박자의 인지적 왜곡에는 다음과 같은 것들이 있다. '승리가 임박했다는 자신의 느낌'과 같은 단서에 대한 지나친 확대해석과 같은 통제의 착각, '경험이 풍부하기 때문에 나는 더 훌륭한 슬롯 도박자라는 느낌'과 같은 도박 기술의 과장, '특별한 옷을 입는 등'의 미신적 행동, 행운의 통제, '승리할 것 같다는 환경적 단서'에 대한 착각적 상관, '연속해서 잃었으므로 승리할 때가 되었다'는 귀인 오류, '승리와 패배'에 대한 선택적 기억, 그리고 '무선성에 대한 부정확한 신념'인 확률적 편파 등이다.

인지치료기법들

인지치료에는 네 가지 주요한 요소들이 포함되는데, 즉 교육, 인지적 오류에 관한 인식의 증가, 비합리적 인지의 타당성에 관한 의문 제기, 인지적 재구성이다. 교육의 측면에서 보면, 많은 도박자들이 도박의 무선적 속성에 관한 인식이 부족하다. 치료자는, 사건들이 연결되어 있는 것처럼 보이는 것과는 달리 각각의 결과가 독립적임을 도박자에게 교육하거나 깨우칠 수 있다. 예를 들면, 주사위는 몇 번의 던지기에서 더블 식스double sixes(역자 주: 두 개의 주사위가 함께 나와서 짝이 된 6)가 나오지 않았음을 '기억'하지 못한다. 즉, 각 시행은 독립적인 것이다. 슬롯머신은 난수발생기에 의해 작동하므로 마지막으로 승리한 이후의 시간은 다음 승리를 예견하는 데 의미가 없다. '승리할 때가 되었으므로' 계속 게임을 하는 것은 생산적인 전략이 아니다.

도박에 관한 기본 정보를 알게 되면, 환자는 특수한 인지적 오류가 어떻게 자신의 도박 양태에 영향을 미치는지에 대한 인식이 증가하게 된다. 이때 다음과 같은 소크라테스식 질문이 사용될 수 있다. 즉, 환자들은 어떤 유형의 도박을 선호하는가? 그들은 언제 도박할지를 어떻게 결정하는가(예: 행운의 연속lucky streaks)? 그들은 승리했을 때와 패했을 때 어떻게 설명하는가? 그들은 연패losing streak 중일 때, 가까운 미래에 승리할 가능성이 높다고 믿는가(Toneatto, 2002)?

인지적 오류를 확인하기 위하여 소크라테스식 질문뿐만 아니라, 환자는 도박과 관련된 인지를 자기관찰self-monitor할 수 있다. 외래에서의 훈련도 이러한 인지를 이끌어 낼 수 있다. 환자는 훈련을 받으며 도박과 관련된 인지를 말로 표현할 수 있으며, 이것은 오디오로 녹음되어 상세하게 검토된다(Griffiths, 1994; Ladouceur & Walker, 1996).

인지치료의 다음 요소는 환자가 그러한 인지의 타당성에 도전하도록 하는 것이다. 각각의 사고와 신념에서 무엇이 정확하고 무엇이 정확하지 않은가? 이러한 비합리적 인지를 어떤 합리적 진술로 대체할 수 있는가? 예를 들면, 환자는 자신이 언제 승리할 것인지를 정말 예언할 수 있는가? 어떤 환자는 자신의 인지에 결함이 있음을 쉽게 깨닫는다. 어떤 환자는 자신의 신념의 부당성을 증명하기 위해 실험적 증거를 수집할 필요가 있다. 치료자의 목표는 흥미롭고 협동적인 태도를 유지하면서, 환자가 자신의 인지에 의문을 갖기 시작하도록 소크라테스식 질문을 사용하는 것이다.

치료의 마지막 요소는 환자가 도박하려는 충동에 직면하였을 때 그들의 인지에 도전하도록 가르치는 것이다. 환자에게는 다음 상담시간에 올 때까지 도박 또는 도박을 하고 싶은 강한 충동이나 갈망을 자기관찰하도록 숙제를 내 준다. 이때 인지치료에서 사용되는 표준형 사고기록지standard thought record에는, 상황, 정서, 인지적 유발 요인 등의 도박에 이르게 하는 사건들의 연쇄, 그리고 비합리적 인지에 대한 도전과 같은 것들의 기술이 포함된다. 이것이 4개의 주요한 인지치료 요소 중 가장 중요한 것으로, 환자가 몇몇 사고와 기법들을 내재화하기 시작할 때까지 계속된다.

인지치료 결과 자료

초기의 통제되지 않은 사례 보고들에 따르면, 인지의 수정에 초점을 둔 치료는 도박의 중단이나 감소를 가지고 왔다(Bujold et al., 1994; Ladouceur et al., 1998; Sylvain & Ladouceur, 1992; Toneatto & Sobell, 1990; Walker, 1992). 보다 최근에, Ladouceur과 그의 동료들은 두 개의 무작위 시행을 실시하였다. 우선 Sylvain와 동료들(1997)은, 치료를 시작하기 전에 몇 개월을 기다린 통제 조건의 참여자들과 개인치료의 참여자들을 비교하였다. 치료 대기자 명단에 있는 참여자들과 비교했을 때, 치료를 받은 참여자들은 12개월 동안 도박을 덜 하고, 도박에 대한 증가된 자기통제를 보고하였다. 그러나 이 치료적 접근은 순수한 인지치료적 개입이라고 보기가 어렵다. 이 치료에서는 네 가지 요소들이 포함되었다. 인지치료에 더하여, 참여자들은 문제해결훈련, 사회기술훈련, 재발 예방치료를 받았다. 다음 연구(Ladouceur et al., 2001)에서는 보다 순수한 형태의 인지치료를 유사한 연구 설계로 평가하였다. 여기에는 인지치료와 재발 예방이 포함되었는데, 재발 예방에서도 재발의 가능성이 높은 상황과 관련된 인지 왜곡의 치료에 초점을 맞추었다. 3개월 후, 치료 집단이 치료 대기자 집단에 비해 좋은 결과를 얻었으며, 이러한 결과는 치료 집단에서 12개월까지 유지되었다.

비록 이들 두 개의 무작위 연구들이 이전의 연구들과 비교하여 개선된 방법론을 보여 주고 있지만, 치료의도분석intention-to-treat analysie은 실시되지 않았다. 첫 번째 연구에서는 치료를 끝낸 참여자들만 63%, 두 번째 연구에서는 53%가 결과 평가에 포함되었다. 연구에서 탈락한 사람들의 결과에 관한 정보의 부족으로 연구의 일반화가 제한되었다.

인지행동적 접근법

인지행동적 접근법의 원리

인지 모델이 인지에 초점을 맞추는 반면, 다른 모델들은 보다 광범위한 토대를 갖고 있다. Sharpe와 Tarrier(1993; Sharpe, 2002)는 인지와 행동적 요소들 모두에 의해 문제성 도박의 유지를 서술한 통합적 모델을 제시하였다. 이 모델에 따르면, 시간이 흐르면서 도박과 연관된 자극들이 도박의 유발 인자로 발전할 수 있다. 이러한 자극들은 외적(상황, 시간, 장소 등)일 수도 있고, 내적(정서, 인지 등)일 수도 있다. 일단 유발되면, 그것은 고양된 자율신경계 각성의 무조건 반응이 되며, 도박 관련 인지(예: 나는 오늘 운이 좋다고 느낀다)와 도박하고 싶은 갈망이 수반된다. 이때 실제로 도박을 하는가는 적응 기술이 중재를 한다. 치료에는 자율적 각성을 통제하는 능력의 부족, 빈약한 문제해결능력, 강화를 지연하는 능력의 부족, 그리고 인지에 도전하는 능력의 부족과 같은 적응기술의 결핍에 초점을 맞추는 접근법이 포함된다.

인지행동기법

인지행동치료의 기본 기법은 기능분석functional analysis이다. 기능분석에는 도박의 유발 인자와 유발 요인의 확인이 포함된다. 특정한 사건, 날짜, 시간, 사람, 정서가 도박과 연합이 되어, 도박 삽화나 도박 갈망을 유발할 수도 있다. 흔한 유발 인자에는 다음과 같은 것들이 있다. 사용 가능한 현금, 주말이나 비번인 휴일과 같은 자유로운 즉 체계화되지 않은 시간, 논쟁 또는 대인 간 문제, 지루함, 분노, 우울, 유발 인자들이 도박 삽화를 일으키고, 긍정적인 결과와 부정적인 결과에 대해 평가된다. 예를 들면, 재정적 문제로 배우자와 논쟁을 한 이후, 도박자는 바로 카지노로 향할 수 있다. 도박의 긍정적 결과는 승리할 확률과 배우자를 피할 확률을 포함한다. 도박의 부정적 결과는 많은 돈을 잃는 것을 포함한다. 이러한 부정적인 결과는 보다 잦은 논쟁을 불러일으키거나 또는 그것이 유발 인자 자체가 될 수 있으며, 그래서 악순환, 즉 논쟁을 피하기 위해 다시 도박을 하고, 이러한 도박이 다시 더 많은 논쟁을 야기하는 결과에 이를 수 있다.

인지행동치료의 다른 접근법에는, 도박을 강화하는 인자와 경쟁하는 비도박적 원천에서 기인한 인자의 강화를 증가시키는 것이 있다. 환자에게 다양한 활동과 취미의 목록을 포함하는 '여가 점검표leisure checklist'를 제공할 수 있다. 그러면 도박자는 자신이 이전에 해 보고 싶었던 것들이나 또는 현재 하고 싶은 것들을 점검해 볼 수 있다. 비용이 많이 들지 않거나 무료인 활동들, 그리고 혼자서 아니면 함께할 수 있는 활동들을 소개한다. 도박자에게 다음 주에 관심 있는 활동을 해 보도록 격려할 수 있으며, 이때 다른 강화적 활동들을 개발하면 문제행동에서 파생된 강화와 경쟁할 수 있고, 그러면 도박을 할 확률이 감소하게 된다는 이론적 설명을 해 준다. 특히 영화 보기, 정원 가꾸기, 골프 치기와 같은 보상적 활동들이 위험성이 높은 시간(예: 주말이나 봉급날)에 계획되어야 한다. 사전 약속precommitment 전략을 사용할 수도 있다. 이것은 치료 시간에 옛 친구에게 전화하여 커피 한잔 하자고 만날 약속 시간을 정함으로써 보다 건강한 행동이 발생할 확률을 증가시키는 것이다.

다른 치료 시간에는 예상 가능하거나 예상 가능하지 않은 유발 인자를 통제하는 새로운 방법들을 브레인스토밍하도록 가르침으로써 도박하고 싶은 갈망을 통제할 수 있도록 돕는다. 또한 자기주장훈련과 이완훈련과 같은 다른 행동주의적 기법들을 가르칠 수 있다. 이러한 인지행동주의적 전략은 단독으로 다루어질 수도 있고, 또는 도박과 관련된 인지적 오류를 보다 세밀하게 다루는 앞에서 언급된 인지치료('인지치료기법' 참조)와 함께 다루어질 수도 있다.

인지행동치료의 결과 자료

인지행동치료 후에 성공적으로 도박이 감소한 사례 연구들이 여럿 보고되었다(Arribas & Martinez, 1991; Bannister, 1977; Sharpe & Tarrier, 1992). 스페인에서는 Echeburua 등(1996)이 무작위 시행 randomized trial을 하였다. 도박자들은 다음 4개의 조건 중 하나에 무작위로 할당이 되었다. ① 개인 자극 통제와 반응예방에의 노출, ② 집단 인지적 재구성, ③ 앞서 제시한 두 가지 조건의 조합, ④ 치료 대기자 목록의 통제 조건이다. 6개월이 지났을 때, 치료 ①과 ②가 ③의 조합과 ④의 통제집단보다 나은 수행을 보였다. 12개월이 지났을 때, 개인치료 조건(69%)이 집단적 인지 재구조화(38%) 조건 및 조합 조건(38%)과 비교하여 도박을 끊거나 최소로 하는 비율이 더 높았다. 따라서 집단 인지치료와 개인 자극 통제 및 노출을 조합하는 것은 각 조건을 단독으로 시행할 때의 효과를 감소시키는 것으로 보인다.

이 연구자들은 6주의 개인치료 후에 follow-up으로 재발 예방 프로그램을 하는 것이 효과적이라고 보고하였다(Echeburua et al., 2000, 2001). 치료를 마친 사람들을 다시 후속 치료가 없는 조건과 개인 또는 집단으로 재발 예방 프로그램을 하는 조건에 무작위로 할당하였다. 재발 예방 프로그램은 도박자에게 사회적 압력, 부정적 정서, 대인갈등과 같은 재발을 유발하는 요인들을 인지하고 적응하는 법을 가르쳤다. 12개월의 follow-up 기간 동안, 86%의 재발 예방 개인치료 조건 참여자와 78%의 재발 예방 집단치료 조건 참여자들이 재발하지 않았는데, 이는 후속 치료를 받지 않은 조건에서는 52%만이 재발하지 않은 것과 비교된다.

요약하면, 통제된 연구 결과들은 문제해결, 사회기술훈련, 재발 예방이 조합된 인지치료와 자극 통제와 반응 예방을 포함하는 인지행동치료가 효과적임을 보여 주고 있다(Sylvain et al., 1997). N. M. Petry(미출간 자료, 1998)는 도박중독자를 위한 8회기의 인지행동치료 매뉴얼을 개발하였다. 이 매뉴얼에는 앞의 '인지행동기법'에 언급된 인지행동 전략이 포함되어 있으며, 이 중의 한 회기는 인지적 오류의 수정에 쓰이고 있다. 220명의 병적 도박자들로 이루어진 집단이 이러한 접근의 효과를 평가하는 연구에 등록되었다. 전문적인 수련을 한 상담자가 인지행동치료를 하거나 또는 자조 워크북을 환자 혼자 끝마치도록 하였다. 이 두 조건들이 단도박 모임에 의뢰된 사람들과 비교되었다. 예비적 연구에 따르면, 전문적인 치료를 받은 집단이 워크북 집단 및 단도박 모임에 의뢰된 사람들과 비교하여 보다 효과적인 결과를 보였다.

단기치료

단기치료의 원리

치료자에게 어려운 문제 중 하나는, 도박자를 치료 프로그램에 참가하도록 하는 것이다. 연구에 따르면, 병적 도박자의 8% 미만이 치료를 받은 것으로 나타났다(National Gambling Impact Study Commission, 1999; Productivity Commission, 1999). 초기 단계에 있거나, 문제가 덜 심각하거나, 사생활 침해를 두려워하거나, 스스로 문제를 해결하기를 원하는 도박자는 치료에 소극적인 편이다(Hodgins & el-Guebaly, 2000). 이와 같은 사람에게는 전형적인 치료 프로그램들 또는 자조집단보다는 워크북이 매력적이고, 접근이 용이하고, 비용이 들지 않는 대안이 될 수 있다. 자기주도적self-directed 워크북은 공포증, 우울증, 두통, 흡연, 운동과 같은 수많은 행동 변화 영역에서 사용되어 왔다. 앞에 제시된 Petry의 연구와는 달리, 자조적 방법과 치료를 받지 않은 통제 집단 또는 치료자 주도적인therapist-directed 방법들의 메타분석에 따르면, 자조적 접근법들이 통제 조건들에 비해 보다 효과적이었으며, 같은 프로그램을 치료자에 의해 실시한 것과 같은 정도의 효과를 보였다(Gould & Clum, 1993). 마찬가지로 알코올사용장애 환자를 위해 단기 개인치료가 개발되었으며(Burke et al., 2003), 이 단기치료들은 광범위한 알코올치료들 중에서도 가장 크고 가장 일관되게 긍정적인 경험적 데이터베이스가 되고 있다(Miller et al., 2003).

단기치료의 결과

Dickerson 등(1990)은 29명의 도박자들을 워크북만 끝내는 조건 또는 한 번의 심층 면담을 함께 실시하는 조건에 무작위로 할당하였다. 이 워크북에는 변화change와 관련된 양가감정을 감소시키기 위한 동기 고양과 인지행동기법을 담고 있다. 이 두 집단은 6개월 추수평가에서 도박행동의 의미 있는 감소를 보여 주었다. Hodgins 등(2001)은 102명의 문제성 도박자들로 이루어진 큰 규모의 연구를 실시하기 위하여 방송 광고를 사용하였다. 이 피험자들은 다음 3개의 조건에 무작위로 할당되었다. 즉, 워크북만 실시하는 조건, 워크북을 실시하면서 전화로 동기고양치료를 받는 조건, 그리고 치료 대기자 목록에 머무는 조건이다. 1개월 후의 추수평가에서 워크북과 함께 전화로 동기고양치료를 받은 조건에서 유의미한 효과가 있었다. 워크북만 실시한 조건과 비교하였을 때, 워크북과 동기고양치료를 받은 집단은 2년의 follow-up 기간에 걸쳐 감소된 도박행동을 보였다(Hodgins et al., 2001; Hodgins et al., 인쇄 중 a). 이러한 결과는 전형적인 치료를 꺼려하는 도박자들을 모으기 위해 광고를 사용하는 것이 효과가 있음을 보여 준다. 이러한 단기치료에 의해 도움을 받을 수 있는 도박자 유형을 더 깊이 이해하기 위한 후속 연구가 필요하다.

각기 다른 세 가지의 단기치료에 관한 연구들이 현재 진행 중이다. Hodgins는, 도박은 끊었지만 자조모임에는 참석하지 않는 병적 도박자들(*N*=168)에게 재발 예방에 관한 정보를 담은 팸플릿을 보냈다. Hodgins에 의해 실시된 다른 진행 중인 연구를 보면,

병적 도박자들의 가족 및 친구들(N=185)에게 자기주도적인 매뉴얼을 보내 학습하도록 하였다. 이 자료에는 도박자에 의해 생기는 어려운 상황에 잘 적응할 수 있는 방법과 도박자가 치료를 받도록 돕는 방법이 담겨 있다. 최종적으로 Petry는 문제성 도박자들(N=150)을 위한 3개의 단기치료를 평가하였다. 도박의 감소에 관한 5분여의 간략한 조언을 준 후에 동기상담 1회기 그리고 동기상담과 인지행동치료를 병합한 4회기의 상담이 제공되었다. 모든 이러한 연구에는 장기 추수평가가 포함되었다.

행동 혐오와 둔감화 접근법

행동 혐오와 둔감화의 원리

초기의 이론 모델에서는 병적 도박을 고전적 조건화와 도박은 간헐적 강화 계획에 의해 강화된다는 조작적 조건화의 조합의 결과로 설명하였다(Petry, 2002). 강화 인자reinforcer들은 재정, 즉 금전일 수도 있지만, 각성이나 흥분일 수도 있고, 혐오 상태에서의 도피와 같은 부적 강화 인자일 수도 있다(Diskin & Hodgins, 1999).

행동 혐오와 둔감화의 결과

초기의 행동치료는 정적 강화를 감소시키고, 도박과 관련된 부적 강화를 증가시키는 혐오기법들에 초점을 맞추었다. 이러한 치료의 전형적인 예를 보면, 도박을 할 때, 베팅이 맞았을 때, 또는 도박에 관한 정적 효과를 생각할 때 도박자에게 전기쇼크를 주는 것과 같은 방법을 사용하였다. 병적 도박자의 치료에서 혐오치료를 사용한 사례가 Barker와 Miller(1966) 그리고 Koller(1972) 등에 의해 보고되었다. 일부의 보고들은 유익한 도움이 있었다고 하였으나 치료된 환자들은 거의 없었으며, 추후 추수평가 기간이 제한적이었다.

1970년대에 보다 광범위한 행동치료가 사용되기 시작하였다. 행동의 모니터링(역자 주: 문제행동이 나타날 때마다 빈도를 기록함으로써 그러한 행동의 변화를 관찰하는 것), 내현적 민감화covert sensitization, 이완기법, 결혼식에서의 행동계약법contingency contracting 등이 단독으로 또는 혐오치료와 함께 사용되었다(National Research Council, 1999). 많은 출판된 사례 보고서들이 유익한 효과가 있었음을 보고하였으나(Greenberg & Marks, 1982; Kraft, 1970), 매우 작은 표본, 제한된 추수기간 그리고 높은 소모율 등의 문제가 있었다(Greenberg & Rankin, 1982). 보다 최근에, 다른 기법들이 인지 및 인지행동치료와 함께 사용되었다. 상상적 둔감화imaginal desensitization 기법에서는, 환자에게 신체적 긴장을 감소시키기 위한 이완기법을 가르치고, 도박에 관련된 일련의 단서를 경험하고 그것에 저항하는 것을 상상하도록 가르친다. 실제 상황에의 노출 기법에서는, 도박자가 난이도에 따라 등급이 매겨진 일련의 단계들을 따라 훈련한다. (난이도가 낮은) 실제 도박 환경부터 접근하여, 도박을 하지 않고 필요한 적응 기술들을 훈련한다. Blaszczynski(1998)는 이러한 기법과 관련된 상세한 설명을 하고 있다.

McConaghy 등(1983)은 한 연구에서 혐오치료와 상상적 둔감화 기법을 무선설계로 비교하였는데, 두 집단 모두 호전되었다. 그러나 각 집단이 단지 10명의 도박자들로 구성되어서 두 치료법 사이의 차이를 밝히기에는 제한점이 있다. 그보다 큰 표본을 사용한 다른 연구를 보면, 120명의 병적 도박자들을 4개의 입원 치료 프로그램, 즉 혐오치료, 상상적 둔감화, 실제 상황에의 노출, 그리고 상상적 이완 중 하나에 무선으로 할당하였다. 비록 약 절반 정도의 표본만이 성공적으로 추수된 제한점이 있었지만, 상상적 둔감화 치료를 받은 참가자들이 1달째 그리고 9년 뒤에까지 더 좋은 결과를 보고하였다(McConaghy et al., 1991). 도박 치료를 위한 이러한 행동기법들이 단독으로 또는 다른 인지기법 또는 다른 인지행동기법들과 함께 사용되었을 때의 독립적 연구, 즉 유일한 효과를 확인하기 위한 더 많은 연구가 필요하다.

단도박 모임

단도박 모임Gamblers Anonymous은 병적 도박자의 치료를 위한 가장 대중적인 방법들 중 하나다. 비록 이론적 기초가 있는 것은 아니지만, 단도박 모임은 많은 행동기법을 사용한다. 첫째, 협심자member들은 서로에게 도박을 자제하기 위한 정적 강화로서 작용한다. 협심자들은 각 모임에서 단도박의 기간을 이야기하며, 단도박 축하 기념일에는 배지, 증명서 또는 축하 잔치와 같은 특별한 보상이 제공된다. 둘째, 단도박 모임은 도박 자체와 경쟁하는 대안적인 사회적 활동의 역할을 한다. 후원자 및 전화번호 목록을 제공함으로써 도박자는 24시간 내내, 일주일 중 언제든 다른 협심자에게 전화를 하여 심리적 지지 및 격려를 받을 수 있다. 마지막으로, 오늘만 생각하자는 슬로건은, 도박자가 자기 통제적 결정이 이루어지기 쉬운 잘린 시간 구성 내에서 행동을 결정하도록 격려한다(Petry, 2001 참조).

북아메리카에만 1,000개 이상의 단도박 모임 지회가 존재하지만, 그 효과와 관련된 문헌은 거의 존재하지 않는다. 관찰적 작업을 행한 연구자들은 대부분의 단도박 모임 참가자들이 모임에 적극적으로 참여하지 않는다는 의견이다(Preston & Smith, 1985; Rosecrance, 1988; Taber & Chaplin, 1988; Turner & Saunders, 1990). 신입 참가자들이 참석한 모임의 수를 검토한 연구(Steward & Brown, 1988)에 따르면, 232명의 참가자 중에서 단지 7.5%만이 1년 단도박 배지를 받았다. 새로운 참가자 중 약 1/4은 단 한 번만 모임에 참석했으며, 약 3/4은 열 번 미만의 참석률을 보였다.

몇몇 연구들은 단도박 모임의 효과는 전문적인 치료 프로그램에 참가함으로써 증진될 수 있다고 하였다. Russo 등(1984)은 개인 및 집단 치료를 받으며 단도박 모임에도 참석하는 재향군인 관리국의 프로그램을 이수한 124명의 환자들을 평가하였다. 추수평가를 완료한 60명의 환자 중에서 33명(55%)의 환자들이 단도박을 하고 있었다. 단도박 모임에 참석하면서 전문적인 치료를 받을 때 단도박이 오랜 기간 유지되었다. Taber 등(1987)은 같은 시설 입원 환자의 6개월의 결과를 연구하였다. 56%의 환자들이 단도박을 보고하였으며, 이 연구에서도 단도박 모임에의 참석이 단도박과 관련이 있었다. Lesieur와 Blume(1991)은 도박중독자와 약물중독자를 대상으로 전문가에 의한 치료와 12단계 치료를 병합한 입원환자 프로그램에 참가한 119명의 도박자들 중에 72명을 연구하였다. 이들이 단도박 모임에 참가하고 있는지는 확인되지 않았지만, 46명(64%)의 환자들이 치료를 마치고 6~14개월 동안 단도박을 유지하고 있었다. 전문가에 의한 치료를 받으며 단도박 모임에 참가한 도박자들의 상당수가 단도박을 유지하였지만, 전문가에 의한 치료는 입원 환경에서 제공되었으며, 도박자의 대다수는 남성이었다.

Stinchfield와 Winters(1996)는 미네소타 주에서 외래 치료를 받은 1,342명 환자들의 결과를 보고하였다. 이들 중 거의 절반 정도가 적극적으로 전문적인 치료를 받았으며, 약 1/3이 하나 이상의 단도박 모임에 참석하였다. 치료를 끝낸 사람들은 도박과 심리학적 문제가 감소했음을 보여 주었다. 그러나 이 연구에서 단도박 모임에의 참석은 결과를 의미 있게 예측하지 못하였다.

보다 최근에, Petry(2003)는 코네티컷 주의 도박 치료를 위한 전문적 프로그램에 입원한 342명의 환자 중에서 단도박 모임 참여율을 평가하였다. 절반 이상의 환자들이 전문적인 도박 치료를 시작하기 전에 단도박 모임에 참석하고 있었다. 단도박 모임에 참석한 경험이 있는 도박자 중에서, 41%가 2개월 동안 5회 이상의 치료 회기에 참석하였는데, 이에 비하여 단도박 모임에 참석한 경험이 없는 도박자의 경우 24%만이 그러하였다. 더구나 단도박 모임에 참석한 경험이 있는 사람들이 더 높은 비율의 도박 절제율(48% 대 36%)을 보였다. 단도박 모임에 참석한 횟수와 도박 절제는 의미 있고 독립적인 관련이 있었다. 이러한 결과가 시사하는 것은 단도박 모임이 전문적인 치료와 결합되었을 때 잠재적인 효과가 있다는 것이다. 그럼에도 이러한 결과는 도박을 감소시키는 데 단도박 모임이 효과가 있음을 증명하지는 못하였는데, 왜냐하면 무선할당 절차가 없었기 때문이다. 이러한 연구 결과가 의미하는 것은 그저, 단도박 모임에 참석하는 것을 선택했고 또한 전문적인 치료를 받은 도박자들이, 전문적인 치료를 받았지만 어느 치료에도 적극적으로 참여하지 않은 도박자들에 비해 결과가 좋았다는 것이다.

다른 치료적 접근들

자기출입제한

몇몇 사법권에서는, 지역 자치단체 또는 카지노 정책으로 도박자가 카지노와 경마장과 같은 도박장에의 출입을 자발적으로 금지하는 것을 허락하고 있다. 전형적으로, 이러한 자기출입제한 self-exclusion은 3~12개월의 한정된 기간에서 평생에 걸쳐 지속된다. 이 도박자는 그 사법권 내에 있는 하나의 도박장 또는 모든 도박장에 출입이 금지될 수 있다. 도박자가 이 자발적 금지 제도에 등록을 하면, 그/그녀의 사진이 도박장의 보안과에 제출된다. 또한 그 개인에게는 전형적으로 지역의 치료 기관들에 대한 정보가 제공된다. 그/그녀가 도박장 내에서 발견되었을 때의 제재는, 떠나라는 공식적 요구에서 법적인 고발까지 다양하다. 또한 베팅에서 돈을 벌었을 경우 때로는 몰수된다.

자기출입제한 프로그램의 신청자는 주로 남성이며 도박 문제가 있고 중요한 재정적 부채가 있는 것으로 나타났다(Nowatzki & Wiliams, 2002). 그러나 그러한 프로그램이 효과가 있는지에 대한 근거는 제한적이다. 알려진 유일한 평가는 퀘벡 지역 카지노에서 두 번째 금지를 요구한 적은 수의 도박자 집단에 대해 이루어진 것이다(Ladouceur et al., 2000). 이 집단의 경우, 64%가 첫 번째 금지(6개월 또는 12개월) 기간 동안 카지노에 출입하지 않았으며, 30%는 도박을 멈추었다. 반면 이러한 금지를 지키지 않은 사람들의 중앙치median는 여섯 번이었고, 이들 중 단지 10%만이 치료를 받았다. 요약하면, 자기출입제한 정책이, 병적 도박자가 자신의 문제를 극복하는 데 어떤 도움이 되는지를 이해하기 위한 더 많은 연구가 필요하다는 것이다.

재정 상담

재정 상담financial counseling은 흔히 인지행동치료의 보조적 방법으로 포함된다. 재정 상담을 포함하는 논리는 재정적 압력이 도박을 일으키는 흔한 유발 인자라는 것이다. 재정 상담 서비스는 종종 개별적으로 제공된다. 그러나 자기주도적인 자료로도 역시 이용 가능하다(National Council on Problem Gambling, 2000). 단도박 모임에서는 '압력 경감pressure relief' 회기를 제공하는데, 여기에서 많은 빚을 다루는 방법을 제공한다. 다른 방법들에는 소비자 금융기관 혹은 파산 변호사에게 의뢰하는 것이 있다. 단도박 모임과 도박 치료자들은 대개 도박자가 모든 재정관리를 배우자나 다른 사람에게 넘기도록 권고한다. 심리치료에 보조적으로 그러한 전략을 사용하는 것의 효과에 대한 연구는 중요한 영역이 될 것이다.

인지행동치료에서 해결되지 않은 주제들

병적 도박자들에 대한 치료 능력은 계속해서 증대되고 있다. 그렇지만 그 효과와 관련된 경험적 자료는 제한적이다(Oakley-Browne et al., 2000). 〈표 12-1〉을 보면, 오늘날까지 발표된 적은

〈표 12-1〉 공식적으로 발표된 인지행동치료의 무작위 시행 연구들

연구	표본	설계	결과
Dickerson et al., 1990	방송을 통해 모집된 문제성 도박자-호주	워크북 vs. 워크북과 평가면담	두 집단 모두 6개월에 걸쳐 개선되었다.
Echeburua et al., 1996	외래 병적 도박자-스페인	개인적 자극 통제 및 실제 노출 vs. 집단 인지재구조화 vs. 결합된 vs. 대기 환자들인 통제집단	개인치료가 집단 및 결합된 치료들에 비해 6개월간 결과가 더 좋았다.
Echeburua et al., 2000, 2001	치료 이후 외래로 내원하는 병적 도박자-스페인	재발 예방 집단 vs. 개인 재발 예방 vs. 치료 없음	치료를 받은 두 집단이 치료를 받지 않은 집단보다 1년에 걸쳐 더 좋았다.

Hodgins et al., 2001	방송을 통해 모집된 문제성 도박자 –캐나다	전화 동기강화상담 vs. 워크북 vs. 대기 환자들인 통제집단	전화 동기강화상담이 1년에 걸쳐 결과가 더 좋았다.
Ladouceur et al., 2001	외래의 병적 도박자 –캐나다	인지치료 vs. 대기 중인 환자들	인지치료를 받은 환자들이 대기 중인 환자들에 비해 3개월에 걸쳐 결과가 더 좋았고 1년 동안 유지되었다.
McConaghy et al., 1983	입원한 병적 도박자 –호주	혐오치료 vs. 상상적 둔감화	두 집단 모두 1년에 걸쳐 효과가 있었다.
McConaghy et al., 1991	입원한 병적 도박자 –호주	혐오치료 vs. 상상적 둔감화 vs. 실제 상황에서의 둔감화 vs. 이완	상상적 둔감화 집단이 1개월에서 9년에 걸쳐 가장 효과가 있었다.
Sylvain et al., 1997	외래 병적 도박자 –캐나다	개인 인지행동치료 vs. 대기 중인 환자들	치료를 받은 환자들이 대기 중인 환자들에 비해 1년에 걸쳐 결과가 좋았다.

수의 무선적 임상 연구randomized clinical trial들이 요약되어 있다. 많은 진행 중인 연구들이 귀중한 통찰을 제공하게 될 것이다. 그러나 다른 주제들은 여전히 해결되지 않은 채로 남아 있을 것이다. 이러한 해결되지 않은 주제들은, 치료의 목표가 단도박인지 또는 도박의 통제인지, 공존장애가 미치는 효과, 집단치료와 개인치료의 상대적 효과다.

치료 목표는 단도박인가 도박의 조절인가

가장 타당한 치료 목표가 무엇인지에 대한 결론은 내려지지 않았다. 단도박 모임에서는 모든 유형의 도박을 끊는 것, 즉 단도박을 요구한다. 예를 들면, 슬롯머신 도박자는 복권을 사는 것도 하지 않아야 한다. 완전 단도박을 요구하는 논리는 다른 유형의 도박이 문제가 될 수도 있고, 또는 다른 형태의 병적 도박의 재발을 촉진할 수 있다는 것이다. 대부분의 치료자들과 연구 결과(예: Sylvain et al., 1997)들은 단도박을 권고한다.

그러나 다른 모형들은 내담자가 개인적인 치료적 목표, 즉 도박의 감소 또는 도박의 조절을 목표로 정할 수 있도록 허용한다. 엄격하게 단도박을 목표로 하는 경우 치료를 받으려는 도박자의 동기를 떨어뜨릴 수 있으므로, 유연하게 목표를 정하는 것이 더 많은 도박자가 치료받는 것을 돕는다. 알코올치료의 경우를 보면, 조절하면서 음주하겠다는 목표를 갖고 치료를 시작한 알코올중독자가 완전 절주를 목표로 변경하는 경우를 자주 볼 수 있다(Hodgins et al., 1997).

조절하며 도박하는 것을 목표로 하는 치료는 치료를 받은 병적 도박자들로 이루어진 작은 집단에 대한 추수 자료에 의해 지지를 받는다(120명 중 63명; Blaszczynski et al., 1991). 치료를 끝내고 2~9년이 지난 후 면담을 해 보니, 18명(29%)이 단도박 상태였으며, 20명(32%)은 통제하지 않고 도박을 계속하고 있었으며, 25명(40%)은 '조절하는 도박controlled gambling'을 하고 있었다. 이러한 조절하는 도박자들은 여러 심리사회적 안정성의 지표들에서 단도박자들과 차이를 보이지 않았다. 이 연구 결과는 성공적으로 추수된 소수의 도박자 집단(52%)에 토대한 것이므로, 조심스럽게 그 결과가 해석되어야 한다. 다양한 치료적 목표를 갖는 치료들과 비교하는 임상 연구들이 필요하다.

공존장애의 치료

병적 도박자에게 수많은 정신과적 장애들이 병발한다. 가장 빈번하게 나타나는 장애는 약물남용장애인데, 도박자의 25~63%가 약물사용장애를 보고한다(Crockford & el-Guebaly, 1998; Petry & Pietrak, 출판 중). 우울증, 양극성 장애, 불안장애를 포함한 기분장애도 흔하다. 주의력결핍장애, 섭식장애 그리고 정신분열증 및 다른 정신과적 장애들과 같은 다른 공존장애들에 대한 증거는 복합적이다(Crockford & el-Guebaly, 1998).

다양한 공존장애들이 어떻게 병적 도박과 관련되는지는 확실하지 않다. 다양한 모형들이 가능하며, 이러한 것들은 다양한 병적 도박자들에게 적용이 가능하다. 예를 들면, 몇몇 경우에 우울증은 도박 문제의 심리사회적 결과에 의해 촉진될 수 있다. 또는 도박은 우울증상을 자가치료하려는 부적응적 시도를 반영할 수도 있다. 도박장에는 전형적으로 알코올이 제공되는데, 이는 알코올중독자들이 도박에 노출될 가능성을 증가시킬 수 있다. 알코올중독에서 회복된 사람은 자신의 정서 상태를 바꾸기 위한 대안으로 도박에 의존할 수도 있다.

공존장애가 결과에 미치는 효과는 심화된 연구를 필요로 한다. 한 유망한 연구를 보면, 임상적으로 우울증을 경험한 개인력이 있는 병적 도박자는 도박에서의 예후가 좋지 않았으며, 그 반면 약물남용장애가 있던 환자는 보다 성공적인 결과를 보였다(Hodgins et al., 출판 중 b). 공존장애에 대한 최선의 치료적 접근이 무엇인지는 확실하지 않다. 인지행동치료에서 가능한 한 가지 방법은 초점을 확대하여 공존장애를 포함하도록 하는 것이다. 인지행동치료는 특히 약물사용장애와 우울증에 효과가 있는 것으로 입증되어 왔다. 공존장애에 대한 약물치료적 접근이 심리사회적 치료와 병행될 수도 있다.

집단치료 대 개인치료의 상대적 효능

치료 결과에 관한 문헌과 임상 실제 사이에 재미있는 불일치가 존재한다. 경험적 타당화를 위한 노력은 주로 개인적 치료 모형에만 초점을 맞추고 있는데, 사실 임상 실제에서 가장 흔히 제공되는 서비스는 집단치료다. 개인치료 그리고 집단치료와 개인치료가 병합된 방식을 비교한 유일한 연구에서는, 개인치료가 우세하다는 것만이 보고되었다(Echeburua et al., 1996). 그러나 집단치료는 인지집단치료였고, 개인치료는 반응방지 개인치료response prevention individual therapy였기 때문에 결과를 해석하는 것이 어렵다.

집단치료는 개인치료에 비해 어떤 면에서 이익이 있는데(Coman et al., 2002), 사회적 기술의 향상, 새로운 행동을 배우고 연습할 기회, 다른 집단 구성원들에게 피드백과 조언을 받을 기회 등이다. 즉, 환자들은 자신의 경험뿐만 아니라 다른 구성원들의 삶에서의 투쟁과 성공에서도 배울 수 있는 것이다. 반면, 도박자는 개인치료보다 집단치료에 참여하는 것을 꺼려할 수 있다. 그저 우려에 불과하건 또는 그것이 실제이건, 비밀 유지에 대한 걱정도 장벽이 될 수 있다. 치료 집단은 단도박 모임과는 매우 다른 방식으로 작용하는데, 그래서 어떤 환자들은 그것을 힘들어할 수도 있다. 결국 나오지 않는 사람들은 자신에게도 영향을 줄 뿐 아니라 또한 집단 내의 다른 환자에게도 영향을 주게 된다.

결론

인지치료 그리고 인지행동치료에 대한 보다 많은 연구가 필요하다. 새로운 연구들은 환자들이 변화하는 데 도움이 되는 반응 및 과정과 독립적인 관계가 있는 독특한 기법들을 밝혀내야 한다. 이러한 연구들은 재정 상담, 자기출입제한 프로그램, 조절하는 도박, 공존장애와 같은 치료의 특수한 측면들이 병적 도박의 호전에 미치는 영향을 고려해야 한다. 어느 한 가지 치료가 모든 환자들에게 도움이 되지는 않지만, 경험적으로 타당성이 확인된 많은 치료들이 적용된다면 더 많은 도박자들을 치료에 끌어들일 수 있을 것이며, 더 많은 도박자들이 스스로의 회복 과정을 시작하도록 하는 데 도움이 될 것이다.

참 고 문 헌

Arribas, M. P., Martinez, J. J. (1991). Individual treatment of pathologic gamblers: case descriptions (in Spanish). Analisis y Modificacion de Conducta 17:255-269.

Bannister, G. (1977). Cognitive and behavior therapy in a case of compulsive gambling Cognit Ther Res 1:223-227.

Barker, J. C., Miller, M. (1966). Aversion therapy for compulsive gambling. Lancet 1:491-492.

Blaszczynski, A. (1998). Overcoming Compulsive Gambling: A Self-Help Guide Using Cognitive Behavioral Techniques. London, Robinson.

Blaszczynski, A., McConaghy, N., Frakova, A. (1991). Control versus abstinence in the treatment of pathological gambling: a two to nine year follow-up. Br J Addict 86:299-306.

Bujold, A., Ladouceur. R., Sylvain, C. et al. (1994). Treatment of pathological gamblers: an experimental study. J Behav Ther Exp Psychiatry 25:275-282.

Burke, B. L., Arkowitz, H., Menchola, M. (2003). The efficacy of motivational interviewing: a meta-analysis of controlled clinical trials. J Cons Clin Psychol 71:843-861.

Coman, G. J., Evans, B. J., Burrows, G. D. (2002). Group counselling for problem gamblilng. Br J Guid Counc 30:145-158.

Crockford, D. N., el-Guebaly, N. (1998). Psychiatric comorbidity in pathological gambling: a critical review. Can J Psychiatry 43:43-50.

Dickerson, M., Hinchy, J., Legg England, S. (1990). Minimal treatments and problem gamblers: a preliminary investigation. J Gambl Stud 6:87-102.

Diskin, K. M., Hodgins, D. C. (1999). Narrowing of attention and dissociation in pathological video lottery gamblers. J Gambl Stud 15:17-28.

Echeburua, E., Fernandez-Montalvo, J., Baez, C. (1996). Comparative effectiveness of three therapeutic modalities in psychological treatment of pathological gambling: long term outcome. Behavioural and Cognitive Psychotherapy 24:51-72.

Echeburua, E., Fernandez-Montalvo, J., Baez, C. (2001). Predictors of therapeutic faiure in slot-machine pathological gamblers following behavioural treatment. Behavioural and Cognitive Psychotherapy 29:379-383.

Gaboury, A., Ladouceur, R. (1989). Erroneous perceptions and gambling. J Soc Behav Pers, 4:411-420 1989.

Gould, R. A., Clum, G. A. (1993). A meta-analysis of self-help treatment approaches. Clin Psychol Rev 13:169-186.

Greenberg, D., Marks, I. (1982). Behavioural psychotherapy of uncommon referrals. Br J Psychiatry 141:148-153.

Greenberg, D., Rankin, H. (1982). Compulsive gamblers in treatment. Br J Psychiatry 140:364-366.

Griffiths, M. D. (1994). The role of cognitive bias and skill in fruit machine gambling. Br J Psychol 85:351-369.

Hodgins, D. C., el-Guebaly, N. (2000). Natural and treatment-assisted recovery from gamblings problems: comparison of resolved and active gamblers. Addiction 95:777-789.

Hodgins, D. C., Makarchuk, K. (2002). Becoming a Winner: Defeating Problem Gambling: A Self-Help Manual for Problem Gamblers. Calgary Addiction Centre, Calgary Regional Health Authority.

Hodgins, D. C., Leigh, G., Milne, R. et al. (1997). Drinking goal selection in behavioral self-management treatment of chronic alcoholics. Addict

Behav 22:247-255.

Hodgins, D. C., Wynne, H., Makarchuk, K. (1999). Pathways to recovery from gambling problems: a general population survey. J Gambl Stud 15:93-104.

Hodgins, D. C., Currie, S. R., el-Guebaly, N. (2001). Motivational enhancement and self-help treatments for problem gambling. J Counsult Clin Psychol 69:50-57.

Hodgins, D. C., Currie, S. R., el-Guebaly, N. et al. Brief motivational treatment for pathological gambling: a 24-month follow-up. Psychol Addict Behav (in press a).

Hodgins, D. C., Peden, N., Cassidy, E. The association between comorbidity and outcome in pathological gambling: a prospective follow-up of recent quitters. J Gambl Stud (in press b)

Koller, K. M. (1972). Treatment of poker-machine addicts by aversion therapy. Med J Aust 1:742-745.

Kraft, T. (1970). A short note on forty patients treated by systematic desensitization. Behav Res Ther 8:219-220.

Ladouceur, R., Dubé, D. (1997). Erroneous perceptions in generating random sequences: identification and strength of a basic misconception in gambling behavior. Swiss Journal of Psychology 56:256-259.

Ladouceur, R., Mayrand, M. (1987). The level of involvement and the timing of betting in roulette. J Psychol 121:169-176.

Ladouceur, R., Walker, M. A. (1996). cognitive perspective on gambling, in Trends in Cognitive and Behavioural Therapies. Edited by Salkovskis PM. New York, Wiley, pp 89-120.

Ladouceur, R., Sylvain, C., Letarte, H. et al. (1998). Cognitive treatment of pathological gamblers. Behav Res Ther 36:1111-1119.

Ladouceur, R., Jacpues, C., Giroux, I. et al. (2000). Analysis of a casino's self-exclusion program. J Gambl Stud 16:453-460.

Ladouceur, R., Sylvain, C., Boutin, C. et al. (2001). Cognitive treatment of pathological gambling. J Nerv Ment Dis 189:774-780.

Langer, E. J. (1983). The Psychology of Control. Beverly Hills, CA, Sage.

Lesieur, H. R., Blume, S. B. (1991). Evaluation of patients treated for pathological gambling in a combined alcohol, substance abuse and patholotical gambling treatment unit using the Addiction Severity Index. Br J Addict 86:1017-1028.

McConaghy, N., Armstrong, M. S., Blaszczynski, A. et al. (1983). Controlled comparison of aversive therapy and imaginal desensitization in compulsive gambling. Br J Psychiatry 142:366-372.

McConaghy, N., Blaszczynski, A., Frankova, A. (1991). Comparison of imag inal desensitisation with other behavioural treatments of patholo gical gambling: a two-to nine-year follow-up. Br J Psychiatry 159:390-393.

Miller, W. R., Wilbourne, P. L., Hettema, J. E. (2003). What works? a summary of alcohol treatment outcome research, in Handbook of Alcoholism Treatment Approaches: Effective Alternatives, 3rd Edition. Edited by Hester R, Miller WR. Boston, MA, Ally & Bacon, pp 13-63.

National Council on Problem Gambling and National Endowment for Financial Education (2000). Personal Financial Strategies for the Loved Ones of Problem Gamblers. Greenwood Village, CO, National Endowment for Financial Education.

National Gambling Impact Study Commission (1999). National Gambling Impact Study Commission Final Report. Washington, DC, National Gambling Impact Study Commission.

National Research Council (1999). Pathological Gambling: A Critical Review. Washington, DC, National Academy Press.

Nowatzki, N. R., Williams, R. J. (2002). Casino self-exclusion programmes: a review of the issues. International Gambling Studies 2:3-25.

Oakley-Browne, M. A., Adams, P., Mobberley, P. M. (2000). Interventions for pathological gambling. Cochrane Database Syst Rev (2):CD001521.

Petry, N. M. (2001). Pathological gamblers, with and without substance use disorders, discount delayed rewards at high rates. J Abnorm Psychol 110:482-487

Petry, N. M. (2002). Psychosocial treatments for pathological gambling: current status and future directions. Psychiatr Ann 32:192-196.

Petry, N. M. (2003). Patterns and correlates of Gamblers Anonymous attendance in pathological gamblers seeking professional treatment. Addict Behav 28:1949-1062.

Preston, F. W., Smith, R. W. (1985). Delabeling and relabeling in Gamblers Anonymous: problems with transferring the Alcoholics Anonymous paradigm. Journal of Gambling Behavior 1:97-105.

Productivity Commission. (1999). Australia's Gambling Industries (Report No 10). Canberra, AusInfo.

Robson, E., Edwards, J., Smith, G. et al. (2002). Gambling decisions: an early intervention program for problem gamblers. J Gambl Stud 18:235-255.

Rosecrance, J. (1988). Active gamblers as peer counselors. Int J Addict 23:751-766.

Russo, A. M., Taber, J. I., McCormick, R. A. et al. (1984). An outcome study of an inpatient treatment program for pathological gamblers. Hosp Community Psychiatry 35:823-827.

Sharpe, L. (2002). A reformulated cognitive-behavioral model of problem gambling: a biopsychosocial perspective. Clin Psychol Rev 22:1-25.

Sharpe, L., Tarrier, N. (1992). A cognitive-behavioral treatment approach for problem gambling. Journal of Cognitive Psychotherapy 6:193-203.

Sharpe, L., Tarrier, N. (1993). Towards a cognitive-behavioural theory of problem gambling. Br J Psychiatry 162:407-412.

Stewart, R. M., Brown, R. I. F. (1988). An outcome study of Gamblers Anonymous. Br J Psychiatry 152:284-288.

Stinchfield, R., Winters, K. (1996). Effectiveness of Six State-Supported Compulsive Gambling Treatment Programs in Minnesota. Minneapolis, Compulsive Gambling Program, Mental Health Division, Minnesota Department of Human Services.

Sylvain, C., Ladouceur, R. (1992). Correction cognitive et habitudes de jeu chez les joueurs de poker video. Can J Behav Sci 24:479-489.

Sylvain, C., Ladouceur, R., Boisvert, J. M. (1997). Cognitive and behavioral treatment of pathological gambling: a controlled study. J Consult Clin Psychol 65:727-732.

Taber, J. I., Chaplin, M. P. (1988). Group psychotherapy with pathological gamblers. Journal of Gambling Behavior 4:183-196.

Taber, J. I.,McCormick, R. A., Ramirez, L. R. (1987). The prevalence and impact of major stressors among pathological gamblers. Am J Psychiatry 146:1618-1619.

Toneatto, T. (2002). Cognitive therapy for problem gambling. Cognitive and Behavioral Practice 9:191-199.

Toneatto, T., Sobell, L. C. (1990). Pathological gambling treated with cognitive behavior therapy: a case report. Addict Behav 15:497-501.

Turner, D. N., Saunders, D. (1990). Medical relabeling in Gamblers Anony mous: the construction of an ideal member. Small Group Research 21:59-78.

Waller, M. (1992). The Psychology of Gambling (International Series in Experimental Social Psychology). New York, Pergamon.

13 약물치료

Eric Hollander, M.D.
Alicia Kaplan, M.D.
Stefano Pallanti, M.D.

병적 도박이 미치는 부정적 결과에도 불구하고, 병적 도박에 효과적인 치료, 특히 약물치료와 관련하여 알려진 것은 거의 없다. 이 장에서는 오늘날의 병적 도박의 치료적 전략과 그러한 사용의 이론적 근거를 설명하고자 한다.

병적 도박의 몇 개의 핵심적인 정신병리 영역이 치료 목표로 고려될 수 있는데, 즉 충동적 증후군(각성), 강박적 증후군(불안 감소), 중독적 증후군(금단 증후군)이다. 병적 도박은 충동조절장애impulse control disorder로 분류되기는 하지만, 충동성 범주 내의 강박스펙트럼장애obsessive-compulsive spectrum disorder로 기술되기도 한다(Hollander, 1993). 병적 도박자들에게서 볼 수 있는 충동, 쾌락 추구 그리고 (자신의 능력에 대한 비현실적 평가와 같은) 판단능력의 감소 등은 양극성 장애 환자에게서 볼 수 있는 특성들과 비슷하다. 이러한 특징들은 양극성 범주 장애 및 기타 정동장애, 약물 남용 및 의존, 그리고 주의력결핍 과잉행동장애ADHD와 같은 정신과적 공존장애의 높은 비율과 함께 치료를 위한 신경심리약물학적 개념틀을 구축하는 데 도움이 될 것이다(제4장 '범주화' 참조).

신경생물학적 연구들에 의하면 병적 도박의 병인론에서 세로토닌성(Blanco et al., 1996; DeCaria et al., 1996, 1998; Moreno et al., 1991), 노르아드레날린성(DeCaria et al., 1998; Roy et al., 1988), 도파민성계(Bergh et al., 1997; Comings, 1998; Perez de Castro et al., 1997)가 관여한다는 증거가 밝혀졌다(제9장 '병적 도박에 대한 생물학적 기반의 이해' 참조). 이들 신경전달계와 γ-아미노부티르산Gamma-Amino Butyric Acid: GABA계(Johannessen, 2000)를 조절하는 약물치료는 병적 도박의 이해 및 치료의 초기 단계에서 잠재적으로 희망적인 결과를 보여 주었다.

현재 미 식품의약청이 병적 도박의 치료제로 승인한 것은 없다. 우리는 이중맹검, 위약placebo통제 연구의 결과(〈표 13-1〉 참조)에 초점을 맞추고자 하는데, 왜냐하면 병적 도박의 약물치료 연구에서 높은 위약 반응률이 보고되었기 때문이다. 병적 도박에 흔히 동반되는 장애들, 예를 들면 약물 남용 및 의존, 양극성 장애, 주요우울장애, ADHD 등은 약물치료제의 선택에서 고려되는데, 왜냐하면 치료는 궁극적으로 각 환자의 모든 증상을 목표로 하기 때문이다.

세로토닌 재흡수억제제

세로토닌 재흡수억제제는 강박장애의 1순위 치료제로(Hollander & Pallanti, 2002), 신체변형장애(Hollander et al., 1999; Phillips et al., 2002)와 같은 강박스펙트럼장애에도 효과가 있었다. 세로토닌 재흡수억제제는 강박적으로 추동된 장애들에서 치료적 효과(Hollander, 1998)를 보이는 데 상당히 긴 시간적 지연을 보이지만, 강박증과 충동성을 억제하는 효과가 있는 것으로 보인다. 병적 도박의 치료에서 세로토닌 재흡수억제제의 사용이 효과가 있다는 다른 증거들은, 앞으로 기술될 세로토닌성 장애(Blanco et al., 1996; DeCaria et al., 1996, 1998; Moreno et al., 1991)와 약물치료연구들의 증거에서 얻을 수 있다.

플루복사민

병적 도박의 치료에서 플루복사민fluvoxamine의 효과에 대해 3개의 연구가 시행되었다. Hollander 등(1998)의 예비실험pilot study에서는 10명의 병적 도박자에게 8주간의 단일맹검 위약 처치를 실시한 후, 이어서 8주간의 단일맹검 플루복사민 처치를 하였다. 이 중 7명이 플루복사민 처치에 반응을 보였는데, 이들은 예일-브라운 강박척도Yale-Brown Obessive-Compulsive Scale의 병적 도박 개정판PG-YBOCS(부록 E 참조)에서 도박행동이 25% 감소한 것으로 나타났으며, 임상종합평가Clinical Global Impressions: CGI 척도에서 '대단히 많이 개선되었음' 또는 '많이 개선되었음'으로 평가되었다. 주목할 만한 점은 플루복사민에 반응하지 않은 환자 3명 중 2명은 순환성기분장애의 개인력이 있었다는 것이다. 이는 플루복사민과 관련된 증상이 악화되어 도박이 재발했을 가능성을 시사한다.

이러한 예비연구의 지지적인 결과들로, 이후 병적 도박자들에게 플루복사민(100~250mg/일)과 위약을 처치한 이중맹검 교차설계실험crossover trial(역자 주: 무선통제실험의 하나로, 동일한 피험자에게 한 번은 a 처치를 제공하고 일정 시간이 지난 후 다시 b 처치를 제공하여 어떠한 처치가 피험자의 종속변수에 더 영향을 미쳤는지를 평가하는 것)이 실시되었다(Hollander et al., 2000b). 이 연구에서 DSM-IV(American Psychiatric Association, 1994)의 병적 도박 진단기준 그리고 SOGSSouth Oaks Gambling Screen에서 5점 이상에 해당하는 도박자들이 선택되었다. 15명의 환자들이 7일간의 위약 처치를 받았고, 이후 이 중 6명의 환자들은 8주간 위약을 처치를 받았고 그 후 8주간 플루복사민을 처치받았다. 다른 4명의 환자들은 이들 6명의 환자들과 역순서로 처치를 받았다. CGI 척도의 병적 도박 버전 개선 척도PG-CGI에서의 변화로 판단한 긍정적 반응은 플루복사민 처치의 경우가 40.6%로 위약의 16.6%보다 의미 있게 높았다. PG-YBOCS 측정 점수들에서의 변화를 측정한 것에 의하면, 플루복사민과 위약의 처치가 혼합된 경우 두 처치 사이에 의미 있는 차이가 없었다. 중요한 것은 처치와 처치 순서 간의 상호작용이 있었다는 점이다. 즉, 두 치료법은 교차설계의 첫 단계에서는 통계적으로 차이를 보이지 않았지만, 교차설계실험의 두 번째 단계에서는 통계적으로 차이를 보였다. 이러한 결과가 시사하는 것은 초기에 위약에 반응한 것은 일시적이었지만 실제 약물의 효과는 유지되었을 가능성이 있다는 것으로서, 더 긴 시간의 실험이 필요할 것이라는 점이다.

이 실험에서 플루복사민의 평균 용량은 종결 시점에 195mg/일이었다. 위약에서는 보이지 않았지만, 플루복사민의 투여 시 나타난 부작용은 위장장애, 졸음, 가벼운 불안, 성기능장애, 불면, 경솔함, 두통, 입마름, 빈뇨 등이다. 이러한 부작용은 강도가 약하였으며, 선택적 세로토닌 재흡수억제제의 치료 경과와 일치하는 것으로, 초기의 금단증상과는 관계가 없는 것이었다.

다른 집단은 병적 도박자인 32명의 환자에게 플루복사민(200mg/일)의 독립적인 이중맹검 위약 통제 실험을 더 오랜 기간인 6개월간 실시하였다(Blanco et al., 2002). 측정치는 일주일 동안 도박에 사용한 돈과 시간의 감소 정도였다. 결과를 종합해 보면, 남성 그리고 젊은 환자들을 제외하고는 플루복사민은 위약 치료에 비해 의미 있는 개선을 보이지 않았다. 59%의 높은 위약 반응률이 이 연구에서 발견되었다. 이 연구의 결과는 끝까지 참여하지 않은 환자들의 비율이 높아서 적절한 해석을 하기가 어렵다(〈표 13-1〉 참조).

이 연구들은 플루복사민의 용량이 100~250mg/일이라는 것을 시사한다. 플루복사민의 잠재적인 부작용은 위장장애, 졸음, 가벼운 불안, 성기능장애, 불면, 경솔함, 두통 등이며, 이러한 증상들

〈표 13-1〉 병적 도박의 이중맹검 위약 통제 실험

약물 (상품명)	관련 연구	설계/기간	표본 크기	1일 복용 용량	평균 1일 용량(±SD)	결과
SSRIs						
플루복사민 (Luvox)	Hollander et al., 2000b	교차 연구/ 16주(8주 각각 진짜 약/위약), 1주일간 위약 처치 후	15명 등록, 10명 완료	100~250mg	195mg (±50)	10명의 완료자 중 7명이 PG-CGI와 PG-YBOCS에서 반응하였다. 플루복사민이 위약에 비해 우수한 효과를 보였으며, 특히 16주의 끝에 그러하였다.
플루복사민 (Luvox)	Blanco et al., 2002	평행 설계/ 6개월	32명 등록, 13명 완료 (3명 플루복사민, 10명 위약)	200mg	200mg	남성 그리고 젊은 환자들을 제외하고는 모든 환자들에게서 플루복사민은 위약과 통계적으로 의미 있는 차이가 없었다.
파록세틴(Paxil)	Kim et al., 2002	평행 설계/ 8주, 1주일간 위약 처치 후	53명 등록, 41명 완료 (20명 파록세틴, 21명 위약)	20~60mg	51.7mg (±13.1)	CGI로 평가한 결과, 파록세틴 집단이 위약 집단에 비해 의미 있게 개선되었다.
파록세틴(Paxil)	Grant et al., 2003	평행 설계/ 16주 시행	76명 등록, 45명 완료 (21명 파록세틴, 24명 위약)	10~60mg	50mg (±8.3)	파록세틴 집단과 위약 집단이 동등하게 개선되었다. 위약의 반응률이 높았다.

(계속)

약물 (상품명)	관련 연구	설계/기간	표본 크기	1일 복용 용량	평균 하루 용량(±SD)	결과
아편계 길항제						
날트렉손(ReVia)	Kim et al., 2001a	평행 설계/ 12주, 1주일간 위약 처치 후	89명 등록, 45명 완료 (20명 날트렉손, 25명 위약)	50~250mg	188mg (±96)	CGI와 G-SAS로 평가한 결과, 날트렉손 집단이 위약집단에 비해 유의하게 개선되었다.
기분 안정제						
리튬 카보네이트 SR (Lithobid SR)	Hollander et al., 2002	평행 설계/ 10주	40명의 양극성 스펙트럼 환자들이 등록, 29명 완료(12명 리튬, 17명 위약)	300~900mg	보고되지 않음	CGI, PG-YBOCS, CARS-M 등으로 평가한 결과 리튬 집단이 위약 집단에 비해 유의하게 개선되었다. 리튬을 복용한 12명의 완료자 중 11명이 반응하였다.
항정신병약물						
올란자핀 (Zyprexa)	Rugle, 2000	평행 설계/ 7주	23명의 비디오 포커 도박자들 등록, 21명 완료(9명 올란자핀, 12명 위약)	10mg	10mg (±0)	올란자핀과 위약 집단 사이에 유의한 차이가 발견되지 않았다.

주: CARS-M=임상가가 실시하는 조증 평정척도; CGI=전반적 임상 인상척도; G-SAS=도박증상 평가척도; PG-CGI=전반적 임상 인상척도의 병적 도박 개정판; PG-YBOCS=예일-브라운 강박척도의 병적 도박 개정판; SSRI=선택적 세로토닌 재흡수억제제

은 다른 SSRI들에서도 발견할 수 있는 것이다. 플루복사민은 사이토크롬 P450 효소Cytochrome P450 enzyme인 CYP1A2, CYP2A3/4, CYP2C19의 억제제로서 작용하여서, 약물 간 상호작용의 가능성이 있다. 플루복사민의 방출조절제제controlled-release formulation가 다른 조건에서 연구되었다.

파록세틴

Kim 등(2002)은 병적 도박자에게 파록세틴paroxetine(20~60mg/일)의 이중맹검, 위약통제 연구를 실시하였다. 환자들은 DSM-IV의 도박중독 진단준거를 충족하였으며, DSM-III-R의 구조화된 임상적 면담SCID에 의해 축 I 진단이 동반된 환자들은 제외되었다. 다른 요구 조건은 SOGS에서 5점 이상일 것이라는 것이었다. 45명의 환자들이 1주일간의 위약 처치를 먼저 받고 이후 8주간 파록세틴의 이중맹검, 위약통제실험을 하였다. 이 연구에서 파록세틴의 처방은 20mg/일부터 시작하였으며, 용량이 60mg/일까지 점차 증가하였다.

파록세틴을 처방받은 집단이 위약을 처방받은 집단에 비해, 6주경(P=0.003), 7주경(P=0.003), 8주경(P=0.042)에 도박증상평가척도Gambling Symptom Assessment Scale: G-SAS의 총점에서 통계적으로 유의한 감소를 보였다. 파록세틴을 처방받은 집단이 위약을 처방받은 집단에 비해, 6주경(P=0.033), 7주경(P=0.014), 8주경(P=0.025)에 CGI 개선척도 점수에서 통계적으로 유의한 증진이 있었다. 파록세틴 집단의 유의하게 많은 환자들이 7주(P=0.011), 8주(P=0.010)에 반응하는 것으로 간주되었다.

다기관의 병적 도박자에 대한 파록세틴 16주 처방 연구가 최근에 발표되었다(Grant et al., 2003). 연구 종결 시의 측정 결과를 보면 CGI 척도, PG-YBOCS, G-SAS 척도 등에서 파록세틴 집단과 위약 집단 사이에 통계적으로 유의한 차이가 없었다. 특히 위약에 대한 반응이 16주의 실험 기간 동안 증가하였다. 즉, 연구가 끝날 때 위약을 처방받은 환자들의 48%, 파록세틴을 처방받은 환자들의 59%가 반응하였다.

앞서 서술한 이중맹검 연구에서와 유사하게, 파록세틴의 용량은 20~60mg/일이었다. 대개 파록세틴은 10~20mg/일로 시작하여, 부분적인 반응이 있으면 매달 20mg/일씩 용량이 증가하여, 80mg/일까지 처방하였다. 파록세틴은 다른 SSRI들과는 달리, 진정작용이 있어서 흔히 야간에 투약된다. 이 약물의 약한 항콜린성 및 항히스타민성 속성 때문에 진정효과가 있는 것으로 보이며, 또한 변비와 체중 증가가 있는 것으로 보인다. 40mg/일 이상의 용량을 처방하는 경우 어떤 환자들은 하루에 두 번 나누어 복용할 수 있다. 현재 파록세틴의 방출조절제제를 이용하는 것이 가능하다.

시탈로프람

15명의 병적 도박자에게 평균 34.7mg/일의 시탈로프람citalopram

을 처방한 공개 연구가 실시되었다. 연구 결과 모든 도박 척도에서 향상이 있었으며, 13명의 환자들은 PG-CGI의 개선 척도에서 반응하는 것으로 평가되었다(Zimmerman et al., 2002). 중요한 것은 이 연구에서는 위약반응을 통제하지 않았기 때문에 시탈로프람의 실제 효과는 계산할 수 없었다. 라세미 시탈로프람의 입체이성질체인 S-시탈로프람의 사용이 가능하다.

클로미프라민

우리 집단의 병적 도박자인 31세 여성의 사례를 보면, 그녀는 클로미프라민clomipramine의 이중맹검, 위약통제실험에 반응하였다. 이 환자는 먼저 10주 동안 위약을 처방받았고, 최소의 향상을 보였다. 그러나 이후 125mg/일의 클로미프라민을 처방받고 CGI 개선 척도에서 매우 향상된 것으로 평가되었으며, 자기보고에서 90%의 향상을 보였다(Hollander et al., 1992).

다른 항우울제

네파조돈

페닐피페라진 항우울제인 네파조돈nefazodone은 주로 5-하이드록시트립타민 유형 2A(5-HT2A) 수용체 길항제로서 작용하지만,

또한 혼성 세로토닌/노어에피네프린 재흡수억제제로서의 속성도 가지고 있다. 평균 200mg/일 정도의 네파조돈은 이상성적 강박행동이 아닌 환자의 성적인 강박사고와 강박행동의 빈도를 감소시키는 것으로 보고되고 있다(Coleman et al., 2000). 병적 도박자인 12명의 환자를 대상으로 한 8주간의 네파조돈의 공개 연구에서, 모든 도박 결과 측정치에서 의미 있는 향상이 관찰되었다(Pallanti et al., 2002a). 더구나 12명의 환자 중에서 9명(75%)은 PG-YBOCS 점수에서 25% 이상 감소하였고, 또한 PG-CGI 개선 척도에서 1(매우 크게 개선) 또는 2(매우 개선)로 반응하였다. 그러나 이 연구에서도 위약통제가 없어서 병적 도박의 치료에서 네파조돈의 효과를 평가하기가 어렵다.

아편계 길항제

아편계 길항제opiate antagonist인 날트렉손은 중추신경계의 아편계 수용체에 내인성 엔도르핀이 작용하는 것을 막고, 또한 보상, 쾌락, 갈망 기제에 관여하는 측좌핵의 도파민 분비를 억제한다. 날트렉손은 알코올 의존, 강박증, 폭식증, 도벽, 자해 행동과 같은 충동 관련 장애의 치료에 효과적인 것으로 알려져 있다(Crockford & el-Guelbaly 1998a; Grant & Kim, 2002; Keuler et al., 1996; Roth et al., 1996; Volpicelli et al., 1992). 날트렉손(100mg/일)은 병적 도박과 강박적 쇼핑으로 진단된 55세 여성의 도박 및 쇼핑 충동을 감소시켰다(Kim, 1998). Kim과 동료 연구자들은 최근에 병적 도박과 관련된 두 개의 다른 연구를 실시하였다. 17명의 병적 도박자를 대상으로 날트렉손의 6주 공개 연구를 실시하였는데, 날트렉손은 도박에 대한 갈망과 도박행동을 감소시켰다(평균 용량 157mg/일). 이때 대부분의 반응은 4주의 끝무렵에 일어났다(Kim & Grant, 2001).

병적 도박자를 대상으로 날트렉손을 사용한 11주 이중맹검, 위약통제실험이 행해졌다(Kim et al., 2001a). SCID에 의해 DSM-IV의 병적 도박으로 진단되고, 니코틴 관련 합병증이 없는 83명의 환자들이 모집되었다. 1주일간 위약을 처치하고 이어서 11주간 이중맹검 치료가 실시되었다. 연구에 사용된 처방 용량은 필요한 경우 250mg/일까지 조정되었으며, 연구가 종결될 때의 평균 날트렉손 용량은 하루에 188mg이었다. 연구에 끝까지 참여한 날트렉손이 처방된 45명의 환자 중에서 75%는 CGI의 환자 및 치료자 평정 척도 모두에서 의미 있는 향상을 보였는데, 이는 위약을 처방받은 환자의 24%와 비교되는 것이다(Kim et al., 2001a). 다른 아편 길항제들을 사용한 연구가 현재 진행 중이다.

날트렉손의 흔한 부작용은 메스꺼움인데, 이는 식사와 함께 약을 복용하거나 25mg/일 정도의 적은 용량으로 시작함으로써 최소화할 수 있다. 다른 부작용으로는 불면, 어지러움, 두통 등이 있다. 날트렉손을 처방할 때는 환자의 간 효소치를 측정해야 하며, 중증 간질환이 있는 환자들에게는 처방하지 말아야 한다. Kim 등(2001b)은 날트렉손과 아스피린 또는 이부프로펜과 같은 비스테로이드성 소염제를 함께 복용했을 때 간 효소치가 증가하는 것을 보고하였으며, 그래서 이러한 약물들을 함께 복용하는 것은 추천되지 않는다.

기분 안정제

기분 안정제mood stabilizer는 조증에 효과적인 치료제다. 최근의 연구에 따르면, 리튬 카보네이트(Christenson et al., 1991)와 발프로에이트(Donovan et al., 1997; Hollander et al., 2001, 2003)가 경계선적 성격장애, 파괴적 행동, 머리 뽑기와 같은 다른 충동성 장애의 치료에도 효과적인 것으로 입증되었다. 병적 도박의 충동성은 임상적으로 양극성 장애의 충동성과 유사하며, 충동조절장애들과 양극성 스펙트럼 장애들이 관련이 있다는 주장도 있다(McElroy et al., 1996). 더구나 병적 도박과 양극성 장애 사이에 공존장애가 30%로 높이 추정되었다(Hollander et al., 2000a). 양극성 장애 I형, 양극성 장애 II형, 기분순환성장애 그리고 혼합된 빠른 순환의 질병 상태를 포함하는 보다 광범위한 양극성 스펙트럼이 제안되었다(Akiskal & Pinto, 1999). 양극성 스펙트럼 그리고 양극성 장애의 준임상형subclinical 그리고 역치하subthreshold 표현의 진단적 평가를 위한 특수한 도구들이 또한 개발되었다(Benazzi & Akiskal, 2002; Cassano et al., 1999; Hirschfeld et al., 2000).

양극성 장애의 치료에 효과적인 것으로 입증된 항경련성 화합물인 카바마제핀이 만성 병적 도박자에게 위약통제 방식으로 실험되었는데, 600mg/일의 용량이 임상적으로 효과가 있음이 입증되었다(Haller & Hinterhuber, 1994). Moskowitz(1980)는 양극성 장애가 동반된 3명의 병적 도박자에게 리튬이 효과가 있음을 보고하였다.

우리 집단의 최근 연구에서, 양극성 장애가 동반되지 않은 병적 도박자들에게 리튬과 발프로에이트가 안전하고 효과가 있는지를 평가하였다(Pallanti et al., 2002b). 14주에 걸친 이 단일맹검 실험에서 리튬은 23명에게, 발프로에이트는 19명에게 처치되었는데, 환자들은 이 두 개의 표준화된 처치에 무작위로 할당되었다. 리튬을 처방받은 환자 중 15명과 발프로에이트를 처방받은 환자 중 16명이 14주 프로토콜을 이행하였다. 집단 1은 1~4일에는 600mg/일, 5~9일에는 900mg/일의 리튬 카보네이트가 처방되었다. 이후 리튬 용량은 내성tolerabiliy(혈중 리튬 수준이 1.0mEq/L)에 의해 하루 1,200mg으로 조정되었다. 집단 2는 1~5일에는 600mg/일 발프로에이트가 처방되었으며, 이후에는 내성(혈중 약물 수준 50~100mg/mL)에 의해 1,500mg/일으로 조정되었다. 실험이 종결되었을 때, 리튬과 발프로에이트 집단 모두 PG-YBOCS의 평균 점수에서 의미 있는 개선($P < 0.01$)을 보였으며, 집단 간에 의미 있는 차이를 보이지 않았다. 리튬을 복용한 23명의 환자 중 14명(60.9%)과 발프로에이트를 복용한 19명의 환자 중 13명(68.4%)은 CGI 개선 척도에서 '매우 개선되었다' 또는 '매우 많이 개선되었다'로 평가되었다.

우리 집단은 최근 29명의 양극성 스펙트럼 병적 도박자들에게 위약과 10주의 지효성sustained-release 리튬 카보네이트의 이중맹검, 위약통제실험을 실시하였다(Hollander et al., 2002). 양극성 스펙트럼 장애들은 DSM-IV-TR(American Psychiatric Association, 2000)에 정의된 양극성 장애 II형, 달리 분류되지 않는 양극성 장애, 순환성 기분장애, 도박충동 또는 도박행동과 무관하게 때때로 발생하는 기분 변화를 포함한다. 병적 도박인 양극성 스펙트럼의 환자들은 위약과 비교하였을 때 지효성 리튬 카보네이트가 처방된 경우에, PG-YBOCS(P=0.002)(사고/충동 하위 척도(P=0.002) 그리고 행동 하위 척도(P=0.034)의 점수를 포함하여), PG-CGI 심각성 점수(P=0.045), 그리고 도박행동의 통제(병적 도박 자기보고 척도)에서 위약에 비해 유의하게 개선되었다. PG-CGI 개선 척도의 점수를 보면, 리튬을 복용한 12명의 환자 중 11명(91.7%)이 반응하였으며, 위약을 복용한 17명의 환자들 중에서는 6명(35.3%)이 반응하였다(P=0.002). 조증에 대한 임상가 실시 평가 척도의 전체 점수와 조증 하위 척도에서도 유의한 개선이 있었는데, 조증 평가에서의 개선과 충동적 도박의 개선 사이에는 유의한 상관이 있었다(r=0.478, P=0.009). 이러한 결과가 시사하는 것은 환자의 정서적 불안정을 감소시키는 것이 충동적 도박을 감소시키는 데 도움이 된다는 것이다.

지효성 리튬의 이중맹검, 위약통제실험에서의 용량은 300~900mg/일이었다. 리튬의 잠재적인 부작용에는 위장장애, 떨림, 체중 증가, 다뇨증, 인지 변화, 갑상선기능 저하증 등이다. 리튬을 처방하는 경우 신장과 갑상선 기능을 모니터해야 한다. 또한

5일 후 적정 기간 동안 혈중 리튬 수준을 검사하고 모니터링하면서 간헐적으로 혈중 리튬 수준을 점검해야 한다. 치료를 위한 리튬 수준은 0.6~1.2mEq/L이다.

비정형 항정신병약물

병적 도박에 도파민계 및 세로토닌계가 관여하고, 비정형 항정신병약물atypical antipsychotics이 표적 도파민 D_2와 세로토닌 5-HT_2 수용체에 작용한다는 신경생물학적 증거가 있으므로, 병적 도박의 치료에 비정형 항정신병약물이 효과가 있는지를 탐색하였다. Potenza와 Chambers(2001)는 입원 후에 올란자핀을 처방한 후에 도박과 정신증 증상에서 회복된 정신분열증, 니코틴 의존, 병적 도박자인 31세 여성의 사례를 보고하였다. 증상의 개선은 또한 병적 도박을 목표로 한 심리사회적 개입과도 일시적인 상관이 있었다.

정신증 증상이 동반되지 않은 병적 도박자를 대상으로 7주간 올란자핀의 독립적인 위약통제를 한 실험에서, 연구가 시작될 때 두 집단 간 증상의 심각성에서 차이가 있었기 때문에 해석이 쉽지 않았지만, 올란자핀과 위약 집단 사이에 도박충동의 변화를 측정했을 때 어떤 차이도 발견되지 않았다(Rugle, 2000). 병적 도박자 집단의 치료에서 비정형 항정신병약물의 효능efficacy이나 내약성tolerability을 탐색하기 위한 추수 연구가 필요할 것으로 보인다.

공존장애

병적 도박 환자들은 흔히 다른 공존장애co-occuring conditions를 갖는다(Crockford & el-Guebaly, 1998b; Cunningham-Williams et al., 1998). 세인트 루이스 역학적 표집지역 연구St. Louis Epidemiologic Catchment Area Study에서 얻어진 자료에 따르면, 비도박자에 비해 문제성 도박자들이 주요우울증, 정신분열증, 공포증, 반사회성 인격장애, 알코올중독, 니코틴 의존, 신체화 증후군을 보다 많이 갖고 있는 것으로 나타났다(Cunningham-Williams et al., 1998). Crockford와 el-Guebaly(1998b)는 병적 도박자의 정신과적 공존장애에 관한 리뷰에서, 병적 도박 환자들에게서 흔히 물질사용장애가 병발한다고 하였다. 그보다는 덜 흔한 공존장애에는 반사회성 성격장애와 주요우울증 등이 있었다. 양극성 장애(Hollander et al., 2000a; McCormick et al., 1984; McElroy et al., 1996)와 ADHD(Specker et al., 1995)도 병적 도박의 공존장애로 언급되었다.

병적 도박과 공존장애가 있는 환자에게 효과적인 치료법에 대한 경험적으로 타당한 자료들은 제한적이다. 그렇기 때문에, 다음의 치료를 위한 제안들은 이러한 제한된 자료와 우리의 임상 경험을 토대로 한 것이다. 병적 도박의 최적의 치료를 위해서는 도박에 영향을 줄 수 있는 공존장애에 대한 주의 깊은 진단적 평가가 필요하다. 이러한 공존장애는 현재에 나타날 수도 있고, 전 생애의 언제인가 나타날 수도 있다. 날트렉손과 같은 아편계 길항제는 알코올 의존에 효과적인 것으로 알려져 있으므로, 알코올 의존이 병적 도박의 공존장애라면 갈망에 대한 치료약물로 날트렉손이 처방될 수 있다(Crockford & el-Guebaly, 1998a). SSRI는 우울증과 불안장애가 동반된 경우에 효과적이며, 네파조돈도 도움이 될 수 있다. 양극성 스펙트럼 증상이 도박충동이나 도박행동과는 독립적으로 나타난다면, 기분을 먼저 안정화시키도록 권한다. 왜냐하면 병적 도박 증상은 리튬이나 발프로에이트와 같은 기분 안정제에도 반응할 수 있기 때문이다. 지지할 만한 통제된 연구 자료가 존재하는 것은 아니지만 ADHD와 병적 도박이 공존한다면, 부프로피온, 많은 용량의 벤라팍신과 같은 세로토닌/노어에피네프린 재흡수억제제, 또는 흥분제가 두 장애를 치료하는 데 처방될 수 있다. [그림 13-1]은 병적 도박과 공존장애의 치료

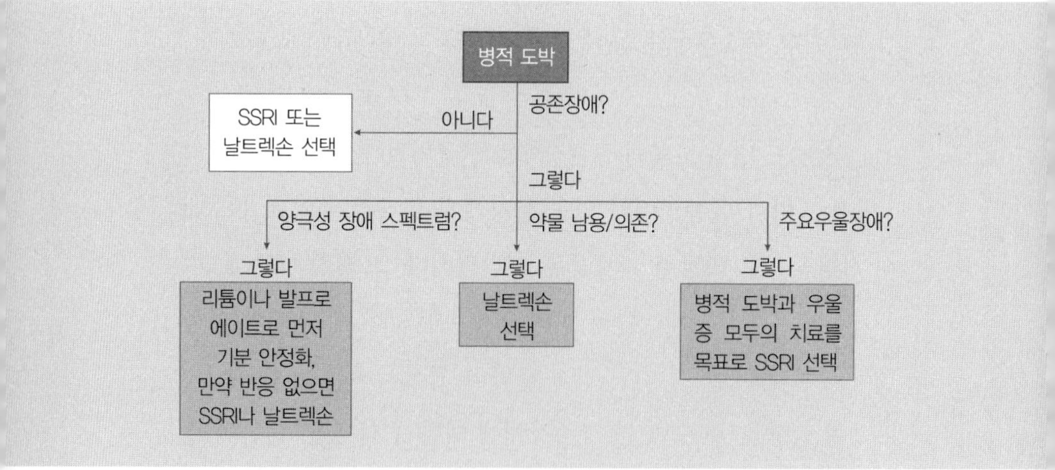

[그림 13-1] 병적 도박과 공존장애를 위해 제안된 치료의 단계

주: SSRI는 세로토닌 재흡수억제제

를 위해 제안된 알고리듬이다.

결론

약물치료 연구에서 일부 긍정적인 결과가 확인되었는데, 특히 세로토닌 재흡수억제제, 아편계 길항제, 기분 안정제의 위약통제 연구에서 그러하다. 일부 연구들, 특히 다기관의 위약통제실험에서는 이전의 긍정적인 결과가 되풀이되지 않았는데, 이는 아마도 높은 위약 반응률에 기인하는 것일 수 있다. 더 많은 표본으로 이루어진 이중맹검, 위약통제실험이 필요하며, 연구 설계, 결과 측정, 피험자 선발과 관련된 문제들이 중요하다. 치료는 궁극적으로 양극성 스펙트럼 장애, ADHD, 약물 남용 및 의존과 같은 일반적인 공존장애를 포함한 모든 증상들이 목표가 되어야 한다

참고문헌

Akiskal, H. S., Pinto, O. (1999). The evolving bipolar spectrum. Prototypes Ⅰ, Ⅱ, Ⅲ, and Ⅳ. Psychiatr Clin North Am 22:517-534.

American Psychiatric Association (1994). Diagnostic and Statistical Manual of Mental Disorders, 4th Edition. Washington, DC, American Psychiatric Association.

American Psychiatric Association (2000). Diagnostic and Statistical Manual of Mental Disorders, 4th Edition, Text Revision. Washington, DC, American Psychiatric Association.

Benazzi, F., Akiskal, H. S. (2003). Refining the evaluation of bipolar II: beyond the strict SCID-CV guidelines for hypomania. J Affect Disord 73:33-38.

Bergh, C., Eklund, T., Sodersten, P. et al. (1997). Altered dopamine function in pathological gambling. Psychol Med 27:473-475.

Blanco, C., Orensanz-Munoz, L., Blanco-Jerez, C. et al. (1996). Pathological gambing and platelet MAO activity: a psychobiological study. Am J Psychiatry 153:119-121.

Blanco, C., Petkova, E., Ibáñez, A. et al. (2002). A pilot placebo-controlled study of fluvoxamine for pathological gambling. Ann Clin Psychiatry 14:9-15.

Cassano, G. B., Dell, Osso, L., Frank, E. et al. (1999). The bipolar spectrum: a clinical reality in search of diagnostic criteria and an assessment methodology. J Affect Disord 54:319-328.

Christenson, G. A., Popkin, M. K., Mackenzie, T. B. et al. (1991). Lithium treatment of chronic hair pulling. J Clin Psychiatry 52:116-120.

Coleman, E., Gratzer, T., Nesvacil, L. et al. (2000). Nefazodone and the treatment of nonparaphilic compulsive sexual behavior: a retrospective study. J Clin Psychiatry 61:282-284.

Coming, D. E. (1998). The molecular genetics of pathological gambling. CNS Spectr 3:20-37.

Crockford, D. N., el-Guebaly, N. (1998). Naltrexone in the treatment of pathol ogical gambling and alcohol dependence (letter). Can J Psychiatry 43:86.

Crockford, D. N., el-Guebaly, N. (1998). Psychiatric comorbidity in patholog ical gambling: a critical review. Can J Psychiatry 43:43-50.

Cunningham-Williams, R. M., Cottler, L. B., Compton, W. M. III. et al. (1998). Taking chances: problem gambles and mental health disorders—results from the St. Louis Epidemiologic Catchment Area Study. Am J Public Health 88:1093-1096.

DeCaria, C. M., Hollander, E., Grossman, R. et al. (1996). Diagnosis, neurobiology, and treatment of pathological gambling. J Clin Psychiatry 57 (suppl 8): 80-83.

DeCaria, C. M., Begaz, T., Hollander, E. (1998). Serotonergic and noradrene rgic function in pathological gambling. CNS Spectr 3:38-47.

Donovan SJ, Susser ES, Nunes EV et al. (1997). Divalproex treatment of disruptive adolescents: a report of 10cases. J Clin Psychiatry 58:12-15.

Grant, J. E., Kim, S. W. (2002). An open-label study of naltrexone in the treatment of kleptomania. J Clin Psychiatry 63:349-356.

Grant, J. E., Kim, S. W., Potenza, M. N. et al. (2003). Paroxetine treatment of pathological gambling: a multi-centre randomized controlled trial. Int Clin Psychopharmacol 18:243-249.

Haller, R., Hinterhuber, H. (1994). Treatment of pathological gambling with carbamazepine (letter). Pharmacopsychiatry 27:129.

Hirschfeld, R. M., Williams, J. B., Spitzer, R. L. et al. (2000). Development and validation of a screening instrument for bipolar spectrum disorder: the Mood Disorder Questionnaire. Am J Psychiatry 157:1873-1875.

Hollander, E. (1993). Introduction, in Obsessive-Compulsive-Related Disorders. Edited by Hollander E. Washington, DC, American Psychiatric Press, p 2.

Hollander, E. (1998). Treatment of obsessive-compulsive-spectrum disorders with SSRIs. Br J Psychiatry 173:7-12.

Hollander, E. Pallanti, S. (2002). Current and experimental therapeutics of obsessive compulsive disorder, in Neuropsychopharmacology: The Fifth Generation of Progress: An Official Publication of the American College of Neuropsychopharmacology. Edited by Davis KL, Charney D, Coyle JT, et al. Philadelphia, PA, Lippincott Williams & Wilkins, pp 1647-1664.

Hollander, E. Frenkel, M., DeCaria, C. et al. (1992). Treatment of pathological gambling with clomipramine (letter). Am J Psychiatry 149:710-711.

Hollander, E. DeCaria, C. M., Mari, E. et al. (1998). Short-term single-blind fluvoxamine treatment of pathological gambling. Am J Psychiatry 155:1781-1783.

Hollander, E. Allen, A., Kwon, J. (1999). Clomipramine vs desipramine cross over trial in body dysmorphic disorder: selective efficacy of a serotonin reuptake inhibitor in imagined ugliness. Arch Gen Psychiatry 56:1033-1039.

Hollander, E. Buchalter, A. J., Decaria, C. M. (2000). Pathological gambling. Psychiatr Clin North Am 23:629-642.

Hollander, E. Decaria, C. M., Finkell, J. N. et al. (2000b). A randomized dou ble-blind fluvoxamine/placebo crossover trial in pathologic gambling. Biol Psychiatry 47:813-817.

Hollander, E. Allen, A., Lopez, R. P. et al. (2001). A preliminary double-blind placebo controlled trial of divalproex sodium in borderline personality disorder. J Clin Psychiatry 62:199-203.

Hollander, E. Pallanti, S., Baldini-Rossi, N. et al. (2002). Sustaind release lithium/placebo treatment response in bipolar spectrum pathological gamblers. Poster presented at the 42nd Annual New Clinical Drug Evaluation Unit Meeting Boca Raton, FL, June 10-13.

Hollander, E. Tracy, K. A., Swann, A. et al. (2003). Divalproex in the treatm ent of impulsive aggression: efficacy in cluster B personality disorders. Neuropsychopharmacology 28:1186-1197.

Johannessen, C. U. (2000). Mechanism of action of valproate: a commentatory. Neurochem Int 37:103-110.

Keuler, D. J., Altemus, M., Michelson, D. et al. (1996). Behavioral effects of naloxone infusion in obsessive-compulsive disorder. Biol Psychiatry 40:154-156.

Kim, S. W. (1998). Opioid antagonists in the treatment of impulse-control disorders. J Clin Psychiatry 59:159-164.

Kim, S. W., Grant, J. E. (2001). An open naltrexone treatment study in pathological gambling disorder. Int Clin Psychopharmacol 16:285-289.

Kim, S. W., Grant, J. E., Adson, D. E. et al. (2001a). Double-bling naltrexone and placebo comparison study in the treatment of pathological gambling. Biol Psychiatry 49:914-921.

Kim, S. W., Grant, J. E., Adson, D. E. et al. (2001b). A preliminary report on possible naltrexone and nonsteroidal analgesic interactions (letter). J Clin Psychopharmacol 21:632-634.

Kim, S. W., Grant, J. E., Adson, D. E. et al. (2002). A double-blind placebo-controlled study of the efficacy and safety of paroxetine in the treatment of pathological gambling. J Clin Psychiatry 63:501-507.

McCormick, R. A., Russo, A. M., Ramirez, L. F. et al. (1984). Affective disor ders among pathological gamblers seeking treatment. Am J Psychiatry 141:215-218.

McElroy, S. L., Pope, H. G. Jr., Keck, P. E. Jr. et al. (1996). Are impulse- control disorders related to bipolar disorder? Compr Psychiatry 37:229-240.

Moreno, I., Saiz-Ruiz, J., Lopez-Ibor, J. J. (1991). Serotonin and gambling dependence. Hum Psychopharmacol 6 (suppl): S9-S12.

Moskowitz, J. A. (1980). Lithium and lady luck: use of lithium carbonate in compulsive gambling. N Y State J Med 80:785-788.

Pallanti, S., Baldini, Rossi, M., Sood, E. et al. (2002a). Nefazodone treatment of pathological gambling: a prospective open-label controlled trial. J Clin Psychiatry 63:1034-1039.

Pallanti, S., Quercioli, L., Sood, E. et al. (2002b). Lithium and balproate treatment of pathological gambling: a randomized single-blind study. J Clin Psychiatry 63:559-564.

Perez, de, Castro, I., Ibáñez, A., Torres, P. et al. (1997). Genetic association study between pathological gambling and a fuctional DNA polymorphism at the D4 receptor gene. Pharmacogenetics 7:345-348.

Phillips, K. A., Albertini, R. S., Rasmussen, S. A. (2001). A randomized placebo-controlled trial of fluoxetine in body dysmorphic disorder. Arch Gen Psychiatry 59:381-388.

Potenza, M. N., chambers, R. A. (2001). Schizophrenia and pathological gambling. Am J Psychiatry 158:497-498

Potenza, M. N., Fiellin, D. A., Heninger, G. R. et al. (2002). Gambling: an addictive behavior with health and primary care implications. J Gen Intern Med 17:721-731.

Roth, A. S., Ostroff, R. B., Hoffman, R. E. (1996). Naltrexone as a treatment for repetitive self-injurious behavior: an open-label trial. J Clin

Psychiatry 57:233-237.

Roy, A., Custer, R., Lorenz, V. et al. (1988). Depressed pathological gamblers. Acta Psychiatr Scand 77:163-165.

Rugle, L. (2000) The use of olanzapine in the treatment of video poker pathological gamblers. Poster presented at the 1st annual conference of the National Center for Responsible Gaming, Las Vegas, NV, December 3-5.

Specker, S. M., Garlson, G. A., Chirstenson, G. A. et al. (1995). Impulse con trol disorders and attention deficit disorder in pathological gamblers. Ann Clin Psychiatry 7:175-179.

Volpicelli, J. R., Alterman, A. I., Hayashida, M. et al. (1992). Naltrexone in the treatment of alcohol dependence. Arch Gen Psychiatry 49:876-880.

Zimmerman, M., Breen, R. B., Posternak, M. A. (2002). An open-label study of citalopram in the treatment of pathological gambling. J Clin Psychiatry 63:44-48.

14 선별 및 평가 도구

Randy Stinchfield, Ph.D., L.P.
Richard Govoni, Ph.D.
G. Ron Frisch, Ph.D., C.Psych.

이 장에서는 현재 병적 도박인 성인을 평가하는 데 사용 가능한 측정 도구들을 소개하고, 각 도구의 개발, 내용, 개발 의도, 심리측정적 속성(신뢰도, 타당도, 분류의 정확성), 규준, 실시 방법 그리고 채점과 해석에 관한 정보를 제공하고자 한다. 이 장의 끝에는 도구 일람을 부록으로 제시하였다.

선별 및 진단 도구

사우스 오크 도박 척도

사우스 오크 도박 척도South Oaks gambling Screen: SOGS(Lesieur &

Blume, 1987)는 20문항으로 된 자기보고식 변별 척도다(부록 D 참조). DSM-III(American Psychiatric Association, 1980)과 DSM-III-R(American Psychiatric Association, 1987)의 진단준거가 SOGS의 개발과 타당화에 사용되었다(Culleton, 1989; Lesieur & Blume, 1987). SOGS는 선택된 문항들을 합하여 계산되며, 5 이상의 점수를 얻으면 병적 도박자일 가능성을 시사하는 것으로 해석된다. SOGS는 뛰어난 내적 합치도internal consistency(Cronbach α=0.97)와 1개월 검사-재검사 신뢰도(r=0.71)를 보였다. 타당도는 SOGS와 상담자의 독립적인 평가(r=0.86), 가족의 평가(r=0.60), DSM-III-R의 병적 도박 진단준거(r=0.94)와의 상관을 통해 검토되었다. SOGS를 DSM-III-R의 병적 도박 진단과 비교하였을 때, 단도박 모임에서 98.1%, 대학교 학생들에서 95.3%, 병원 직원들에서 99.3% 등 전반적인 진단적 정확성이 만족할 만했다. 원래의 SOGS는 평생 도박행동을 평가하였으며, 그래서 적극적으로 도박을 하면서 문제를 보이는 사람들과 회복된 병적 도박자들을 구별하지 못하였다.

일반 인구에서의 병적 도박의 유병률 추정과 같은 다양한 조건에서 사용하기 위한 SOGS의 심리측정적 속성에 대한 체계적인 연구는 거의 이루어지지 않았다. 또한 SOGS를 개발할 때 얻어진 심리측정적 자료들은 이제 거의 20년이나 된 오래된 것이고, 또한 병적 도박의 진단준거는 개정이 되었으므로, 오늘날의 맥락에서의 SOGS의 심리측정적 속성에 대한 의문이 제기되고 있다.

SOGS는 최근 1년의 기간에 대한 신뢰도와 타당도에서 만족할 만한 결과를 보였다(Stinchfield, 2002). 신뢰도는 일반 인구에서

(Cronbach α=0.69), 그리고 치료 표본에서(Cronbach α=0.86) 만족스러운 결과를 보였다. 타당도를 보면 SOGS와 DSM-IV 준거(American Psychiatric Association, 1994)(일반 인구 r=0.77, 치료 표본 r=0.83)에서 만족스러운 결과를 보였다. 병적 도박 치료 표본을 대상으로 다른 도박 문제 척도들과의 상관을 보면 중간에서 높은 정도의 결과를 보였다(r=0.33에서 r=0.65). SOGS는 높은 전반적 진단적 정확성(0.96), 높은 민감도sensitivity(0.99), 적당한 특이도specificity(0.75), 높은 양성 예측력positive predictive power(0.96), 높은 음성 예측력negative predictive power(0.90) 그리고 낮은 위양성률(0.04)과 낮은 위음성률(0.10)을 보였다. SOGS를 일반인을 대상으로 실시하였을 때는 적당한 민감도(0.67), 높은 위양성률(0.50) 등 좋지 않은 분류 정확성을 보였는데(Stinchfield, 2002), 이는 유병률 추정 연구에서 SOGS를 광범위하게 사용하는 것과 관련하여 의문을 제기하는 것이다. SOGS는 DSM-IV 진단준거와 비교할 때 일반 인구에서 병적 도박자의 수를 과대평가한다.

Ladouceur와 동료 연구자들(2000)은 어린이, 청소년, 성인이 SOGS의 문항들을 얼마나 잘 이해하는지 그리고 문항 내용을 오해하였을 때 점수에 미치는 효과를 연구함으로써 SOGS의 정확성을 검토하였다. 대부분의 참가자들은 몇 개의 SOGS 문항들을 오해하였으며, 그래서 높은 점수를 보였다. 오해되는 문항들을 명료하게 하였을 때 SOGS의 점수가 낮아졌으며, 병적 도박자로 추정되어 분류되는 사람들의 수가 줄어들었다.

단도박 모임 20가지 질문

단도박 모임에서는 문제성 도박자를 선별하기 위한 목적으로 20가지 질문GA-20 Questions을 배포하고 있다(http://www.gamblersanonymous.org/20questions.html에서 'guestions on' 참조). 7개 이상 '그렇다' 고 대답하면 그 사람은 문제성 도박자임을 보여 준다. 단도박 모임 20가지 질문이 도박빈도와 상관이 있음에도 불구하고(Kuley & Jacobs, 1988), 심리측정적 정보를 보고하는 연구는 단지 2개만이 이루어졌다. 한 연구(Ursua & Uribelarrea, 1998)에 따르면, 단도박 모임 20가지 질문은 SOGS와의 높은 상관(r=0.94)과 높은 내적 합치도(Cronbach α= 0.94)를 보였다. 이 연구에 따르면 20가지 질문은 문제성 도박자와 사교성 도박자를 0.98의 민감도, 0.99의 특이도, 0.99의 전반적인 진단적 정확성으로 감별하였다. 이러한 결과들은 대략 50%의 기저율인 표본을 토대로 한 것이며, 따라서 분류 정확도 지표가 부풀려지게 되었다.

매사추세츠 도박평가검사

매사추세츠 도박평가검사Massachusetts Gambling Screen: MAGS는 청소년과 성인의 도박 문제를 평가하고, 문제성 도박자를 선별하기 위해 개발되었다(Shaffer et al., 1994). MAGS는 지난해의 행동을 측정하는데, 간편 미시건 알코올중독 선별검사Short Michigan Alcoholism Screening Test(Selzer et al., 1975)를 개작한 14개의 항목들로 이루어졌다. MAGS는 판별함수분석에서 유도된 가중 채점을 사용하여 응답자들을 비문제성non-problem, 과도기in-transition, 병적 도박자로 분류하고 있다. 타당도를 보면, MAGS의 총판별점수는 DSM-IV 총점과 r=0.83의 상관을 보이고 있다.

DSM-IV 다중응답검사

Fisher(2000b)는 성인의 병적 도박을 DSM-IV 진단준거에 의해 측정하기 위하여, 10문항으로 된 검사인 DSM-IV 다중응답DSM-IV Multiple Response검사를 개발하였다. 각 준거별로 한 개의 문항이 존재하며, 이들 문항들은 DSM-IV 준거들을 바꿔 쓰기한 것이다. 대부분의 항목들은 ① 결코 아니다, ② 한두 번, ③ 때로, ④ 자주와 같은 4개의 응답 옵션을 가진다. 각 항목에 1점이 할당되며, 점수는 0에서 10점에 이른다. 점수가 3 또는 4점이고, 적어도 1점은 준거 8, 9, 10에서 얻은 것이라면 문제성 도박자로 분류되며, 5점 이상이면 심한 문제성 도박자로 분류된다. DSM-IV-MR은 만족스러운 내적 합치도 신뢰도(Cronbach α= 0.79)을 갖는다. 타당도를 보면 정기적으로 도박을 하는 사람들과 비정기적인 도박자들 사이에, 그리고 스스로 인정하는 문제성 도박자들과 사교성 도박자들 사이에 평균 점수에서 유의한 차이가 나타났다.

도박 문제 조사를 위한 진단적 면담

도박 문제 조사를 위한 진단적 면담Diagnostic Interview for Gambling Schedule: DIGS은 구조화된 임상면담이다(Winters et al., 2002). 전 생애와 지난해 20개의 진단적 증상 문항들에 더하여, DIGS는 도박 치료력, 도박의 시작, 가족 및 사회적 기능을 평가한다. DSM-IV 진단준거 문항들은 훌륭한 내적 합치도(Cronbach α=0.92)를 보였다. 0~10점의 범위인 총진단점수는 다음 도박 심각성 측정치들과 중간 정도의 상관을 보였다. 도박빈도(r=0.39), 하루에 도박한 가장 많은 액수(r=0.42), 현재의 도박 부채(r=0.47), 재정적 문제의 수(r=0.40), 돈을 빌린 출처의 수(r=0.31) 그리고 법적 문제(r=0.50) 등이다.

국가여론연구센터 DSM-IV 도박문제평가척도

1998년 국가여론연구센터(1999)는 국가여론연구센터 DSM-IV 도박문제평가척도National Opinion Reserach Center DSM-IV Screen for Gambling Problems: NODS를 사용하여 전국적인 도박 서베이를 실시하였다. NODS는 DSM-IV 진단준거를 반영한 17개의 질문들로 이루어졌다. 도박을 한 경험이 있고 100달러 이상을 잃은 응답자에 대한 NODS 점수의 해석은 다음과 같다. 0점은 낮은 위험도low-risk 도박자, 1 또는 2점은 위험at-risk 도박자, 3 또는 4점은 문제성 도박자, 5점 이상은 병적 도박자를 나타낸다.

외래에서 문제성 도박 치료를 받고 있는 40명의 환자로 된 임상 표본에서, NODS는 전 생애(r=0.99)와 지난해 도박(r=0.98)에서 높은 검사-재검사 신뢰도를 보였다.

거짓말/베팅 질문지

거짓말/베팅 질문지Lie/Bet Questionnaire는 병적 도박 선별을 위한 두 가지 문항으로 되어 있다(Johnson et al., 1997). 첫째 문항은 "중요한 지인에게 얼마나 많은 돈을 도박했는지 거짓말한 적이 있는가?" 이고, 둘째 문항은 "보다 많은 돈을 베팅할 필요를 느낀 적이 있는가?" 다. 두 개의 문항으로 된 이 검사는 단도박 모임의 구성원들과 문제성 도박자가 아닌 통제 피험자들과의 비교에서 0.99의 민감도, 0.91의 특이도, 0.92의 양성 예측력, 0.99의 음성 예측력을 보여 주었다. 두 번째 연구에서 이 검사는 1.00의 민감도, 0.85의 특이도, 0.78의 양성 예측력, 1.00의 음성 예측력을 보였다(Johnson et al., 1998).

도박평가모듈

도박평가모듈Gambling Assessment Module: GAM-IV은 검증의 초기 단계에 있기 때문에, 이용 가능한 심리측정적 정보가 거의 없다(Cunningham-Williams et al., 2003). GAM-IV는 지필면담, 컴퓨터면담, 자기평가 등 다양한 실시 상황을 고려한 다수의 변형이 존재한다. GAM-IV는 7가지 서로 다른 유형의 도박을 위한 DSM-IV 진단을 생성하였다. 5개의 진단준거에 대한 GAM-IV와 임상가의 평가 사이에 상당한 일치(κ=0.5~0.7)가 있었다. 그러나 나머지 5개의 진단준거들은 낮은 일치(κ=0.0~0.3)를 보였다(Cunningham-Williams et al., 2003).

도박행동면담

도박행동면담Gambling Behavior Interview: GBI은 지난해의 병적 도박을 평가하는 76개의 문항으로 된 도구다(Stinchfield, 2002, 2002; Stinchfield et al., 제출됨). GBI는 다음과 같은 8개의 내용 영역들로 구성되었다. 즉, ① 도박 태도(4문항), ② 서로 다른 유형의 도박 빈도(15문항), ③ 도박에 사용된 시간과 돈(4문항), ④ 서로 다른 장소들에서의 도박 빈도(7문항), ⑤ SOGS(25문항), ⑥ DSM-IV 진단준거(10문항), ⑦ 연구 진단 항목(32문항), ⑧ 인구 통계(9문항) 등이다.

GBI는 훌륭한 내적 일치도(Cronbach α=0.92)를 보였으며, 모든 10개의 진단준거들은 높은 교정된 문항-전체 상관을 보였다(r=0.52에서 r=0.82). DSM-IV 진단준거들은 또한 일반 인구와 도박 치료 표본들 사이를 잘 판별하는 구성 타당도를 보였다. DSM-IV 진단준거의 수렴 타당도는 문제성 도박 심각도 측정치와 매우 높은 상관을 보였다(r=0.27에서 r=0.90). 판별 타당도는 문제성 도박과 관련이 없는 변인들과의 낮은 상관을 보였다(r=−0.02에서

$r=-0.16$).

DSM-IV의 기준점인 5점은 신뢰할 만한 전반적인 진단적 정확성(0.91)을 보여 주었지만, 민감도는 낮았고(0.83), 위음성률이 높았다(0.13). 기준점을 4점으로 했을 때는 높은 전반적인 진단적 정확성(0.95), 민감도(0.93), 특이도(0.96), 그리고 낮은 위병적 도박(0.06) 등 더 좋은 분류적 정확성을 보였다. 판별함수분석은 두 기준점보다 나은 분류의 정확성을 보였는데, 예를 들면 전반적인 진단적 정확성은 0.97이었고, 민감도는 0.94, 특이도는 0.99였다.

조기 개입 도박건강검사

조기 개입 도박건강검사Early Intervention Gambling Health Test: EIGHT (Sullivan, 1999; Sullivan et al., 인쇄 중)는 일반 상담자들이 사용할 수 있도록 고안된 8개의 문항으로 된 선별검사다(부록 B 참조). 만약 4개 이상의 문항에 '그렇다' 고 답하였다면, 그 사람은 병적 도박의 준거를 충족하는 것일 수 있다. EIGHT 점수와 SOGS의 상관은 $r=0.75$였고, 상담자에 기초한 평가와 병적 도박 진단과 뛰어난 일치율을 보였다. 100명의 교도소 수감자에게 이 검사를 실시했을 때, EIGHT와 SOGS의 상관은 $r=0.83$이었고 진단준거와 높은 민감도(0.91)를 보였고, 특이도(0.50)는 낮았으며, 낮은 양성 예측력(0.59)을 보였다(Sullivan et al., 인쇄 중).

시간을 따른 점검표

시간을 따른 점검표Time-Line Follow-Back: TLFB(Sobell et al., 1985)는 도박을 평가하기 위해 개작된 것이다(Hodgins & Makarchuk, 2003; Stinchfield et al., 2001; Weinstock et al., 2004). TLFB는 지난 6개월간 도박에 사용한 돈의 양과 도박한 날의 수를 평가한다. TLFB의 3주 검사-재검사 신뢰도는 충분했는데, 급내 상관intraclass correlation이 0.61~0.98이었다. 또한 방계 친척과의 일치율은 급내 상관이 0.46~0.65였다.

Stinchfield 등(2001)은 TLFB를 개작해서 지난 4주간의 도박을 평가하고자 하였다. TLFB는 다른 도박 빈도 측정치들과의 상관이 r=0.24에서 r=0.53이었다. Weinstock과 동료 연구자들(2004)은 도박을 자주 하는 청년 도박자들을 평가하기 위하여 TLFB(G-TLFB)를 실시하였다. G-TLFB는 우수한 2주 검사-재검사 신뢰도(r=0.73에서 r=0.93) 그리고 매일 자기점검보고와의 상관(r=0.59에서 r=0.87)을 보였다. 빈도와 간격이라는 차원은 다른 도박 평가 도구들과의 공존 타당도를 보였으며, G-TLFB는 인구학적 변인들과 판별 타당도를 보여 주었다.

도박 심각성 지표

Lesieur와 Blume(1992)은 중독 심각성 지표ASI를 병적 도박을 위해 개작ASI-PG하였다. 이 척도는 6개의 도박문항들로 되어 있는

데, 점수를 더해 종합점수인 도박 심각성 지표Gambling Severity Index: GSI가 된다. GSI는 만족스러운 신뢰도(Cronbach α=0.73)와 타당도(SOGS와의 r=0.57)를 보였다. GSI는 특히 물질사용장애가 동반된 문제성 도박자들에게 적합하다.

병적 도박용 구조화된 임상적 면담

병적 도박용 구조화된 임상적 면담Structured Clinical Interview for Pathological Gambling: SCI-PG은 임상가가 실시하는 것으로서, DSM-IV의 구조화된 임상적 면담(Grant et al., 인쇄 중)과 양식이 일치하는 DSM-IV에 기초한 진단적 면담이다. SCI-PG는 병적 도박의 10개의 진단준거와 1개의 배제준거("조증 삽화에 의해 더 잘 설명되지 않는다.")로 되어 있다. SCI-PG는 도박 문제가 있는 개인의 예비적 검사에서 우수한 신뢰도, 타당도, 분류의 정확성을 보여 준다. 다른 모집단에 적합한지를 검토하기 위하여 추수 연구가 필요하다.

치료 효과를 평가하기 위한 도구

도박 치료 결과 모니터 시스템

도박 치료 결과 모니터 시스템Gambling Treatment Outcome Monitoring

System: GAMTOMS은 다음 도구들을 포함하는 다차원 평가 시스템이다. ① 도박치료 입원 질문지, ② 일차 퇴원 질문지, ③ 환자 추수 질문지, ④ 치료자 퇴원 양식, ⑤ 중요한 다른 접수면담 설문지, ⑥ 중요한 다른 추수 설문지 등이다(Stinchfield, 1999; Stinchfield & Winters, 1996, 2001). GAMTOMS의 신뢰도와 타당도는 미네소타 도박 치료 결과 연구에서 1,000명 이상의 환자들로 이루어진 치료 표본에서 평가되었다(Stinchfield, 1999; Stinchfield & Winters, 1996, 2001). GAMTOMS는 또한 74명의 도박 치료 환자들로 이루어진 표본의 신뢰도, 타당도, 분류의 정확성 그리고 자기 보고의 타당도를 평가하였다(Stinchfield et al., 2001). GAMTOMS의 도박 빈도 부분은 도박 TLFB와 $r=0.53$, SOGS와 $r=0.47$, DSM-IV 진단 준거와 $r=0.36$의 상관을 보였다.

예일-브라운 강박척도의 병적 도박 개정판

예일-브라운 강박척도Yale-Brown Obsessive-Compulsive Scale를 병적 도박의 심각성과, 치료에 대한 증상의 변화를 평가하기 위해 개작하였다. 이것이 예일-브라운 강박척도의 병적 도박 개정판Pathological Gambling Modification of the Yale-Brown Obsessive-Compulsive Scale: PG-YBOCS(Hollander et al., 1998)(부록 E 참조)이다. 갈망과 행동의 평가자 간 일치율은 높았으며, 급내 상관은 각각 0.99와 0.98이었다. 타당도와 관련하여, PG-YBOCS는 전반적 임상 인상척도Clinical Global Impressions: CGI 병적 도박 척도와 $r=0.89$, SOGS와 $r=0.86$의 상관을 보

였다.

도박증상 평가척도

도박증상 평가척도Gambling Symptom Assessment Scale: G-SAS는 치료 중의 도박증상을 평가하기 위하여 개발되었다(Kim et al., 2001)(부록 C 참조). G-SAS는 지난주의 도박 충동과 사고를 평가하는데, 응답 범위가 0에서 4에 이르는 12개의 문항들로 되어 있다. 응답 점수들을 더하면 총점의 범위는 0~48점에 이르는데, 31점 이상은 심한 증상을, 21~30점은 중간 정도의 증상을, 20점 이하의 점수는 가벼운 증상을 의미한다. 58명의 환자에서 G-SAS는 만족스러운 1주 검사-재검사 신뢰도(r=0.70)와 내적 합치도(Cronbach α= 0.89)를 보였다. 타당도와 관련하여, G-SAS 점수는 CGI 개선 척도와 r=0.78, 심각성 척도와 r=0.81의 상관을 보였다.

전반적 임상 인상척도-병적 도박

전반적 임상 인상척도Clinical Global Impressions: CGI는 정신분열증의 치료 연구를 위해 개발되었다(Guy, 1976). 이 척도는 임상가가 평가하는 3개의 항목, 즉 질환의 심각도, 전반적인 개선, 치료 효과로 구성되어 있다. 이 CGI 척도를 도박 연구자들(Hollander et al., 1998; Kim et al., 2001)이 개작하여 병적 도박의 심각성을 평가하고 정신약물학적 연구에서 '전반적인 도박 개선' 을 측정하고자 하였다. CGI 심각도와 개선 항목들은 7점 응답 옵션들로 되어 있다. 이 척도의 병적 도박 수정판에 대한 심리측정적 정보를 확인할 수 없었다.

청소년을 위한 도박평가 도구

Winters와 동료 연구자들(1993, 1995)은 SOGS를 청소년을 위해 개정하였다. 이것은 청소년을 위한 SOGS 개정판SOGS-Revised for Adolescents: SOGS-RA이다. 이 척도는 지난해의 기간을 사용하고, 항목과 응답 옵션들을 청소년의 도박과 읽기 수준을 잘 반영할 수 있도록 바꾸었고, 청년에게 내용 타당도가 떨어지는 것으로 보이는 두 개의 항목들을 삭제하였고, SOGS에서 개별 원천별로 9점의 가능한 점수를 준 것과는 달리, 빌린 돈의 임의의 원천에 대해 1점만을 주었다. 4점 이상의 점수는 문제성 도박자, 2~3점은 위험 도박자, 0~1점은 비문제성 도박자다(Winters et al., 1995).

Fisher(2000a)는 청소년용 DSM-IV 병적 도박 진단준거를 측정하기 위한 9개의 문항으로 된 설문지를 개발하였다. DSM-IV 진단준거 각각에 대하여 하나의 항목이 존재하는데, 이 항목들은 청년의 발달단계를 반영하기 위하여 DSM-IV 진단준거들을 개작한 것이다. Fisher는 언어를 단순화하고 청소년에게 적합하지 않은 상세한 단어 등을 생략하고 진단준거 10번("도박으로 야기된 절망적인 경제 상태에서 벗어나기 위해 돈 조달을 남에게 의존한다.")을 제외하였다. 9개의 항목 중 8개가 ① 결코 아니다, ② 한두 번, ③ 때로, ④ 자주의 4개의 응답 옵션들로 이루어졌다. 점수는 0에서 9점의 범위를 가지며, 4점 이상은 문제성 도박자를 의미한다.

결론

문제성 도박을 선별하고 측정하기 위한 많은 도구들이 개발되었다. 현존하는 도구들은, 특히 노인층과 같은 특수 인구집단과 관련된 추가적인 심리측정적 정보가 필요한데, 이를 위해 새로운 또는 개작된 도구가 필요하다. 이러한 연구에서 얻어진 정보는 임상가와 연구자들이 특수한 환경 내에서 특수한 목적으로 도박자를 확인, 평가, 모니터하는 데 보다 정확한 결정을 하도록 돕는다.

참고문헌

American Psychiatric Association (1980). Diagnostic and Statistical Manual of Mental Disorders, 3rd Edition. Washington, DC, American Psychiatric Association.

American Psychiatric Association (1987). Diagnostic and Statistical Manual of Mental Disorders, 3rd Edition, Revised. Washington, DC, American Psychiatric Association.

American Psychiatric Association (1994). Diagnostic and Statistical Manual of Mental Disorders, 4th Edition. Washington, DC, American Psychiatric Association.

Culleton, R. P. (1989). The prevalence rates of pathological gambling: a look at methods. Journal of Gambling Behavior 5:22-41.

Cunningham-Williams, R., Books, S. J., Cottler, L. B. et al. (2003). Diagnostic concordance between the GAM-IV-12 and clinician ratings among pathological gamblers in St. Louis. Paper presented at the 3rd annual conference of the National Center for Responsible Gaming, Las Vegas, NV, December 2-5, 2003.

Fisher, S. (2000a). Developing the DSM-IV-DSM-IV criteria to identify adolescent problem gambling in non-clinical populations. J Gambl Stud 16:253-273.

Fisher, S. (2000b). Measuring the prevalence of sector-specific problem gambling: a study of casino patrons. J Gambl Stud 16:25-51.

Grant, J. E., Steinberg, M., Kim, S. W. et al. (in press). Preliminary validity and reliability testing of a Structured Clinical Interview for Pathological Gambling (SCI-PG). Psychiatr Res.

Guy, W. (1976). Clinical Global Impressions, in ECDEU Assessment Manual for Psychopharmacology, Revised (DHEW Publ No ADM 76-338). Edited by Guy W. Rockville, MD, National Institute of Mental Health, Psychopharmacology Research Branch, pp 218-222.

Hodgins, D. C., Makarchuk, K. (2003). Trusting problem gamblers: reliability and validity of self-reported gambling behavior. Psychol Addict Behav 17:244-248.

Hollander, E., DeCaria, C. M., Mari, E. et al. (1998). Short-term single-blind fluvoxamine treatment of pathological gambling. Am J Psychiatry 155:1781-1783.

Johnson, E. E., Hamer, R., Nora, R. M. et al. (1997). The Lie/Bet Questionnaire for screening pathological gamblers. Psychol Rep 80: 83-88.

Johnson, E. E., Hamer, R. M., Nora, R. M. et al. (1998). The Lie/Bet Questionnaire for screening pathological gamblers: a follow-up study. Psychol Rep 83: 1219-1224.

Kim, S. W., Grant, J. E., Adson, D. E. et al. (2001). Double-blind naltrexone and placebo comparison study in the treatment of pathological gambling. Biol Psychiatry 49:914-921, 2001.

Kuley, N. B., Jacobs, D. F. (1988). The relationship between dissociative-like experiences and sensation seeking among social and problem gamblers. Journal of Gambling Behavior 4:197-207.

Ladouceur, R., Bouchard, C., Rheaume, N. et al. (2000). Is the SOGS and accurate measure of pathological gambling among children, adolescents and adults? J Gambl Stud 16:1-24.

Lesieur, H. R., Blume, S. B. (1987). The South Oaks Gambling Screen (SOGS): a new instrument for the identification of pathological gamblers. Am J Psychiatry 144:1184-1188.

Lesieur, H. R., Blume, S. B. (1992). Modifying the Addiction Severity Index for use with pathological gamblers. Am J Addict 1:240-247.

National Opinion Research Center (2003). Gambling Impact and Behavior Study: Report to the National Gambling Impact Study Commission. Chicago, IL, National Opinion Research Center at the University of Chicago, 1999. Available at: http://www.norc.uchicago.edu/new/gamb-fin.htm. Accessed December 13, 2003.

Selzer, M. L., Vinokur, A., van Rooijen, L. (1975). A self-administered Short Michigan Alcoholism Screening Test (SMAST). J Stud Alcohol 36:117-126.

Shaffer, H. J., LaBrie, R., Scanlan, K. M. et al. (1994). Pathological gambling among adolescents: Massachusetts Gambling Screen (MAGS). J Gambl Stud 10:339-362.

Sobell, L. C., Sobell, M. B., Maisto, S. A. et al (1985). Time-Line Follow-back assessment method, in Alcoholism Treatment Assessment Research Instruments (NIAAA Treatment Handbook Series, Vol 2) (DHHS publ No 85-1380). Edited by Lettieri, D. J., Nelson, J. E., Sayers, M. A., Rockville, M. D., National Institute on Alcoholism and Alcohol Abuse, pp 530-534.

Stinchfield, R. (1999). Gambling treatment outcome monitoring system, in behavioral Outcomes and Guidelines Sourcebook. Edited by Coughlin, K. M. New York, Faulkner & Gray, pp 173-174, 464-466.

Stinchfield, R. (2002). Reliability, validity, and classification accuracy of the South Oaks Gambling Screen (SOGS). Addict Behav 27:1-19.

Stinchfield, R. (2003). Reliability, validity, and classification accuracy of a measure of DSM-IV diagnostic criteria for pathological gambling. Am J. Psychiatry 160:180-182.

Stinchfield, R., Winters, K. (1996). Effectiveness of Six State-Supported Compulsive Gambling Treatment Programs in Minnesota. Minneapolis, Compulsive Gambling Program, Mental Health Division,

Minnesota Department of Human Services.

Stinchfield, R., Winters, K. C. (2001). Outcomes of Minnesota's Gambling treatment programs. J Gambl Stud 17:217-245.

Stinchfield, R., Winters, K. C., Botzet, A. et al. (2001). Gambling Treatment Outcome Monitoring Systems (GAMTOMS): User Manual. ST. Paul, MN, Minnesota Department of Human Services.

Stinchfield, R., Gonovi, R., Frisch, G. R. (in press). DSM-IV diagnostic criteria for pathological gambling: reliability, validity, and classification accuracy. Am J Addict.

Sullivan, S. (1999). Development of the "EIGHT" problem Gambling Screen. Unpublished doctoral thesis, Auckland Medical School, Auckland, New Zealand.

Sullivan, S., Brown, R., Skinner, B. (in press). Development of a problem gambling screen for use in a prison inmate population. eGambling.

Ursua, M. P., Uribelarrea, L. L. (1998). 20 questions of Gamblers Anonymous: a psychometric study with population of Spain. J Gambl Stud 14:3-15.

Weinstock, J., Whelan, J. P., Meyers A. W. (2004). Behavioral assessment of gambling: an application of the timeline followback method. Psychol Assess 16:72-80.

Winters, K. C., Stinchfield, R., Fulkerson, J. (1993). Toward the development of an adolescent gambling problem severity scale. J Gambl Stud 9:63-84.

Winters, K. C., Stinchfield, R., Kim, L. (1995). Monitoring adolescent gambling in Minnesota. J Gambl Stud 11:165-183.

Winters, K. C., Specker, S., Stinchfield, R. (2002). Measuring pathological gambling with the Diagnostic Interview for Gambling Severity (DIGS), in The Downside: Problem and Pathological Gambling. Edited by Marotta, J. J., Cornelius, J. A., Eadington, W. R. Reno, NV, University of Nevada, pp 143-148.

참고 자료 병적 도박을 측정하는 도구

도구	내용	문항 수	검사시간과 방법
성인의 검사와 진단을 위한 도구			
사우스 오크 도박 척도 (SOGS) (Lesieur & Blume, 1987)	도박 종류, 문제성 도박의 증상 및 신호들, 부정적 결과; 도박자금의 출처	20문항	10~20분 지필검사
단도박 모임 20가지 질문(GA-20)(Ursua & Uribelarrea, 1998)	강박적 도박의 증상과 신호들; 부정적 결과	20문항	10분 지필검사 또는 면접

심리측정측면

채점	신뢰도	타당도	분류 정확도 지표
성인의 검사와 진단을 위한 도구			
각 문항당 1점 점수 범위: 0~20점 5점 이상은 병적 도박을 시사함	α=0.97; 1개월 간격 신뢰도: r=0.71	검사자들 간 상관(r=0.86) 가족 간 상관(r=0.60) DSM-III-R 병적 도박 진단(r=0.94)	단도박 회원(n=213), 대학생(n=384), 병원 종사자(n=152); DSM-III-R의 병적 도박 진단준거가 사용되었다. 전반적인 진단적 정확성은 단도박회원에서 0.98, 대학교 학생들에서 0.95, 그리고 병원 직원들에서 0.99였다.
각 문항당 1점 7점 이상은 강박적 도박을 시사함	α=0.94	GA-20은 GA-20은 SOGS와의 상관이 r=0.94	준거는 집단의 회원, 127명의 문제성 도박자, 142명의 오락성 도박자였다. BR=0.47 Sens=0.98 Spec=0.99 전반적인 진단적 정확성=0.99 분류 정확도 지표는 기저율이 약 50%인 표본에 기초하였는데, 이로 인해 분류 정확도 지표가 부풀려졌다.

도구	내용	문항 수	검사시간과 방법
성인의 검사와 진단을 위한 도구			
매사추세츠 도박평가검사 (Massachusetts Gambling Screen: MAGS) (Shaffer et al., 1994)	병적 도박의 증상 및 신호들; 도박과 관련된 심리사회적 문제; DSM-IV 진단기준인 12문항이 포함됨	14문항(7문항만 채점됨)	5~10분 지필검사
DSM-IV 다중응답검사 (DSM-IV-MR) (Fisher, 2000b)	DSM-IV 진단 기준	10문항	5분 지필검사
도박 문제 조사를 위한 진단적 면담 (Diagnostic Interview for Gambling Schedule: DIGS) (Winters et al., 2002)	인구통계학적 정보, 도박 관련 정도, 치료기록, 도박 시작 시기, 도박빈도, 도박에 건 금액이나 잃은 액수, 빌린 돈의 액수, 경제적 문제, 법적 문제, 정신건강 검사, 기타 충동조절장애, 의학적 상태, 가족과 사회적 기능, 그리고 진단된 증상들(전 생애와 지난해)	10개의 DSM-IV 진단적 기준에 2문항씩 부합하는 20문항	30분간 면접

심리측정

채점	신뢰도	타당도	분류의 정확도 지표
	성인의 검사와 진단을 위한 도구		
변별계수를 곱한 각 7개의 MAGS 문항의 점수를 합한 후 상수를 더한다. 0~2은 잠재적 병적 도박자 2 이상은 병적 도박자	MAGS 7문항 척도, $\alpha=0.84$; DSM-IV 12문항 척도, $\alpha=0.89$	MAGS 총변별점수는 DSM-IV 점수와 $r=0.83$	해당사항 없음
각 문항당 1점 점수범위: 0~10 3~4점(8, 9, 10번 문항에서 적어도 1점을 획득)은 문제성 도박자 5 이상은 심각한 병적 도박자를 포함	$\alpha=0.79$	정기적, 비정기적 도박자들 간과 문제성과 사교성 도박자들 간 구분함	해당사항 없음
각 기준당 2문항 중 1개에 응답하면, 그 기준을 충족한 것으로 봄; 10개의 기준당 1점 점수 범위: 0~10 5 이상은 병적 도박	$\alpha=0.92$	총점은 도박심각도, 도박빈도와 $r=0.30$; 하루 도박판돈 $r=0.42$; 현재 도박빚 $r=0.47$; 경제적 문제의 수 $r=0.40$; 돈을 빌린 출처의 수 $r=0.31$; 법적 문제 $r=0.50$의 상관을 보임	해당사항 없음

도구	내용	문항 수	검사시간과 방법
	성인의 검사와 진단을 위한 도구		
국가여론연구센터 DSM-IV 도박문제평가척도(NODS) (National Opinion Research Center, 1999)	병적 도박의 증상 및 신호들; 도박과 관련된 심리사회적 문제; DSM-IV 진단기준인 12문항이 포함됨	17문항	5~10분 면접
거짓말/베팅 질문지 (Lie/Bet Questionnaire) (Johnson et al., 1997)	자신의 도박에 대해 거짓말을 함; 점점 더 많은 돈을 걺	2문항	1분 면접
도박평가모듈 (Gambling Assessment Module: GAM-IV) (Cunningham-Williams et al., 2003)	11종류의 도박활동에 대한 도박빈도와 DSM-IV 진단기준	11종류의 도박활동에 대해 12문항 질문	면접 혹은 지필검사

심리측정

채점	신뢰도	타당도	분류의 정확도 지표
	성인의 검사와 진단을 위한 도구		
각 DSM 기준에 1점 씩 채점 점수 범위: 0~10 0=저위험 도박자 1~2=위험 도박자 2~4=문제성 도박자 5 이상=병적 도박자	2~4주 간격 검사 재검사 신뢰도 *r*=0.99(평생) 그리고 *r*=0.98(지난해)	치료 프로그램에 참여하는 40명의 외래 문제성 도박자에게 실시했을 때, 38명이 5점 이상(평생); 2명은 4점 이상을 받음 지난해 NODS 점수, 30명이 5점 이상, 5명이 3 또는 4, 그리고 5명이 2점 혹은 그 이하를 받음	해당사항 없음
병적 도박을 나타내는 하나 혹은 양쪽 문항에 예라고 대답	해당사항 없음	해당사항 없음	191명의 남성 단도박 회원과 171명의 남성 비문제성 도박자 집단에게 실시하였을 때, Sens=0.99, Spec=0.91, PPV=0.92, NPV=0.99 여성도박자를 포함시켰을 때, Sens=1.00, Spec=0.85, PPV=0.78, NPV=1.00
5점 이상은 병적 도박을 시사	해당사항 없음	5개의 진단기준과 임상가의 평정과 일치도는 적절하나 (κ=0.5~0.7) 기타 5개의 기준과의 일치도는 낮음 (κ=0.0~0.3)	해당사항 없음

도구	내용	문항 수	검사시간과 방법
성인의 검사와 진단을 위한 도구			
도박행동면담(Gambling Behavior Interview: GBI)(Stinchfield et al., 인쇄 중)	도박빈도, 도박에 쓴 돈과 시간, SOGS와 DSM-IV, 그리고 지난해의 일을 물어보는 32개의 연구 문항을 포함한 병적 도박의 증상들과 신호 등을 측정하기 위한 임상면접	20문항의 SOGS, 10문항의 DSM-IV, 그리고 32개의 연구문항을 포함한 76문항	30~60분 면접

심리측정

채점	신뢰도	타당도	분류의 정확도 지표
성인의 검사와 진단을 위한 도구들			
DSM 5점 이상은 병적 도박, 20문항의 연구 척도 중 5문항에서 2점 이상이면 병적 도박	DSM-IV, α=0.95 20문항의 연구문항, 5문항 척도, α=0.95	20문항의 연구 척도와 5문항의 진단 척도가 DSM-IV 진단 기준과 보이는 상관(r=0.90; r=0.92), SOGS 척도(r=0.82; r=0.85)	도박 치료 환자(121명)와 지난해 도박을 했던 일반인(138명)을 대상으로 분류 정확도 BR=0.47 DSM-IV의 일반적인 기준인 5점 이상: ODA=0.91; Sens=0.83; Spec=0.98; FPR=0.03; FNR=0.13 가중치를 준 20문항의 연구문항은 ODA=1.00; Sens=1.00; Spec=1.00; FPR=0.00; FNR=0.00 5문항의 진단 문항에서 2 이상을 보인 경우: ODA=0.99; Sens=0.99; Sens=10.99; Spec=1.00; FPR=0.02; 그리고 FNR=0.01

도구	내용	문항 수	검사시간과 방법
	성인의 검사와 진단을 위한 도구		
조기 개입 도박건강검사(EIGHT) (Sullivan, 1999)	문제성 도박 증상	8문항	5분의 질문지 혹은 면접
시간을 따른 점검표(TLFB)와 도박에 적용된 TLFB(G-TLFB) (Stinchfield et al., 2001; Hodgins & Makarchuk, 2003)	도박 일수와 도박에 쓴 돈을 측정하는 달력	1년, 6개월, 혹은 지난 4주 동안의 달력	연수에 따라 다름
병적 도박의 중독 심각성 지표(ASI-PG)와 도박 심각성 지표(GSI) (Lesieur & Blume, 1992)	도박빈도와 도박 관련된 문제들을 추가한 병적 도박에 대한 ASI의 수정판	GSI 안에 있는 6문항	도박 문항을 측정하기 위한 추가적 10분
병적 도박용 구조화된 임상적 면담(SCI-PG) (Grant et al., 인쇄 중)	병적 도박의 DSM-IV 진단기준	10개의 진단문항과 1개의 제외문항을 포함한 11개의 문항으로 구성됨	15분의 임상면접

심리측정

채점	신뢰도	타당도	분류의 정확도 지표
		성인의 검사와 진단을 위한 도구	
각 문항당 1점, 4점이상이면 환자의 건강에 영향을 미친다고 간주	해당사항 없음	SOGS와의 상관 (r=0.75) 상담자 평가와 진단이 우수에서 훌륭함	수감자 표본(100명)을 DSM-IV 진단과 비교
도박 일수와 도박을 하지 않은 일수 계산 도박에 보낸 시간의 합; 도박으로 잃은 돈의 합	3주간의 검사-재검사 신뢰도: ICC=0.61~0.98; 2주간의 검사-재검사 신뢰도 r=0.74~0.96	상관 요인들 간의 일치도: ICC=0.46~0.65 TLFB와 다른 도박 진도 간의 상관 (r=0.53) G-TLFB와 SOGS와의 상관(r=0.28)	해당사항 없음
컴포지트 점수 범위: 0~1 점수에 대한 특별한 해석 기준은 없으나 ASI 지표와 비슷	α=0.73	SOGS와의 상관 (r=0.57)	해당사항 없음
5점 이상이면 병적 도박	평정자 간 신뢰도 =1.00; 1주간 검사-재검사 신뢰도 =1.00과 r=0.97	공존 타당도: SOGS와 상관(r=0.78) 변별 타당도: 불안측정 도구와 상관 (r=0.23) 그리고 우울(r=0.19)	SCI-PG 진단과 장기 평가를 비교한 결과 Sens=0.88; Spec=1.00; PPV=1.00; NPV=0.67

도구	내용	문항 수	검사시간과 방법
성인의 검사와 진단을 위한 도구			
도박치료 결과 모니터시스템(GAMTOMS) (Stinchfield & Winters, 1996)	병적 도박의 10문항의 DSM-IV 진단기준과 SOGS, 도박빈도, 도박 관련 경제적 문제, 그리고 법적 문제를 포함한 기타 도박심각도 측정치	10문항의 DSM-IV 진단기준을 포함한 GATQ 142문항	30~45분 동안 지필검사
예일-브라운 강박척도의 병적 도박 개정판(PG-YBOCS) (Hollander et al., 1998)	도박 증상의 변화를 측정; 문항의 도박갈망/사고 5문항과 행동 하위 척도 5문항을 포함	10문항	15~30분 동안 임상가의 면접
도박증상 평가척도 (G-SAS) (Kim et al., 2001)	도박 갈망과 도박 관련 사고를 포함한 변화를 측정	12문항	15~30분 동안의 자기 보고

심리측정

채점	신뢰도	타당도	분류의 정확도 지표
성인의 검사와 진단을 위한 도구			
DSM-IV 진단기준 1문항당 1점으로 채점하고 합산 점수 범위: 0~10점 5점 이상은 병적 도박을 시사함	내적 일치 신뢰도: DSM-IV 진단기준(α =0.89), 그리고 경제적 문제(α=0.78), 1주간의 검사재검사 신뢰도 r=0.74(DSM-IV) 그리고 r=0.91(SOGS)	DSM-IV 진단기준의 타당도는 다음의 도박 문제 심각도 측정치와 상관으로 측정 SOGS(r=0.83); 도박빈도(r=0.43); 경제적 문제의 수(r=0.40)	병적 도박의 DSM-IV 진단을 임상 사례와 비임상 사례를 구분하기 위해 사용하였을 때: BR=0.20; ODA=0.96; Sens=0.95; Spec=0.95; FPR=0.01; FNR=0.14 병적 도박의 DSM-IV 진단을 SOGS 문제성 도박과 비문제성 도박을 구분하기 위해 사용하였을 때: BR=0.79; ODA=0.98; Sens=0.97; Spec=1.00; FPR=0.00; FNR=0.10
0~4점까지 응답 범위; 반응들 합산 총점수 범위: 0~40	갈망에 대한 평정자 간 일치도, ICC=0.99, 행동, ICC=0.98	CGI와의 상관(r=0.89) 그리고 SOGS(r=0.86)	해당사항 없음
0~4점의 점수 범위; 반응들은 합산 총점수 범위: 0~48 30점 이상은 심각, 21~30점은 중간, 21점 이하는 약함	내적 일치 신뢰도: α=0.89; 1주간의 검사-재검사 신뢰도 r=0.70	CGI 개선 점수와의 상관(r=0.78) 그리고 심각도 점수(r=0.81)	해당사항 없음

도구	내용	문항 수	검사시간과 방법
성인의 검사와 진단을 위한 도구			
CGI를 병적 도박에 맞게 수정(PG-CGI) 척도(Guy, 1976)	질병의 심각도, 개선 정도, 약물의 치료 효과 등을 도박에 맞게 수정	3문항	임상가가 환자를 5분 이내에 3문항으로 평가; 환자의 자기평가
청소년의 위한 척도			
청소년을 위한 SOGS 개정판 (SOGS-RA) (Winters et al., 1995)	문제성 도박의 증상과 신호, 부정적 결과	12문항	10분 동안 지필검사
청소년을 위한 DSM-IV 다중반응 (DSM-IV-MR-J) (Fisher, 2000a)	병적 도박의 DSM-IV 진단기준	9문항	5~10분 동안 지필검사

주: BR=base rate(기저율); FNR=false-negative rate(의음성율); FPR=false-positive rate(의양성율); GATO=Gambling Treatment Admission Questionnaire(도박 치료 접수질문); ICC=Internal Conversion Coefficient(국제전환계수); NA=not available or not applicable(해당사항 없음); NPV=negative predictive value(음성 예측도); ODA=overall diagnostic

심리측정

채점	신뢰도	타당도	분류의 정확도 지표
		성인의 검사와 진단을 위한 도구	
7점 척도 심각도: 1=전혀 안 아픔에서 7=매우 아픔 개선: 1=매우 개선에서 7=매우 악화됨	해당사항 없음	해당사항 없음	해당사항 없음
		청소년을 위한 척도	
각 문항당 1점 총점 범위: 0~12 0~1=문제 없음 2~3=위험성 도박자 4점 이상 문제성 도박	α=0.80	도박활동 (r=0.39); 도박빈도(r=0.54)	해당사항 없음
각 문항당 1점 점수 범위: 0~9 4점 이상 문제성 도박	α=0.75	정기적 도박자와 비정기적 도박자 간, 사교성 도박자와 문제성 도박자 간의 유의한 평균 차이 DSM-IV-MR-J 문제성 도박자는 정기적으로 도박을 더 많이 하고 도박에 돈을 더 많이 쓰고, 도박을 위해 돈을 더 많이 빌리고 도박자금 마련을 위해 자기 물건을 더 많이 팖	해당사항 없음

accuracy(전체진단정확도); PG=pathological gambling(병적 도박); PPQ=paper-pencil questionnaire(지필검사); PPV=positive predictive value(양성 예측도); Sens=sensitivity(민감도); Spec=spcificity(특이도) 모든 경우에 α는 Cronbach α를 의미함

Appendix

부록

A. 병적 도박의 DSM-IV-TR 기준
B. 조기 개입 도박건강검사
C. 도박증상 평가척도
D. 한국형 사우스 오크 도박 척도(KSOGS)
E. 예일-브라운 강박척도의 병적 도박 개정판

부록 A

병적 도박의 DSM-IV-TR 기준

출처: American Psychiatric Association (2000). Diagnositc and Statistical Manual Disorders, 4th Edition, Test Revision. Washington, DC, American Psychiatric Association 허락하에 사용함.

병적 도박의 DSM-IV-TR 기준

A. 다음에 제시되는 지속적이고 부적응적인 도박행동 중 다섯 가지 이상

1. 도박 생각만 함(예: 지난 도박행동에서 경험한 흥분, 또 다시 대박을 꿈꾸거나 도박을 할 돈을 마련하는 등)
2. 기대 수준의 흥분을 얻기 위해 계속 판돈을 늘려야 함
3. 도박을 그만두거나 줄이거나 통제하기 위해 노력을 계속하지만 실패함
4. 도박을 그만두거나 줄이려고 할 때 조급해지고 성마름
5. 불쾌한 감정(예: 무력감, 죄책감, 불안, 우울)을 줄이거나 문제를 회피하려는 방법으로 도박을 함
6. 도박으로 돈을 잃은 후 만회하기 위해 다시 도박을 함(추적도박)
7. 자신이 도박하는 정도를 가족이나, 치료자 혹은 다른 사람들에게 숨기기 위해 거짓말을 함
8. 도박 자금을 마련하기 위해 위조, 사기, 절도 혹은 횡령 등의 위법행동을 저지름
9. 도박으로 인해 중요한 관계, 직업 혹은 교육적 · 사회적 기회를 잃어버리거나 위협을 받음
10. 도박으로 인한 절박한 경제적 위기를 만회하기 위해 다른 사람의 도움을 받음

B. 도박이 조증삽화로 설명되지 않아야 함

부록 B

조기 개입 도박건강검사

출처: Compulsive Gambling Society of New Zealand Inc의 Sean Sullivan, Ph.D. & Department of General Practice and Primary Health Care at the Auckland School of Medicine (1999). Dr. Sean Sullivan의 허락하에 게재함

조기 개입 도박건강검사

대부분의 사람들이 다양한 종류의 도박(로또, 스포츠 토토, 카드, 빙고, 경마, 카지노 등)을 즐깁니다. 그러나 도박은 때때로 우리의 건강에 영향을 미칩니다. 당신의 건강 점검을 위해 다음의 질문에 당신의 경험에 근거하여 성실하게 답해 주십시오.

1. 때때로 나는 도박이 끝난 후 우울이나 불안을 느낀다.
   예 ____________ 아니요 ____________

2. 때때로 나는 내가 도박하는 것에 대해 죄책감을 느낀다.
   예 ____________ 아니요 ____________

3. 곰곰이 생각해 보면, 도박행동이 가끔 나에게 문제가 된다.
   예 ____________ 아니요 ____________

4. 때때로 나는 내가 도박에 쓴 돈이나 시간에 대해 다른 사람들, 특히 가족에게 말하지 않는 편이 더 나았다고 생각한다.
   예 ____________ 아니요 ____________

5. 종종 나는 돈을 다 잃고 난 후에야 도박을 그만둔다.
   예 ____________ 아니요 ____________

6. 종종 나는 잃은 돈을 되찾기 위해 도박을 다시 하고 싶은 갈망을 느낀다.
   예 ____________ 아니요 ____________

7. 나는 과거의 도박행동으로 비난을 받은 적이 있다.

예 ____________ 아니요 ____________

8. 나는 도박 빚을 갚기 위해 도박을 한 적이 있다.

예 ____________ 아니요 ____________

부록 C

도박증상 평가척도

출처: Kim, S. W., Grant, J. E., Adson, D. E. et al. (2001) "Double-Blind Naltrexsone and Placebo Comparison Study in the Treatment of Pathological Gambling." *Biological Psychiatry 49*: 914-921에서 발췌. Society for Biological Psychiatry and Elsevier의 허락하에 게재함

도박증상 평가척도

• 다음 질문들은 도박 정도를 알아보기 위한 것입니다. 답을 하기 전에 잘 읽고 적당한 번호에 V 표시해 주세요.

1. 지난 한 주 동안에 도박을 하고 싶다는 충동을 느낀 적이 있다면, 그 충동은 평균적으로 얼마나 강했습니까?

전혀 없음	약간	보통	상당히	매우
0	1	2	3	4

2. 지난 한 주 동안, 당신은 몇 번이나 도박을 하고 싶은 충동을 느꼈습니까?

⓪ 없음 ① 한 번 ② 2~3회 ③ 수차례 ④ 항상

3. 지난 한 주 동안, (시간을 다 더했을 때) 당신은 몇 시간이나 도박을 하고 싶은 충동에 빠져 있었습니까?

전혀 없음	1시간 또는 그 이하	2~7시간	8~21시간	22시간 이상
0	1	2	3	4

4. 지난 한 주 동안, 당신은 도박을 하고 싶은 충동을 어느 정도 통제할 수 있었습니까?

완전히	많이	보통	조금	전혀
0	1	2	3	4

5. 지난 한 주 동안, 얼마나 자주 도박하는 장면을 떠올리며 베팅하는 생각을 했습니까?

⓪ 없음 ① 한 번 ② 2~4회 ③ 수차례 ④ 항상

6. 지난 한 주 동안, (시간을 다 더했을 때) 당신은 몇 시간이나 도박하는 장면을 떠올리며 베팅하는 생각을 했습니까?

전혀 없음	1시간 또는 그 이하	2~7시간	8~21시간	22시간 이상
0	1	2	3	4

7. 지난 한 주 동안, 당신은 도박을 하고 싶은 생각을 어느 정도 통제할 수 있었습니까?

완전히	많이	보통	조금	전혀
0	1	2	3	4

8. 지난 한 주 동안, 실제로 몇 시간 정도 도박 또는 도박과 관련된 활동을 했습니까?

전혀 없음	1시간 또는 그 이하	2~7시간	8~21시간	22시간 이상
0	1	2	3	4

9. 지난 한 주 동안, 도박을 하기 직전에 어느 정도의 긴장감과 흥분을 느꼈습니까? 지난 한 주간 도박을 하지 않았다면, 평소 도박을 할 때 당신이 느끼는 긴장과 흥분은 어느 정도인가요?

전혀 없음	약간	보통	상당히	매우
0	1	2	3	4

10. 지난 한 주 동안, 도박에서 돈을 땄을 때 평균적으로 어느 정도의 흥분과 기쁨을 느꼈습니까? 실제로 돈을 따지 못했다면, 예전에 돈을 딴 경험을 생각하며 어느 정도의 흥분과 기쁨을 느끼는지 평가해 주십시오.

전혀 없음	약간	보통	상당히	매우
0	1	2	3	4

11. 지난 한 주 동안, 도박으로 어느 정도의 감정적 고통(정신적 고통, 괴로움, 부끄러움, 죄책감, 당혹감)을 겪었습니까?

전혀 없음	약간	보통	상당히	매우
0	1	2	3	4

12. 지난 한 주 동안, 도박으로 어느 정도의 개인적 문제(대인관계 문제, 경제적 문제, 법적 문제, 직업적 문제, 건강상의 문제)를 경험했습니까?

전혀 없음	약간	보통	상당히	매우
0	1	2	3	4

부록 D

한국형 사우스 오크 도박 척도 (Korean South Oaks Gambling Screen: KSOGS)

출처: 최완철, 김경빈, 오동열, 이태경(2001). 한국형 사우스 오크 병적도박검사표준화에 대한 예비연구. 중독정신의학, 5, 46-52에서 발췌

한국형 사우스 오크 도박 척도(KSOGS)

1. 부모님이 도박을 하셨거나, 현재 하고 계십니까?

____ 부모님 모두 심한 도박을 하고 계신다(혹은 하셨다).

____ 아버님이 심하게 도박을 하신다(혹은 하셨다).

____ 어머님이 심하게 도박을 하신다.

____ 부모님 중에 가끔 하는 분이 계시지만(혹은 하셨지만) 심하지는 않다.

____ 부모님 모두 도박을 하지 않으신다(혹은 하신 적이 없다).

2. 잃은 돈을 되찾기 위해서 얼마나 자주 다시 도박을 하게 되십니까?

____ 다시 하지 않는다(혹은 도박은 한 적이 없다).

____ 잃는 경우 조금은 다시 하게 되지만 잃은 경우에 비해 반을 넘지는 않는다.

____ 잃으면 대부분 다시 하게 된다(잃은 경우에 비해 반 이상).

____ 잃을 때마다 매번 다시 한다.

3. 돈을 따지 못했거나 실제로는 잃었음에도 불구하고 돈을 땄다고 이야기 하신 적이 있습니까?

____ 없다(혹은 도박을 한 적 없다).

____ 그렇다. 하지만 잃은 경우에 비하여 돈을 땄다고 한 적이 반을 넘지는 않는다.

____ 그렇다. 대부분 그럴 때가 많다(잃은 경우에 비하여 반 이상).

4. 자신에게 도박 문제가 있다고 느끼십니까?

____ 아니다.

____ 과거에는 있었지만 지금은 그렇지 않다.

____ 그렇다.

※ 다음 질문들에 "그렇다. 아니다" 로 V 표시해 주십시오.

	그렇다	아니다
1. 원래 의도했던 것보다 더 많이 도박을 하게 되셨 습니까?	____	____
2. 도박으로 사람들에게 비난을 받거나 평판이 나빠진 적이 있으십니까?	____	____
3. 신의 도박을 하는 방식이나 도박 때문에 벌어진 여러 일들로 죄책감을 느낀 적이 있으십니까?	____	____
4. 도박을 끊고 싶지만 끊지 못할 것 같다고 느낀 적이 있으십니까?	____	____
5. 배우자나 아이들, 가족, 친구 등 당신의 인생에서 중요한 사람들에게 마권이나 베팅 전표, 복권, 도박할 돈과 같이 도박한다는 것이 들통 나거나 표 날 만한 물건을 숨긴 적이 있으십니까?	____	____
6. 돈을 관리하는 방식 때문에 배우자 등 좋아하는 사람들과 다툰 적이 있습니까?	____	____
7. (6번 문항에 '그렇다' 고 대답하셨다면) 돈 문제로 다툰 원인이 주로 도박에 있습니까?	____	____
8. 도박 때문에 돈을 빌리고 갚지 못한 적이 있으십니까?	____	____
9. 도박으로 인해 직장(학교)에서 일(공부)할 시간을 빼앗기지는 않았습니까?	____	____
10. 도박할 돈이나 도박 빚을 갚기 위해 돈을 구했다면 어디서 돈을 구했습니까?	____	____
① 살림할 돈(생활비)에서	____	____
② 배우자로부터	____	____
③ 친척이나(부모, 형제) 친구들로부터	____	____
④ 은행, 금융회사 혹은 소비자신용조합에서	____	____

⑤ 신용카드(크레디트 카드)에서	____	____
⑥ 사채업자(고리대금)로부터	____	____
⑦ 주식이나 채권 및 기타 유가증권을 해약해서	____	____
⑧ 본인 소유의 물건이나 집안의 물건, 동산, 부동산 등을 팔아서	____	____
⑨ 부도수표를 발행해서	____	____
⑩ 사설 도박업자(혹은 카지노업자)에게 신용으로 빌려서	____	____

1. 선생님은 최근 3년 동안 다음의 도박 경험들을 평균적으로 어느 정도나 하셨습니까? 다음의 해당되는 칸에 ∨ 표시를 부탁드립니다.

	평균 월 1회 미만	평균 월 1~3회 정도	평균 월 3회 이상	
①	____	____	____	화투나 트럼프 등을 이용한 돈내기
②	____	____	____	경마나 투견 등 동물 등의 시합에 돈을 걸기(장외경마, 경륜 도박, 현장에서 또는 마권영업자를 통해서)
③	____	____	____	성인 오락실이나 카지노에 가기
④	____	____	____	복권사기
⑤	____	____	____	볼링, 당구, 골프, 장기, 바둑, 윷놀이 등 기술을 이용한 돈내기
⑥	____	____	____	컴퓨터(인터넷)를 이용한 단타성 주식거래
⑦	____	____	____	컴퓨터(인터넷)를 이용한 도박 게임
⑧	____	____	____	하우스 등, 불법 도박시설을 이용

2. 선생님은? □남 □여

□기혼 □미혼 □이혼 □별거 □사별

3. 선생님의 연령은? 만 □□세

4. 선생님이 믿고 계시는 종교는?

□기독교 □천주교 □불교 □없다 □기타 종교______

5. 선생님의 최종 학력은?

□무학 □초등학교 졸업 □중학교 졸업 □고등학교 졸업

□대학교 졸업 □대학원 이상

6. 선생님의 직업은?

□농수산업 □광업 □제조업 □도소매업 □교통통신업

□금융업 □공무원 □교사 □전문직 □학생/군인 □요식업

□자영업 □주부 □무직 □기타(____________________)

7. 선생님 댁(가구)의 월평균 수입 정도는?

□100만 원 미만 □100~199만 원 □200~299만 원 □300~399만 원

□400~499만 원 □500만원~700만 원 □700만 원 이상

부록 E

예일-브라운 강박척도의 병적 도박 개정판

출처: DeCaria, C. M., Hollander, E., Begaz, T. et al. (1998, July). "Reliability and Validity of a Pathological Gambling Modification of the Yale-Brown Obsessive Compulsive Scale(PG-YBOCS): Preliminary Findings." Presented at the 12th National Conference on Pathological Gambling. Las Vegas, NV에서 발췌. Hollader, E. 의 허락하에 게재함

예일-브라운 강박척도의 병적 도박 개정판 (PG-YBOCS)

1. 도박에 대한 생각이나 갈망으로 보낸 시간

도박과 관련된 생각이나 갈망에 사로잡힌 시간은 얼마나 됩니까? 그리고 얼마나 자주 일어납니까?

0 = 없음

1 = 양호 (1일 1시간 이내) 가끔(1일 8번 이내)

2 = 중간 (1일 1~3시간), 종종(1일 8번 이상 그러나 그 외에는 거의 생각나지 않음)

3 = 심각 (1일 3시간 이상 최대 8시간까지), 매우 자주(1일 8번 이상 그리고 하루 종일 생각남)

4 = 극심 (1일 8시간 이상), 거의 항상(셀 수 없을 정도로 많고 도박에 대한 생각이나 갈망을 느끼지 않는 시간이 없음)

2. 도박에 대한 생각/갈망에 의한 방해

도박에 대한 생각/갈망이 당신의 사회적 · 직업적 기능을 방해하는 정도는 어떠합니까? 혹시 도박에 대한 생각/갈망 때문에 하지 못하는 일은 없습니까? (만약 피검사자가 실직 중이라면 취업 중이라고 가정하고 응답합니다.)

0 = 없음

1 = 양호, 사회적 · 직업적으로 약간의 방해가 있지만 전반적인 기능에는 영향 없음

2 = 중간, 명백한 사회적 · 직업적 방해가 있지만 큰 영향을 미치지는 않음

3 = 심각, 사회적 · 직업적 기능에 중요한 손상의 원인이 됨

4 = 극심, 정상적인 활동 불가

3. 도박에 대한 생각/갈망에 의한 불편감

도박에 대한 생각/갈망이 당신에게 얼마나 불편감을 주나요? (다른 일에 의한 불안이나 분노가 아닌 도박에 의한 불편한 느낌이나 분노 등을 평가합니다.)

0 = 없음

1 = 양호, 가끔 있고 아주 불편하지는 않음

2 = 중간, 빈번하고 불편함, 그러나 참을 만함

3 = 심함, 매우 빈번하고 불편함

4 = 극심, 거의 항상 지속되고 매우 스트레스가 됨

4. **도박에 대한 생각/갈망에 대한 억제**

도박에 대한 생각/갈망을 억누르기 위해 얼마나 힘이 드나요? 얼마나 자주 그 생각/갈망을 없애려고 애를 쓰나요? (이러한 생각들을 통제하는 데 성공했는지 아니면 실패했는지와 상관없이 당신이 저항한 노력만을 평가합니다. 노력했다는 것이 꼭 통제할 수 있는 능력과 상관있지는 않습니다.)

0 = 노력하면 금방 사라짐; 증상이 아주 미미해서 억제할 필요가 없음

1 = 대부분 억제하려고 노력함

2 = 억제하려는 노력을 약간 함

3 = 별로 통제하지 않고 받아들이나 가끔 저항을 하기는 함

4 = 전혀 저항하지 않고 기꺼이 받아들임

5. **도박에 관한 갈망/생각을 통제하는 정도**

도박에 대한 생각/갈망을 얼마나 통제하나요? 이러한 생각/갈망으로부터 벗어나거나 멈추는 것이 얼마나 스트레스가 되나요?

0 = 완전히 통제

1 = 많이 통제, 약간의 노력과 자제로 생각/갈망을 멈추거나 벗어날 수 있음

2 = 중간 정도의 통제, 가끔 생각/갈망을 멈추거나 벗어날 수 있음

3 = 거의 통제하지 못함, 생각/갈망을 거의 통제하지 못함, 매우 노력을 해야만 주의를 돌릴 수 있을 뿐임

4 = 통제하지 못함, 완전히 불수의적이며 잠시라도 생각/갈망에서 벗어나는 것이 불가능함

6. **도박과 관련된 행동으로 보내는 시간**

도박 관련 행동에 보내는 시간이 얼마나 되나요? (도박 관련 금전 거래 협

상이나 자금 마련 등과 같은 행동이나 도박에 직접 보내는 시간)

0 = 없음

1 = 약간, 1일 1시간 미만이거나 1일 8번 미만의 가끔씩

2 = 중간, 1일 1~3시간, 1일 8번 이상이나 대부분은 상관없이 지냄

3 = 심함, 1일 3시간 이상 8시간 미만, 1일 8번 이상이며 매우 자주 함

4 = 극심, 1일 8시간 이상, 항상 연류되어 있음

7. 도박 관련 행동에 의한 방해

도박 관련 행동이 당신의 사회적 · 직업적 기능을 방해하는 정도는 어떠합니까? 혹시 도박 관련 행동 때문에 하지 못하는 일은 없습니까? (만약 피검사자가 실직 중이라면 취업 중이라고 가정하고 응답합니다.)

0 = 없음

1 = 양호, 사회적 · 직업적으로 약간의 방해가 있지만 전반적인 기능에는 영향 없음

2 = 중간, 명백한 사회적 · 직업적 방해가 있지만 큰 영향을 미치지는 않음

3 = 심각, 사회적 · 직업적 기능에 중요한 손상의 원인이 됨

4 = 극심, 정상적인 활동 불가

8. 도박 관련 행동에 의한 불편감

도박 관련 행동이 당신에게 얼마나 불편감을 주나요? (다른 일에 의한 불안이나 분노가 아닌 도박에 의한 불편한 느낌이나 분노 등을 평가합니다.)

0 = 없음

1 = 양호, 가끔 있고 아주 불편하지는 않음

2 = 중간, 빈번하고 불편함, 그러나 참을 만함

3 = 심함, 매우 빈번하고 불편함

4 = 극심, 거의 항상 지속되고 매우 스트레스가 됨

9. 도박 관련 행동에 대한 억제

도박 관련 행동을 억누르기 위해 얼마나 힘이 드나요? 얼마나 자주 그 생각/갈망을 없애려고 애를 쓰나요? (이러한 생각들을 통제하는 데 성공했

는지 아니면 실패했는지와 상관없이 당신이 저항한 노력만을 평가합니다. 노력했다는 것이 꼭 통제할 수 있는 능력과 상관있지는 않습니다.)

0 = 노력하면 금방 사라짐; 증상이 아주 미미해서 억제할 필요가 없음

1 = 대부분 억제하려고 노력함

2 = 억제하려는 노력을 약간 함

3 = 별로 통제하지 않고 받아들이나 가끔 저항을 하기는 함

4 = 전혀 저항하지 않고 기꺼이 받아들임

10. 도박 관련 행동을 통제하는 정도

도박 관련 행동을 얼마나 통제하나요? 이러한 생각/갈망으로부터 벗어나거나 멈추는 것이 얼마나 스트레스가 되나요?

0 = 완전히 통제

1 = 많이 통제, 약간의 노력과 자제로 생각/갈망을 멈추거나 벗어날 수 있음

2 = 중간 정도의 통제, 가끔 생각/갈망을 멈추거나 벗어날 수 있음

3 = 거의 통제하지 못함, 생각/갈망을 거의 통제하지 못함, 매우 노력을 해야만 주의를 돌릴 수 있을 뿐임

4 = 통제하지 못함, 완전히 불수의적이며 잠시라도 생각/갈망에서 벗어나는 것이 불가능함

찾아보기

인명

내 용

편저자 소개

Kenneth Abrams, Ph.D.

Assistant Professor of Psychology, Psychology Department, University of Richmond, Richmond, Virginia

Tami R. Argo, Pharm.D.

Postdoctoral Fellow, University of Iowa College of Pharmacy, Iowa City, Iowa

Donald W. Black, M.D.

Professor, Department of Psychiatry, University of Iowa, Roy J. and Lucille A. Carver College of Medicine, Iowa City, Iowa

Carlos Blanco, M.D., Ph.D.

Assistant Clinical Professor of Psychiatry, New York State Psychiatric Institute/Columbia University, New York, New York

Linda B. Cottler, Ph.D.

Professor of Epidemiology in Psychiatry, Washington University School of Medicine, St. Louis, Missouri

Renee M. Cunningham-Williams, Ph.D., M.P.E.

Research Assistant Professor of Social Work in Psychiatry, Department of Psychiatry, Washington University School of Medicine, St. Louis, Missouri

Jeffrey L. Derevensky, Ph.D.

Professor of School/Applied Child Psychology and Associate Professor, Department of Psychiatry, McGill University, Montreal, Quebec, Canada

Rani A. Desai, M.P.H., Ph.D.

Assistant Professor of Psychiatry, Epidemiology, and Public Health, Yale University School of Medicine, West Haven, Connecticut

Laurie Dickson, M.A.

Doctoral Student, School/Applied Child Psychology, McGill University, Montreal, Quebec, Canada

Seth A. Eisen, M.D.

Staff Physician, St. Louis VA Medical Center; Professor of Internal Medicine and Psychiatry, Washington University School of Medicine, St. Louis, Missouri

G. Ron Frisch, Ph.D., C.Psych.

Professor of Psychology, University of Windsor, Windsor, Ontario, Canada

Richard Govoni, Ph.D.

Research Director, Problem Gambling Research Group and Assistant Professor(Adjunct), Department of Psychology, University of Windsor, Windsor, Ontario, Canada

Jon E. Grant, J.D., M.D., M.P.H.
Assistant Professor of Psychiatry and Human Behavior, Brown Medical School and Director, Impulse Control Disorders Clinic, Butler Hospital, Providence, Rhode Island

Mark D. Griffiths, Ph.D., C.Psychol.
Professor of Gambling Studies, Psychology Division, Nottingham Trent University, Nottingham, England

Rina Gupta, Ph.D.
Assistant Professor of School/ Applied Child Psychology, McGill University, Montreal, Quebec, Canada

David C. Hodgins, Ph.D.
Professor, Department of Psychology, University of Calgary, Calgary, Alberta, Canada

Eric Hollander, M.D.
Professor of Psychiatry and Director, Compulsive, Impulsive and Anxiety Disorders Program, Department of Psychiatry, Mount Sinai School of Medicine, New York, New York

Angela Ibáñez, M.D., Ph.D.
Department of Psychiatry, Hospital Ramö y Cajal, Universidad de Alcalá de Henares, Madrid, Spain

Alicia Kaplan, M.D.
Research Fellow, Compulsive, Impulsive and Anxiety Disorders Program, Department of Psychiatry, Mount Sinai School of Medicine, New York, New York

Rachel Kidman
Research Assistant, Division on Addictions, Harvard Medical School, Boston, Massachusetts

Suck Won Kim, M.D.
Associate Professor of Psychiatry, Department of Psychiatry, University of Minnesota, Minneapolis, Minnesota

Matt G. Kushner, Ph.D.
Associate Professor of Psychiatry, Department of Psychiatry, University of Minnesota, Minneapolis, Minnesota

Paula Moreyra, M.A.
Anxiety Disorders Clinic, New York State Psychiatric Institute

Stefano Pallanti, M.D.
Associate Professor of Psychiatry, University of Florence, Florence, Italy; Adjunct Associate Professor of Psychiatry, Mount Sinai School of Medicine, New York, New York

Nancy M. Petry, Ph.D.
Professor, Department of Psychiatry, University of Connecticut Health Center, Farmington, Connecticut

Marc N. Potenza, M.D., Ph.D.
Assistant Professor of Psychiatry, Yale University School of Medicine, New Haven, Connecticut

Jerónimo Saiz-Ruiz, M.D., Ph.D.
Department of Psychiatry, Hospital Ramón y Cajal, Universidad de Alcalá de Henares, Madrid, Spain

Howard J. Shaffer, Ph.D., C.A.S.
Associate Professor and Director, Division on Addictions, Harvard Medical School; Department of Psychiatry, The Cambridge Hospital, Boston, Massachusetts

Kamini R. Shah, M.H.S.
Study Coordinator, St. Louis VA Medical Center; Data Analyst, Washington University School of Medicine, St. Louis, Missouri

Randy Stinchfield, Ph.D., L.P.
Clinical Psychologist and Assistant Professor, Department of Psychiatry, University of Minnesota, Minneapolis, Minnesota

Ken C. Winters, Ph.D.
Associate Professor of Psychiatry, Department of Psychiatry, University of Minnesota, Minneapolis, Minnesota

Sharon B. Womack, Ph.D., M.P.E.
Postdoctoral Trainee, Department of Psychiatry, Washington University School of Medicine, St. Louis, Missouri

역자 소개

이재갑

고려대학교와 서울대학교 대학원에서 임상심리학 및 생물심리학을 전공하였으며, 임상심리전문가, 중독심리전문가다. 약물중독과 도박중독의 개인, 집단, 부부, 가족치료를 14년째 실시하고 있다. 현재 한국마사회 유캔센터의 임상심리학자로 재직 중이다.

이경희

미국 일리노이 주립대학교에서 보건학 석사학위를, 서울대학교 대학원에서 임상 및 상담심리학 전공으로 박사학위를 취득하였으며, 상담심리전문가, 건강심리전문가, 중독전문가, 명상치유전문가로 활동하고 있다. 행위중독, 수용전념치료, 스트레스와 부정정서 등에 관한 연구를 하고 있다. 현재 열린사이버대학교 상담심리학과 교수로 재직 중이다.

김종남

고려대학교 대학원에서 임상 및 상담심리학 전공으로 박사학위를 취득하였으며, 임상심리전문가, 상담심리전문가, 건강심리전문가로 활동하고 있다. 암환자를 위한 심리사회적 개입, 인지행동치료, 행위중독 등에 관한 연구를 하고 있다. 현재 서울여자대학교 교육심리학과 교수로 재직 중이다.

박상규

한국중독상담학회 초대 회장이며 1988년부터 현재까지 알코올 중독자 및 마약류 중독자의 치료와 재활을 위하여 노력하고 있다. 계명대학교 대학원에서 박사학위를 취득하였으며, 중독심리전문가, 중독상담수련감독전문상담사, 정신보건임상심리사 1급, 임상심리전문가다. 중독자의 치료와 재활, 행복과 영성치료 등에 관한 연구를 하고 있다. 현재 꽃동네대학교 사회복지학부 복지심리전공 교수로 재직 중이다.

김교헌

성균관대학교 대학원에서 임상심리학 전공으로 박사학위를 취득하였으며, 건강심리전문가, 중독심리전문가, 임상심리전문가, 명상치유전문가로 활동하고 있다. 행위중독, 명상, 스트레스와 성장 등에 관한 연구를 하고 있다. 현재 충남대학교 심리학과 교수로 재직 중이다.

병적 도박의 치료와 임상지침

Pathological Gambling: A clinical guide to treatment

2012년 11월 20일 1판 1쇄 인쇄
2012년 11월 30일 1판 1쇄 발행

편저자 • Jon E. Grant · Marc N. Potenza
옮긴이 • 이재갑 · 이경희 · 김종남 · 박상규 · 김교헌
펴낸이 • 김진환
펴낸곳 • (주) 학지사
121-837 서울특별시 마포구 서교동 352-29 마인드월드빌딩 5층
대표전화 • 02)330-5114 팩스 • 02)324-2345
등록번호 • 제313-2006-000265호

홈페이지 • http://www.hakjisa.co.kr
커뮤니티 • http://cafe.naver.com/hakjisa

ISBN 978-89-6330-831-9 93180

정가 17,000원